用爱起航　成就梦想

主　编：杨　菁
副主编：尹友娥　王　敏　刘艳妮
周志英　冯宝琴

中国财富出版社有限公司

图书在版编目（CIP）数据

用爱起航　成就梦想/杨菁主编；尹友娥等副主编．—北京：中国财富出版社有限公司，2023.9

ISBN 978-7-5047-7987-8

Ⅰ.①用…　Ⅱ.①杨…②尹…　Ⅲ.①学前教育—教学研究　Ⅳ.①G612

中国国家版本馆 CIP 数据核字（2023）第 187441 号

策划编辑	王　君	**责任编辑**	王　君	**版权编辑**	李　洋
责任印制	梁　凡	**责任校对**	张营营	**责任发行**	杨恩磊

出版发行	中国财富出版社有限公司		
社　　址	北京市丰台区南四环西路 188 号 5 区 20 楼	**邮政编码**	100070
电　　话	010-52227588 转 2098（发行部）		010-52227588 转 321（总编室）
	010-52227566（24 小时读者服务）		010-52227588 转 305（质检部）
网　　址	http：//www. cfpress. com. cn	**排　　版**	贝壳学术
经　　销	新华书店	**印　　刷**	凯德印刷（天津）有限公司
书　　号	ISBN 978-7-5047-7987-8/G・0799		
开　　本	710mm×1000mm　1/16	**版　　次**	2024 年 1 月第 1 版
印　　张	20	**印　　次**	2024 年 1 月第 1 次印刷
字　　数	359 千字	**定　　价**	98.00 元

序　言

“人生百年，立于幼学”，孩子的成长，犹如一颗种子的萌发。幼儿的世界什么是最重要的，什么可称为根基的教育，长久以来，我们一直在不断求索。哈佛大学在一项长达75年的对幸福人生的研究中发现，“爱商”可以决定人生的高度。只要能在30岁前找到“真爱”——无论是真正的爱情、友情还是真正的亲情，就能大大增加成为“人生赢家”的概率。

这答案乍看上去令人难以置信，但是细品之后会发现，爱，的确会直接或间接影响人的一生。一个活在爱里的人，面对挫折和逆境时，更容易产生积极的情绪，用积极乐观的态度寻求帮助，接受抚慰和鼓励。反之，一个缺爱的人，遇到挫折时往往不善于表达和沟通，更难以得到帮助，很容易陷入自暴自弃的恶性循环。因此，我们认为，爱商教育，即感知爱、辨别爱、回报爱、表达爱的教育，是幼儿阶段其他教育的底色，更是孩子的人生底色。

柏拉图说：“教育非他，乃心灵的转向。”教师不仅要爱孩子，还要教会孩子什么是爱，更要以此为基础，在健康、语言、社会、科学、艺术这五大领域的教育内容上都打上爱的底色，真正为孩子的一生播撒下幸福的种子。

对于幼儿，教师要做到信任、鼓励和放手，要以爱为出发点去倾听、去参与、去见证、去引领、去帮助、去喝彩，但绝不是去替代。

有爱的地方一切皆有可能。

杨　菁

2023年1月8日于西安

目　录

幼儿教育浅论

幼儿教育案例分析

幼儿教学活动设计

幼儿教育随笔

幼儿教育浅论

浅谈幼儿园大班儿童童诗创编指导

空军工程大学中心校区幼儿园　尹友娥

【摘　要】《3～6岁儿童学习与发展指南》（以下简称《指南》）提出：5～6岁的幼儿能有序、连贯、清楚地讲述一件事情，讲述时能使用常见的形容词、同义词等，语言比较生动；应引导幼儿感受文学作品的美，有意识地引导幼儿欣赏或模仿文学作品的语言节奏和韵律。2020年9月，我主持开展了“情景体验下幼儿园大班儿童童诗创编”课题研究，研究发现：儿童创编的诗歌充满对周边环境最纯真的认识，比成人创编的童诗更富有童真和童趣。童诗创编让大班儿童在优美的语言环境中学习语言、丰富语汇，提高他们驾驭语言、鉴赏语言的能力。通过实践研究，我们也梳理了大班儿童童诗创编的指导策略。

【关键词】 幼儿园大班；童诗创编

童诗是指以儿童为阅读对象，契合儿童心理特点和审美情趣，用凝练而富有感情的语言、自由的韵律、丰富的想象创作而成的，适合儿童阅读、吟诵、欣赏的自由体诗歌，既包括成人为儿童创作的诗，也包括儿童为抒怀而创作的诗。

茅盾曾说：“在百花园中，儿童诗是个嫩芽，儿童诗也是最难写好的。它不是儿歌，而是儿童诗。”说它难写，是由于它受到特定读者对象年龄、知识经验、心理特征的制约。童诗所反映的生活内容、所进行的艺术构思、所展开的联想和想象、所运用的文学语言形式等都必须符合儿童的年龄特征，必须是儿童所喜闻乐见的。好的童诗能培养儿童良好的道德品质、思想情操，激发他们的想象力、思维能力等，尤其在培养儿童健康的审美意识、艺术鉴赏力方面，有独特的作用。

童诗创编的群体通常分为儿童文学创作者、幼儿园教师、在校学生等，3～6岁的儿童作为童诗创编作者的较为少见。我们在进行“情景体验下幼儿园大班儿童童诗创编”课题研究时发现，如果教师营造丰富的情景环境，让儿童乐享其中，在儿童对周边环境、游戏活动有大量的感性认识后，他们就可能创编出具有童真和童趣的童诗。

一、儿童创编童诗的特点

（一）感情真挚

儿童创编童诗的情感是从心灵深处抒发出来的，逼真地传达出内心的真实感情、美好愿望、有趣情境，能激起阅读者情感上的共鸣。

童诗《妈妈是朵大红花》：

妈妈，你是一朵大红花
是外婆送给我的一朵大红花
是我见过的最漂亮的花
你那么大
你那么香
深深地吸引着我这只漂亮的小蝴蝶
妈妈
你是我最喜欢的一朵大红花

（二）想象丰富

儿童是最富有想象力和联想力的，他们总是用自己创造性的想象力来认识并诠释生活中的事物。在他们通过想象而诗化的世界里，花儿会笑，鸟儿会唱，草儿会舞，鱼儿会说……

童诗《小羊，你别怕》：

小羊，小羊，你别怕
脱掉你的毛衣
是怕你热
我会轻轻地
轻轻地……
小羊，小羊，你别怕
我会告诉别人
你不是棉花糖
你是我最可爱的小云朵

（三）构思巧妙

虽然童诗所抒发的情感不论其丰富性，还是深刻性，都远不如成人诗歌，但是儿童的想象力丰富，平凡的生活现象在儿童眼中却充满神奇和无穷的力量。

童诗《云朵爆米花》：

天空是一个爆米花机器
太阳一烤
爆出了一朵一朵好看的爆米花
我好想它们落下来
和朋友
尝一尝它们的味道

（四）语言富有童趣

通常儿童不具备深刻的思想，也不擅长把事物用凝练、形象、具有表现力的语言表达出来。但他们视角独特，会根据已有的知识经验用富有童趣的语言表达自己的看法。

童诗《滑滑梯》：

海浪啊，海浪
你为什么总想着要爬上沙滩
是想和我一起玩
是想要捡贝壳
还是，想要捉螃蟹
哗……滑……
海浪说
我只是在滑滑梯呀

（五）意境优美

儿童将真实的体验与情感结合构成了优美的意境。

童诗《月亮真好看》：

妈妈说
今晚的月亮
好好看，好好看
真的耶
月亮笑了
星星也笑了
它们是不是也在夸我
吃蔬菜了

二、童诗创编指导建议

（一）夯实基础

1. 丰富词汇

鼓励幼儿自主阅读，保护他们对符号、文字的兴趣和敏感性。鼓励家长加强亲子阅读，经常和幼儿一起讨论绘本故事的内容，激发他们的阅读兴趣，提升他们的理解力。鼓励幼儿根据画面对故事情节、结果进行预测、续编、创编。带幼儿亲近大自然，让他们学会用好听、有趣的语言赞美大自然。

2. 发展语言思维

开展丰富多样的语言游戏。如词语接龙、故事创编、绘本剧表演等。

3. 培养口头表达能力

鼓励幼儿在班级微信群播报自己的所见所闻，参加班级食谱播报、辩论赛、口才特色课程等。

4. 组织童诗欣赏活动

起步阶段着重组织幼儿欣赏幼儿自己创编的童诗，引发幼儿的共鸣。不建议欣赏大量的其他优秀童诗，这样容易导致幼儿模仿别人，影响幼儿的创造力和想象力，导致不能真实表达自己内心的想法。当幼儿有一定的创编能力后可以加大优秀童诗的分享力度，拓宽幼儿的视野，激发幼儿的创编兴趣与主动性。让幼儿了解多种多样的表现手法，丰富他们的表现手法。

组织童诗欣赏活动时应选择意境优美、贴近幼儿生活、符合幼儿年龄特点、内容简洁、篇幅短小、生动有趣、节奏感强的诗歌。

叶圣陶先生的《小小的船》：

弯弯的月儿小小的船
小小的船儿两头尖
我在小小的船里坐
只看见闪闪的星星蓝蓝的天

（二）情景创设

《儿童语言发展研究》一书主编朱曼殊指出：与环境的相互作用，尤其是与人们的言语交际是语言获得的重要条件。在童诗创编起步阶段，教师要有意识地加强情景的创设，使幼儿在真实情景中亲自感知体验。

创设情景时应紧贴园本特色课程，根据幼儿感兴趣的班级集体活动进行。

（三）情景体验

在情景体验过程中教师要放手，让幼儿在自然、自主的状态下真玩，并且保障玩的时间。真玩会给幼儿提供真实的创编素材，使幼儿有话可说、有感而发，这个环节是童诗创编的重要环节，可为幼儿创编童诗奠定坚实的基础。教师在幼儿的情景体验过程中要注意观察幼儿的活动过程，对有价值的场景、幼儿活动及时拍照或录视频，对幼儿之间的有趣对话进行记录。

（四）活动回顾

情景体验结束后，教师要创设自由宽松的环境，播放幼儿活动时的照片、视频，鼓励幼儿说出自己的真实感受，并积极回应。在回顾的过程中，幼儿会从不同视角发表自己的见解，极大地引发同伴之间的相互影响和相互学习。本环节教师要认真倾听幼儿的声音，捕捉童诗创编契机，保障创编的时间，并及时做好记录。

（五）创编提炼

创编起步阶段，因幼儿的语言组织能力有限，在回顾环节中需教师将幼儿表述中有价值的内容串联在一起，形成童诗，并组织大家欣赏。如在幼儿创编的诗歌《消防演练》中，幼儿通过参加消防演练，看到消防员叔叔的一系列操作，从而获得了直接经验，大家你一言我一语，教师逐句记录，并与幼儿商讨修改、欣赏童诗。教师在引导完善阶段，应尊重幼儿的知识经验水平和想法。

（六）家园携手

在童诗创编起步阶段，需要幼儿家长的积极配合，家长应注重亲子阅读，常带孩子走进大自然，并积极引导孩子用优美的词语赞美大自然，激发孩子的童诗创编兴趣。家园携手，幼儿独立创编的兴趣提高了，创编能力也能得到快速提升。

童诗创编就是语言游戏，幼儿从集体创编到小组创编，再到个人创编，不断超越。从刚开始的不敢说逐渐过渡到把生活中有趣的事情用童诗的方式来表达，在表达的过程中也会有新的发现与惊喜。童诗创编已经成为大班儿童一日生活的一部分，为我园科学做好入学准备做了有益的尝试。

儿童是有能力的学习者，童诗应与儿童的真实生活相伴随，与儿童的情感相呼应，与儿童的行为共节拍。让我们一起来守护童心，记录儿童至真至美的心语吧！

疫情下幼儿园线上游戏活动的实施策略

空军工程大学中心校区幼儿园　冯宝琴

【摘　要】幼儿的一日生活中处处充满教育契机，我园从幼儿需求出发，发现和挖掘家庭生活中独特的教育价值，依据幼儿学习与发展的基本规律和特点，开展形式多样、内涵丰富的居家线上游戏活动，促使家园合力，给幼儿带来丰富的活动，让他们在感知、体验中获得个性化成长。

【关键词】疫情；线上活动；游戏活动

2020 年，突如其来的新型冠状病毒肺炎疫情让孩子们经历了一次“超长版”的寒假。为了丰富孩子们的居家生活，教育部下发了“停课不停学”的工作要求。如何从幼儿家庭生活实际出发，站在幼儿的立场，开展适宜的线上游戏活动，满足幼儿成长发展的需求，成为亟须解决的新问题、新挑战。

一、聚焦疫情防控期间幼儿的疑问

教育家杜威曾说过：教育应当是生活本身，生活和经验是教育的灵魂，离开生活和经验就是没有生长，也就没有教育。在疫情防控期间，孩子们不得已居家生活，许多孩子刚开始特别不能理解，为什么有疫情不能出门，为什么不能找小伙伴玩耍，为什么出门要戴着口罩。他们的种种疑问引发我们深入地思考。

二、探寻幼儿居家生活的独特价值

《指南》中指出，幼儿的学习是在游戏和日常生活中进行的。幼儿居家的一日生活中处处有教育契机，我园从幼儿需求出发，聚焦他们的实际生活情况，发现和挖掘疫情防控期间幼儿居家生活中独特的教育价值，依据他们学习与发展的基本规律和特点，提取有趣、生动的素材，为孩子们带来充满童趣的线上游戏活动，让他们的居家生活丰富而精彩。

三、实施线上游戏活动的策略

（一）把握核心要素，明确活动内容，搭建线上游戏活动框架

在疫情防控期间为实现“停课不停学”的目标，确保线上游戏活动质量，更好地为教师求进步、为家长解疑难、为幼儿谋发展，我园把科学合理安排幼儿一日生活，让幼儿养成良好的卫生习惯，增强体育锻炼，做好家庭亲子教育，增进幼儿身心健康成长等作为线上活动的主要内容。

以让幼儿个性化发展为出发点，确定实施主题为“蓝天微课堂”的线上活动，由“蓝天故事荟”“亲子趣时光”“萌娃风采秀”三个板块组成居家亲子游戏活动。前两个板块的内容由教师负责选材、制作，其中，“蓝天故事荟”包含生活行为习惯培养、疫情防控期间心理健康、生活自理、文明礼仪、感恩教育等方面的内容；“亲子趣时光”包含益智游戏、亲子游戏、科学小实验、体育游戏等方面的内容；“萌娃风采秀”是专门为幼儿提供的平台，以此来展现他们快乐的居家生活，包含家务劳动、生活小趣事、特长展示、亲子活动、故事表演等内容。呈现出形式多样、内容丰富的居家线上亲子活动课程。

（二）研训结合，助推教师线上游戏活动的教学能力

刚开始开展线上活动时，教师满腔热情地投入选材、录制、编辑美篇的过程中，大家心中最强烈的想法就是不要让幼儿受到疫情的影响，让他们的居家生活能够丰富、充实。活动刚开始时幼儿的参与度特别高，但是推出一段时间后幼儿的兴趣逐渐减弱，于是教师开始反思：如何提高幼儿参与活动的兴趣？如何挖掘生活中的材料，让幼儿感到好玩、有趣，激发他们的积极性？

我园组织教师进行线上研讨培训活动。首先通过学习《指南》，解读各个年龄段孩子要达到的目标，探究如何让孩子在线上游戏中获取知识。其次在研讨培训活动中，通过观看学习微视频的制作方法、微活动的组织开展，思考线上游戏实现的活动目标是什么。换位思考：如果我是幼儿，我会喜欢什么样的游戏活动？教师结合前期工作分享了自己的想法。

通过系列培训研讨活动，教师细心研读要点、围绕核心要素选材，不仅认真虚心地相互“取经”，并且大胆加入了自己的想法和创意，各展所长，有效将生活化的课程理念渗透到线上活动中，同时十分重视游戏情境的创设，引发幼儿主动学习和探究。在实践中教师通过感知感悟生活化的教育理念，自身的线上教学能力不断得到锻炼和提升。

（三）挖掘生活化活动资源，激发幼儿主动参与

1. 因地制宜让活动生活化

陶行知先生曾说生活即教育，幼儿的一切学习活动都是依托于生活，来源于生活的。疫情下，幼儿生活环境中蕴含着特有的教育价值和活动资源。

经过问卷调查发现，利用生活中的常见物品设计出的多元化、操作性强的游戏活动最受幼儿喜欢，亲子活动的参与度也明显提高了。如何让幼儿在游戏中获得发展和提升？围绕简单易行、可操作的主线，教师通过了解幼儿的居家生活情况，深入挖掘生活中的材料，将蔬菜、毛巾、木棍、玩偶、纸杯、纸牌、勺子等多种物品作为课程实施的载体。

居家的幼儿在教师“隔屏不隔爱”的引领下，主动学做家务，如叠被子、洗衣服、打扫房间、包饺子，承担对家庭的责任和义务；他们和爸爸妈妈一起玩横扫千军、玩偶大作战、躲避炸弹的亲子游戏，在家开展体育锻炼；他们尝试科学小实验，如会漂浮的鸡蛋、不会倒的易拉罐、神奇的筷子，就地取材，把日常用品变身实验器材，厨房、客厅、卫生间成了“家庭实验室”，进而了解科学的神奇，探索科学的奥秘……丰富多彩的线上游戏活动让幼儿的居家生活过得既充实又快乐。

2. 围绕居家生活让教育适宜化

厘清课程材料生活化的思路后，教师站在幼儿的视角来剖析问题，既要便于在家操作，又要适宜孩子，也就是说考虑在运用生活材料互动时幼儿是否喜欢、是否有利于幼儿探究、是否有利于幼儿成长。同时，教师及时引导幼儿在生活中去发现、去学习，激发幼儿学习的主体性，鼓励他们通过自身的探索性活动去发现、解决问题。

基于生活化的原则，线上游戏活动体现出以下几个方面的特点：一是短而精，选择或制作简短的音视频，适宜幼儿观看；二是简单，利用家中的常见材料，幼儿易实施；三是富有乐趣，选择从有趣味性且幼儿喜欢的活动入手；四是相同主题下，实施不同内容，提供多种同类游戏的玩法，启发幼儿拓展和延伸活动，如推送亲子游戏时，教师会提供3～5种不同玩法供家长和幼儿选择，幼儿根据自己的能力和喜好自由自主活动，同时激励幼儿把自己的新玩法分享给教师和同伴；五是区分线上活动与线下教育的方式，避免出现教学现象；六是收集、汇总、梳理、提炼活动素材，初步形成我园生活教育特色资源库。

3. 家园同心，科学指导家长专业化育儿

教育部出台的《关于加强家庭教育工作的指导意见》中明确家长在家庭教育中的主体责任，因此教师和家长作为家园教育共同体，对幼儿阶段性、持续性的发展有共同的使命和责任。

在家庭教育过程中，体现家长教育为主、教师指导为辅的方式，倡导家长积极鼓励幼儿对生活中的事物积极探索，意识到由幼儿自主决定探索的时间与空间的重要性，才可以有效激发幼儿的自主探究热情，有针对性地锻炼幼儿的创新精神，充分发挥幼儿的主体性，让其健康成长。

在疫情防控期间，日常生活中的亲子教育特点显得尤为突出。为了保证活动实施的效果，我们建议家长跟幼儿一起商讨，选择幼儿感兴趣的活动，并和幼儿共同参与。教师制订家访计划，通过多渠道与家长沟通了解幼儿居家生活的情况，根据幼儿的成长需要提出幼儿个性化发展的指导策略。创设了多个平台呈现亲子互动、幼儿生活，让幼儿担当小主播，展示自我个性化、多样化的生活，如班级群里晒一晒、园级平台秀一秀、“空幼蓝天”展风采，在分享中幼儿得到了自主、自信、个性化的发展。

聚焦幼儿生活，教师真切地感受到了幼儿的惊喜变化、家长的高质量陪伴、自身的专业成长，激励着教师继续去剖析、实践和反思，继续关注幼儿生活，形成具有我园特色的生活活动课程，为幼儿全面发展奠定良好的基础。

浅谈家庭中幼儿劳动习惯的培养

空军工程大学中心校区幼儿园　刘晓凤

【摘　要】 劳动是人类生存和发展的基础。劳动创造了人类文明。劳动能力的培养是一个综合实施的过程，由家庭、幼儿园和社会协同进行，家庭发挥基础作用。家庭要树立崇尚劳动的良好家风，家长要通过日常生活中的言传身教潜移默化地影响孩子，抓住衣食住行等日常生活中的劳动实践机会，鼓励孩子自觉参与、自己动手，随时随地、坚持不懈地进行劳动，掌握劳动技能，养成爱劳动的好习惯，形成正确的劳动价值观和良好的劳动品质。

【关键词】 幼儿；劳动习惯；家庭教育

一个全面发展的人的基本特征是体力劳动和脑力劳动相结合。劳动是孩子的需要，也是他们的权利。但是，许多家长忽视了对孩子劳动习惯的培养，对孩子无条件地大包大揽，事事为孩子做好，过分照顾孩子，不给孩子亲手操作的机会，剥夺了他们参与劳动的锻炼机会。其实在一定范围内，我们应当让孩子有劳动的机会来提升他们做事的能力，父母的主要工作是培养孩子自己劳动的习惯，培养孩子的独立能力。那么，在家庭中如何培养孩子的劳动习惯呢？

一、树立劳动最光荣的观念，让孩子知道劳动的意义

平时家长应有意识地让孩子认识劳动的意义，知道劳动可创造有价值的东西。如告诉孩子我们吃的大米、蔬菜、水果等是农民伯伯种出来的；穿的衣服是服装厂的工人做成的；家里的玩具、汽车、电视等是工人叔叔制造出来的：让孩子了解各行各业劳动的社会价值，从思想上认识到劳动最光荣，从小立志做个光荣的劳动者。

二、身教重于言教，让孩子一起参加劳动

人的一生都在接受教育，父母是孩子的第一任老师，父母的言行对孩子

起着潜移默化的作用。父母应以身作则，做好家务，并让孩子觉得做家务是生活的一部分，像吃饭、睡觉一样自然和必要。家长可让孩子一起参与劳动，当家长和孩子一起充满热情地劳动时，家长会给孩子树立良好的学习榜样。如吃饭前让孩子分碗筷，饭后一起收拾餐桌；家长打扫卫生时，让孩子帮忙洗抹布、整理物品等。孩子是家里的一员，当孩子参加了一些家务劳动后，对家的感情就不一样了，他们会更多地体谅父母，感受到父母挑起这个“家”的不易。

三、明确劳动内容和要求，向孩子传授相关的劳动技能

孩子在不同年龄段的能力是有明显差异的，因此对不同时期的孩子应制定相应的目标，采取相应的措施。当孩子的能力不足以自己完成任务时，家长可以从旁协助孩子完成，例如，太小的孩子还不会穿衣服，家长可以协助孩子穿衣服，但是让孩子自己完成扣扣子之类的事情。但是当孩子有能力穿衣服后，则应该让孩子自己完成。家长在根据孩子的体力和能力选择适合的劳动的同时，应耐心细致地给孩子讲解并示范，使孩子了解怎么做和为什么这么做。要边示范边讲解，通过多次练习，使孩子掌握方法，从而体验到成功的快乐，慢慢地爱上劳动，乐于劳动。

四、对孩子的劳动要及时鼓励、肯定和表扬

许多家长发现，孩子刚会走路，就想拿着扫把扫地，就要洗菜、帮大人洗衣服。这说明孩子具有极强的模仿能力，应正确引导，培养他们的兴趣。对孩子做的家务活儿，要及时肯定，并给予表扬。人都有一种要获得别人肯定和赞许的心理，及时鼓励孩子，并对他们的能力进行肯定，这对他们的成长有一定的好处。比如，你得知孩子洗了碗后，可称赞他，哇，这碗谁洗的呀，这么干净。孩子得到家长的夸奖和肯定后，有利于获得成就感。

五、运用游戏的方式及适当的奖励方式

玩是孩子的天性，家长要巧妙利用这一点，让劳动和游戏相结合，唤起孩子对劳动的兴趣。当孩子感觉做家务活儿就像玩游戏那么有趣时，他们一定会喜欢上做家务的。另外，在劳动过程中，家长应该主动开口，和孩子交流、互动。可以给孩子讲故事、唱儿歌、背古诗，让孩子在劳动的同时，能够获得轻松、愉悦的情感体验。在说说笑笑中完成劳动任务，孩子非但不会

感到累，反而会感到和家长之间的关系更亲密、更融洽了。无论孩子说什么，家长都不要急着质疑和指责，而应该耐心倾听孩子的心事，让孩子劳动、倾诉两不误，让孩子在劳动中得到情绪的释放，起到减压的作用。

孩子喜欢的一件玩具，一本好看的书，都会使孩子进一步体会到劳动带来的快乐。但是物质奖励不能滥用，所以奖励方式要多元，精神鼓励更可取，如孩子认真负责地完成一件家务后，家庭所有成员一起欣赏其劳动成果，让孩子产生由衷的自豪感；再如一个拥抱、一句“你做得真棒!”、一次击掌……

六、制定适宜的家规以使孩子养成自觉的劳动行为

家规作为家庭成员共同遵守的生活规范和行为准则，常常是一种无声的命令，是潜在的强大教育力量。制定明确、合理、可行的家规，有利于孩子健康成长，它可以约束、帮助和教育孩子在家庭中形成良好的行为习惯。劳动是家规的内容之一，家规可由家长和孩子共同商量制定，如每天起床后必须自己叠好被子、整理房间、打扫卫生等，家规也应随着孩子的成长而改变。聪明的父母总是让孩子从小就做一些力所能及的事情，担当责任，履行职责，让他们在与困难的搏斗中日益成熟起来。

七、要持之以恒，与学校教育保持一致

家长对孩子的劳动教育要持之以恒，坚持不懈，不能朝令夕改，半途而废。若是对孩子已经做好了要求，当孩子没有完成劳动任务时却不予相应的批评，则会使家长丧失威信，孩子不再认真对待家长的要求，认为家长的话不可信。也不能因孩子学得慢或做得不好而着急，更不能半途而废。

家长应和教师多进行沟通，避免家长和教师对孩子的教育出现矛盾的说法，不利于孩子理解与接受。家庭成员对孩子进行劳动教育的态度和要求应保持一致，不能态度严肃认真，要求却松懈，或者态度不认真，却要求严格，前者会使孩子不把要求当回事儿，后者却可能会使孩子产生不满情绪。

教育家苏霍姆林斯基说过，“儿童高尚的心灵是在劳动中培养起来的，关键是要使儿童从小就参加劳动，使劳动成为人的天性和习惯”。幼儿时期是人生的启蒙时期，是塑造健康人格和形成良好习惯的重要时期。让孩子参与家务劳动是让孩子建立自我价值感和相信自己能力的重要方式之一，习惯从小做家务劳动的人，要比那些什么都不干的人生活得更愉快、更充实、更

幸福！因为孩子在劳动中，不仅获得了才干，而且会感受到满足和快乐。教育的秘诀在于：使孩子的身体锻炼、思想锻炼、能力锻炼互相调节。只有让孩子的各种能力都得到锻炼，孩子才能健康快乐地成长，才能认识到劳动最光荣，劳动最伟大，劳动最美丽，劳动创造美好生活！

幼儿生活习惯的养成教育

空军工程大学中心校区幼儿园　宋　蓓

【摘　要】 3~6岁的幼儿进入幼儿园，生活范围扩大，小伙伴增多，身心发展迅速，对新的环境充满好奇和探索的欲望。离开家人的怀抱，幼儿的独立性增强。当他们在生活中、游戏中、社交中发生无数个第一次，碰到无数个不知道的时候，正是教育幼儿的好时机，也是培养幼儿良好习惯的契机。因此，从这个意义上来说，幼儿从进入幼儿园的第一天开始，养成教育就正式步入了开端。

【关键词】 儿童习惯；养成

中国有句古话：三岁看大，七岁看老。幼儿期养成良好的习惯可以影响人的一生。《幼儿园教育指导纲要（试行）》（以下简称《纲要》）中指出，要培养幼儿养成良好的生活、卫生习惯，有基本的生活自理能力。

教育家陈鹤琴先生主张，凡是孩子能做的就应该让他们自己做，他还强调，习惯养得好，终身受其益。从幼儿生理和心理发展的角度看，幼儿的骨骼和肌肉较之前发达，动作较之前灵活、协调，幼儿的自我意识增强，做什么事情都喜欢说“我自己”，渴望参加成人的劳动。因此，幼儿的身心发展已为培养良好的生活习惯和生活自理能力提供了可能。

一、习惯养成的四个阶段

人们常说：“习惯成自然。”习惯是指不假思索就自觉地、经常地、反复地去做一件事情。习惯不是一般的行为，而是一种定型性行为，如每天都要洗脸刷牙。

习惯的养成可以分为四个阶段：被动性行为阶段、自发性行为阶段、自觉性行为阶段和自动性行为阶段。幼儿在养成一种新的习惯时，往往需要把外在的要求转化为自觉的要求，然后从内心深处愿意接受新的要求，养成新的习惯，最后才出现情感上的认同。习惯的养成是一个漫长、持续的过程。

如一个3岁的幼儿，习惯了家人喂饭，入园后对教师提出的“自己吃”的要求，会经历以下四个阶段。

（一）被动性行为阶段

表现出内力不足、特别需要外力的特点。他对为什么要自己吃还没有认识。在幼儿园里，教师提醒了，他就会自己吃饭；离开幼儿园，没有教师的提醒，他就不会自己吃饭了，还是要家人喂。

（二）自发性行为阶段

表现出既需要外力也需要内力的特点。通过教师的教育，他对自己吃有了一定的认识，但还不能完全控制自己，经常需要提醒和外部监督。如在家吃早餐还是想要家人喂，但在幼儿园看到教师时，他会意识到自己的行为不恰当，很快就能尝试自己拿起勺子。

（三）自觉性行为阶段

表现出不需外力，但还需内力的特点。他坚持一段时间后，就不需要教师和父母的额外监督了，基本能够做到自我要求和自我控制，偶尔也会不想自己吃，需要一直努力说服自己自己吃饭，还不是自动的行为。

（四）自动性行为阶段

表现出既不需要外力，也不需要内力的特点。他既不需要教师和父母的监督，也不需要自己的意志努力，不管在什么地方、什么时间都愿意自己吃饭，自己吃饭成了一种自然的、自动的行为，即形成了一种习惯。

二、习惯养成的关键期及教育策略

著名教育家陶行知说过：人格教育，端赖六岁以前之培养。凡人生之态度、习惯、倾向，皆可在幼稚时代立一适当基础。其中一个原因是3~6岁是给孩子立规矩、培养独立性的关键期。

（一）各年龄段习惯培养的侧重点

生活习惯的培养首先要从掌握生活技能开始，逐步形成良好的生活习惯。

托班、小班幼儿的思维属于直觉行动思维和具体形象思维。他们模仿能力强，教师可以利用情景、故事、游戏、表扬鼓励等方法，先教会幼儿简单的生活技能，注意培养好的生活习惯。

中班幼儿随着年龄增长，具有了一定的生活经验，但是自控力差，行为容易反复，教师需要采取多种形式巩固练习，不断强化，使其养成习惯。教师也可以利用榜样的力量，让幼儿观看一些解放军军营的图片等，为幼儿树立好的榜样，激发幼儿的求知欲。

大班幼儿的理解能力更强，懂得很多道理，又处在幼小衔接的阶段，教师需要培养幼儿具备更高的自我管理的能力，帮助幼儿提前习惯小学生活，能在没有生活教师督促的环境中约束自己、管理自己，能够自觉行动。对待大班幼儿，教师可以开展讨论、辩论等多种形式的活动，进而达到预期的效果。

（二）幼儿园阶段生活习惯养成教育策略

1. 环境会说话

对教具柜采取6S定位并根据各年龄段幼儿的认知特点做到一物一对应，让环境影响幼儿，服务于幼儿。

在水杯架旁借用辅助线帮助幼儿有序排队，让幼儿知道格子中只能站立1个人，其他小朋友需要在线后排队等待，保障了幼儿园一日生活的有序及安全，帮助幼儿养成了良好的习惯。

水池、柜子及各类物品都贴了标签，让幼儿园处处充满规则。借用幼儿能看得懂的图片分解洗手七步法。环境是最好的老师，幼儿园整洁的环境，有助于幼儿养成良好的习惯。

2. 教育游戏化

游戏化是幼儿园教育教学的特点，教师将养成教育融入区域活动中，使游戏辅助教育教学。在愉快的氛围下，帮助幼儿养成良好的习惯。例如，自主游戏区内增加了穿鞋、叠衣、清扫、整理等自制玩教具。

3. 提升教师的专业素质

教研活动的开展必不可少。教师队伍年轻化，教研工作的开展就显得尤为重要。很多教师是第一次接触养成课程，对课程的架构、体系不是很了解，执行起来问题较多。我们通过一次次的教研，一次次的深入探讨，将养成教育逐步深入园所的各个角落。

教研活动更贴合教师的需求。教研形式更加丰富，使得教研效果好，教师成长速度快、学习氛围浓烈。例如，各班常规的观摩活动、区角养成材料的投放、一日常规的规范、名师讲堂、外出参观学习等。及时帮助教师解决迫切需要解决的问题。对教研工作做好跟踪，教师及时反思认真执行，对工作积极主动不懈怠。

分年龄、分层次加强培训，将指导策略合并在计划中做到人手一份资料，方便新教师学习及查找。例如，示范讲解法（穿脱衣服）、游戏法（喂娃娃）、儿歌故事法、表扬鼓励法（从物质鼓励过渡到精神鼓励）、环境支持法（借助图示、标记等环境创设，帮助幼儿建立生活秩序，形成习惯）、材料操作法（生活区提供锻炼小肌肉、提高生活能力的幼儿材料，供幼儿在区域活动和环节过渡时选择）。

4. 家园合作，同步教育

定期召开家长会：年级、班级家长会，宣传从小培养幼儿良好习惯的意义、内容、要求和方法，让家长转变观念，提高认识。

重视日常沟通：利用家园互动平台、微信群、家教园地、日常接送环节等，将习惯培养的重点内容告知家长，以得到家长的支持和配合，使教育一致。

开展观摩活动：小班初期，通过亲子活动让家长了解幼儿园一日生活的常规，从思想上重视习惯的养成，并懂得一些简单的方法。学期中，可以邀请家长进行半日开放的观摩活动，让家长进一步体验幼儿的在园生活。学期末，可以借助新年活动、六一活动等，进行亲子游戏或同伴间的竞赛游戏，展示幼儿的培养成果。

加强个别练习：针对班级幼儿的具体情况和实际问题及时与家长取得联系，共同商讨解决办法。

三、在各年龄段幼儿养成教育中教师应注意的问题

所谓的养成教育就是按照一定的目的长期地教育和训练形成，最终目的是使幼儿形成良好的习惯。初期按照各年龄段幼儿的生理、心理特点制订学期养成计划。在计划实施的过程中教师应该遵守以下几点要求，使得养成教育事半功倍。

一是教师规范自身行为，习惯并利用幼儿一日生活的各个环节贯穿教育内容，潜移默化地使幼儿的生活技能、规范意识、安全意识等有所提高。

二是教师从生活技能练习入手，综合多种教育方法，有针对性地提高幼儿的各项生活技能，而后是循序渐进、坚持不懈地使被动行为逐步成为一种习惯。

三是教师要熟知幼儿生活卫生习惯及生活自理能力培养的目标及方法，掌握一些策略。幼儿各年龄段的养成教育发展目标，需要通过幼儿一日生活中的生活活动、区域活动、集体活动以及家园共育来实现，这些都是实施教育的主要途径。教师要多寻找指导策略培育幼儿养成良好的生活、卫生习惯

及提高自理能力。

四是教师应努力提高家长的参与度，调动家长的积极性，使家长从被动接受转化为家园共育。如托班幼儿习惯了被家人抱着走或背着走，入园后对教师提出的“自己走”的要求不能很好地执行，特别需要外力。

四、持续开展养成教育

制定一系列符合幼儿园特色的养成教育连续性指导图片。将幼儿各年龄段所要达成的目标分解成图文，利用图文使环境能引导幼儿在养成教育上有突破、改善。

整理幼儿园养成教育的音乐，将常规音乐变成园本特色之一，全园教师能掌握基础的音乐配合养成教育内容，用音乐指导幼儿行为。

建立家长学校，通过家长学校提高家园配合度。循序渐进，分步进行。定期召开家长会，重视日常沟通，开展观摩活动等。

教师熟练掌握培养策略。

我们希望养成教育不仅培养幼儿技能，而且帮助幼儿进行人格塑造。

低结构材料在中班建构游戏中的应用研究

空军工程大学中心校区幼儿园　杨　蒙

【摘　要】《3~6岁儿童学习与发展指南》指出，幼儿的学习是以直接经验为基础的。4~5岁的幼儿能感知物体的外观结构特征，画出或拼搭出该物体的造型。幼儿经验的习得、能力的发展依靠实践操作经验的积累。区域活动作为一日生活中的重要组成部分，对幼儿各方面的发展起着重要作用。本文以建构区为重点，以低结构材料为切入点，结合幼儿在建构区中的实际操作，简单阐述在中班建构区中低结构材料的投放原则和策略。

【关键词】中班建构；低结构材料

建构游戏是幼儿利用各种不同结构材料动手造型的活动。构造物体或建筑物实现对周围现实生活、已有经验的反馈。在建构游戏中，低结构材料投放是否必不可少？随着教育改革的深入，低结构材料逐渐取代了高结构材料，在幼儿园户外器械、区域材料中随处可见，受到幼儿园师幼的青睐。低结构材料在幼儿园的投放使用，不仅使资源使用最优化，更在很大程度上调动了幼儿探索和深入游戏的欲望。

一、中班建构区低结构材料的投放原则

1. 安全性原则

安全一直是幼儿一日生活中强调的重点，任何活动的开展、材料的投放都离不开“安全”二字。在建构区低结构材料的选择上必须是安全无毒，不锋利，无突出物，对幼儿不会有任何伤害。另外，在材料大小的选择上也应全面考虑，结合建构区环境来决定。

2. 丰富性原则

低结构材料与高结构材料不同，低结构材料具有开放性，投放时最好是结合幼儿生活，让幼儿探索出多种不同的玩法。另外，建构区同类材料要投放足够的数量，并且要取材方便、材料丰富，便于幼儿操作。如在幼儿关于

“纸牌的构想”活动中，为幼儿提供了大量的纸牌及充足的活动场地，让幼儿在宽松自由的环境中充分发挥自己的想象力。

3. 层次性原则

幼儿具有个别差异性，因此在低结构材料的选择上也该考虑到不同阶段幼儿的需求，有难易之分，令每一位进入建构区的幼儿都能找到适合自己的材料进行操作。

4. 环保性原则

近年来，环保一直是大家关注的话题之一，各个城市推行了垃圾分类。幼儿园向幼儿渗透环保理念，大到环保教育活动，小到区域材料的选择。幼儿对秋天随处可见的落叶很感兴趣，个别幼儿还会在来园时送老师一些树叶。对此，幼儿园组织了自然科学体验活动，带幼儿走进自然捡拾一些树叶，投放在美工区进行关于树叶的创意制作。

二、中班建构区低结构材料的投放策略

（一）结合幼儿的年龄特点进行投放

1. 形象性材料

形象性是指用形象的特殊形式反映生活时所具有的具体而生动的能唤起人们感性经验和思想感情的属性。美国教育心理学家布鲁纳曾说过：教育的对象是在利用教师提供的材料中进行学习，教师提供的材料，必须尊重幼儿在心理发展上的不同速率。到了中班，幼儿对外界有了主动探究和学习的欲望，注意也由无意注意向有意注意发展，开展的活动也有了目的性。材料也由成品逐渐发展为半成品。如幼儿刚升入中班，教师在班级建构区开展“亲亲我的脸”主题活动时，为了加深幼儿的感受与理解，会在投放的纸袋子上画一些人物形象。但在第二个主题活动“伞花朵朵开”中，投放的材料只有极少部分有直观形象的小伞，其他的只有伞的轮廓，让幼儿在建构过程中充分发展其想象力和空间建构能力。

2. 情景性材料

情景性是指选择一种情景表现某种生活或主题。在开展不同的主题活动时，建构区整个的环境及材料也应结合主题进行创设和投放，而不是一成不变，单靠幼儿借助想象来完成。例如，端午节活动中，建构区墙壁上装饰了龙舟、艾草、香包等照片，投放的材料适合搭建船和船桨。让幼儿在情景中发挥其主观能动性进行搭建活动。

3. 创造性材料

幼儿存在个体差异性。一般而言，探索性的创造材料适合能力相对较强的幼儿。这也体现出材料的层次性，真正实现每一位幼儿进入该区域都有事可做。中班幼儿的思维直观性增强，认知范围扩大，随着社会经验的积累，想象变得活跃起来，材料本身能够刺激幼儿动手操作的欲望，尤其是一些启发性的材料。例如，“拜访大树”主题活动中，在搭建大树时幼儿会将纸杯和圆柱积木进行组合，利用高低叠放形成一棵树。

（二）结合材料的使用方法进行投放

使用方法一般分为单独使用和组合使用。对于小班幼儿而言，游戏活动是幼儿生活的再创造、再实现。如他们会将娃娃放在床上摇啊摇，并唱摇篮曲哄娃娃睡觉。到了中班，因为幼儿接触到了比较系统的教育活动，积累了丰富的生活经验，他们会将两种甚至多种材料进行组合使用，充分发挥想象力，丰富活动的内容，从而搭建他们想要的事物。

（三）结合活动主题进行投放

材料是幼儿进行建构游戏的工具，幼儿的能力是通过与材料、玩具互动而形成、发展的。建构区相对于其他区域而言，与主题活动的结合不是那么密切，而建构游戏又是幼儿比较喜欢的一种游戏方式。因此，如何把主题活动与建构区结合起来是我们思考的重点。先从幼儿的兴趣着手，在主题活动的学习中及时捕捉幼儿的兴趣点并运用到区域活动当中。

低结构材料的投放不仅可以将主题活动延伸到建构区中，还可以丰富幼儿的活动内容，多层次的材料会引起幼儿间的探讨。在搭建游戏开始之前，幼儿会先进行讨论。商定好搭建的内容之后，用他们喜欢的符号、图像进行设计，紧接着开始分工合作搭建，进而高效地完成搭建活动。在这个过程中同伴之间有交流、分工、合作等多种交往方式。

通过日常对幼儿活动的观察记录，以及高低材料的对比，不难发现，低结构材料的投放对幼儿经验的习得意义重大。不仅将探索的权利还给了幼儿，让幼儿成为建构游戏中的主体，更是与主题活动紧密地结合起来，让幼儿在理解的基础上习得经验。在进行游戏的过程中促进其语言、社会交往、环保意识、规则意识、注意力等多方面的发展。因此，教师在提供游戏材料时需要采取多种策略，为幼儿的全面发展奠定基础。

浅谈幼儿园民间游戏活动的开展

空军工程大学中心校区幼儿园　曹　可

【摘　要】民间游戏是指在民间各地创编的具有浓厚生活气息、风格各异的游戏。它的语言朗朗上口，趣味性强，是人们喜闻乐见的活动。把民间游戏融入幼儿园的课程实施中，不仅是对中国传统文化的传承和弘扬，而且可以对幼儿全面和谐发展起到重要作用。

【关键词】幼儿园；民间游戏

《幼儿园教育指导纲要（试行）》（以下简称《纲要》）中指出，幼儿园以游戏为基本活动，开展丰富多彩的户外游戏和体育活动，培养幼儿参加体育活动的兴趣和习惯，增强幼儿体质，提高对环境的适应能力。内容丰富、形式多样、玩法简单以及教具易做的民间游戏就成为幼儿园游戏活动的重要组成部分。因此，对于幼儿园与幼儿教师来说，应积极推进民间游戏资源的运用，以此不断提高幼儿的身体素质和学习品质。

一、幼儿园民间游戏的特点分析

游戏是幼儿的天性，抽象思维的发展也是从游戏开始的。和其他游戏相比，民间游戏有以下几种特点。

（一）趣味性

民间游戏的形式符合幼儿好动、好奇的特点，如跳大绳可以选取不同数量、样子的跳绳进行游戏；粘泡泡糖的游戏中可以粘到不同的物品，有助于提高幼儿的兴趣。

（二）灵活性

民间游戏的玩法多种多样，在游戏中可以根据幼儿的年龄特点以及发展情况随机变换适合的玩法，幼儿也可以根据兴趣设计自己喜欢的玩法，如“跳格子”游戏可以根据格子的数量变化单脚跳或者双脚跳前进等。

（三）简便性

比起普通游戏，民间游戏的玩教具更简单、方便和生活化，便于操作，甚至有些是徒手进行的，如“老狼老狼几点了”“捕小鱼”“炒黄豆”等，教师可以抓住教育契机和幼儿进行游戏。

（四）民族性和区域性

民间游戏起源于中国各个地区，因为地域文化和生活习惯的不同，所以各个地方的游戏也不同，如跳竹竿是佤族、黎族和苗族等少数民族特有的一种舞蹈，慢慢演变成为一种体育游戏，极具趣味性和挑战性。

二、幼儿园民间游戏的应用价值分析

（一）提高幼儿的身体素质

民间游戏锻炼了幼儿的走、跑、跳、攀爬、躲闪跑等能力，发展了幼儿手部、肘部、腿部等各部位的肌肉力量和身体协调性，增强了身体素质，弥补了一些集体教育活动中缺少的部分。例如：“抛纸球”游戏，通过旋转手臂将纸球抛出至相对应的筐子内，锻炼幼儿的手眼协调能力；“萝卜蹲”游戏，通过对发出的指令做出快速判断来锻炼幼儿的反应能力；“蜈蚣竞走”游戏，通过集体半蹲并前进后退的方式来锻炼幼儿之间的相互合作配合。

（二）发展幼儿的语言表达能力

幼儿的语言一般是通过语言活动、人际交往、生活活动得到发展的，而民间游戏的特点在于大部分游戏中有短小押韵的儿歌或者对话，幼儿的语言表达能力也在潜移默化中得到一定的发展。例如，在“城门城门几丈高”的游戏中，幼儿边玩边念儿歌：“城门城门几丈高，三十六丈高，骑马马，坐轿轿，走进城门划一刀。”不知不觉中幼儿能掌握一些语言的表达方法。在游戏“讨小狗”中，两名幼儿通过相互之间的对话发展了交往能力。另外，民间的猜谜游戏对幼儿发展表征能力十分有益，如耳熟能详的谜语“上边毛，下边毛，中间一颗黑葡萄”。

（三）发展幼儿认识数量的能力

幼儿的思维以具体形象思维为主，所以在数学的教学活动中，教师会通过一些教具寓教于乐，而一些民间游戏则在游戏中渗透数学的知识，如游戏“抓石子”中帮助幼儿认识单双数，在游戏“乌鸦啄食”中，幼儿不仅理解了序数的意义，还通过记住完成的石子数量练习了数数和计数，做到了在玩中学。

（四）促进幼儿的认知发展

民间游戏的很多童谣、儿歌蕴含着自然、社会和文化知识，如北京童谣“小孩儿小孩儿你别馋，过了腊八就是年；腊八粥，喝几天，哩哩啦啦二十三；二十三，糖瓜粘；二十四，扫房子；二十五，磨豆腐；二十六，去买肉；二十七，宰公鸡；二十八，把面发；二十九，蒸馒头；三十晚上熬一宿；大年初一扭一扭。”不仅把中国传统节日的习俗用朗朗上口的语言表达了出来，还大大提高了幼儿的口语表达能力。“骑铁马”游戏中把城市的巨大变化用语言形象地展示了出来，拓展了幼儿的知识面。

（五）促进幼儿的社会性发展

幼儿社会交往能力的发展不仅依靠成人的培养，也是平时自身的体验和实践经验积累的结果，这是一个漫长的过程，主要通过同伴交往来实现。如“吹泡泡”游戏中，幼儿自由结伴拉起小手吹泡泡，每轮游戏都可以随机找到不同的小伙伴，游戏开始的时候，幼儿只是寻找熟悉的同伴，重复几遍游戏之后，逐渐变成了四五个同伴一起拉手，变大变小，最后变成一个大泡泡，这个游戏过程让幼儿充分体会到了合作的快乐。还有“炒黄豆”“桃花朵朵开”“钻山洞”等合作游戏，幼儿在交往中互相影响，友好合作，感受交往的乐趣和成功的喜悦，促进社会交往能力的发展。

三、幼儿园民间游戏的推动条件

（一）广泛收集、精心筛选适合幼儿的民间游戏

民间游戏是游戏中的重要组成部分之一，也是幼儿园课程资源的一部分。教师和家长首先要对民间游戏足够重视，多查阅相关资料，收集相关的玩法，尽量贴合幼儿的生活，符合幼儿的身心发展规律。

其次要选择富有内涵的民间游戏，更要营造浓厚的文化氛围，让幼儿在游戏中承担起传承民族文化的责任，吸收更多的民间文化。

（二）创设良好的游戏环境，激发幼儿兴趣

环境对幼儿的成长有着非常重要的作用，要把民间游戏融入幼儿园的课程实施，就必须重视民间游戏在幼儿园的环境创设。根据民间游戏的不同类型，制作相关的头饰、衣服等，如老鹰捉小鸡，制作一系列样式不同的老鹰和小鸡，增加游戏的趣味性；或者在保证安全的前提下，设置一些和民间游戏相匹配的、足够安全的多功能活动室。

四、幼儿园民间游戏的运用

（一）改编和创新民间游戏的内容与形式

为了丰富幼儿园的民间游戏的内容与形式，充分满足各年龄段的幼儿的不同需要，教师应在保持其特有的游戏风格的基础上，对民间游戏进行改编与创新。

如从幼儿的兴趣特点和喜爱程度出发，把“石头、剪子、布”“抛纸球”“跳格子”三个游戏组合在一起，并由幼儿和教师共同制定新的游戏规则，如“山山山”这个游戏简单方便，不受空间和年龄的限制，但由于内容单一枯燥，反复进行会使幼儿失去兴趣，所以就需要将其内容进行改编并对整个游戏的内容做相应的拓展，或者在游戏结尾通过数字的延续进行创新。

不同的游戏有不同的玩法，如在“无敌风火轮”的游戏中，教师可以积极鼓励和引导幼儿发明不同玩法；在“跳梅花桩”的游戏中，引导幼儿自己拼搭梅花桩的顺序和规律；“粘泡泡糖”的游戏不仅可以选择桌子、椅子，还可以选择身边的植物、动物、墙面、地板等。这些方法的运用，让民间游戏的内容更为丰富了，更受幼儿喜欢。

（二）与日常教育活动相结合

为了把幼儿园的日常教育教学和民间游戏有机结合起来，教师需要在幼儿的生活教育环境中投放相关的材料，方便幼儿随意自如地开展各民间体育游戏、民间智力游戏、民间美术游戏、民间童谣说唱等，让教育对幼儿产生潜移默化的影响。如在益智区投放“翻花绳”“打碟片”“东西南北”等各种民间游戏材料；在科学区投放“传声筒”“夹豆子”“抽陀螺”等民间游戏材料；在美工区增加泥塑、剪纸等材料；在表演区投放绸扇，民间小乐器，戏曲服装、道具、头饰，油纸伞、茶艺用具等；在户外场地投放高跷、沙包、皮筋、跳绳等。此外，还可以在幼儿园的环境创设中摆放一些毽子、梅花桩、风筝、风车等玩具，既方便幼儿认识民间游戏，又可让幼儿随手可取，进行相关活动。

（三）增加竞争环节，提高幼儿的竞争意识

中班、大班幼儿开始有了自我意识，重视比赛的结果，所以教师在组织中班、大班的游戏中可以适当增加竞赛机制，增强规则意识，给予获胜组适当的表扬或者奖励，使幼儿体验成功的喜悦。如在“滚铁环”游戏中可以

分成三组，同时进行比赛，遵守规则并且先完成比赛的小组获胜，获得相应的小红旗。对于没有获胜的小组可以给予相应的鼓励，使其树立自信心。

总之，幼儿园民间游戏对于幼儿的身心发展有着重要的作用，有利于幼儿形成良好的学习品质。游戏的过程也是幼儿认识生活、了解他人、亲近社会的过程。因此，教师要重视民间游戏的合理开发与运用，让民间游戏全面渗入幼儿活动课程中，促进幼儿身心全面发展。

引领孩子走进大自然
——幼儿园科学教育园本课程的探索与思考

空军工程大学航空工程学院幼儿园　王　敏

【摘　要】陈鹤琴先生在活教育的理论中提出：活教育的课程是把大自然、大社会作为出发点，让孩子直接向大自然、大社会学习。我园是一所军校幼儿园，自然资源十分丰富，这得天独厚的自然资源是孩子们天然的大课堂，是教育的好素材。我们依托自然资源和社区资源开展了园本课程——“引领孩子走进大自然”的探索研究。本文从内容的选择与实施、教师的成长、幼儿的发展等方面进行了研究与总结，旨在丰富与完善园本课程的内容、促进教师专业化的成长、培养孩子的科学素养。

【关键词】科学教育；大自然；园本课程

一、课题提出的背景

《纲要》中明确提出：“环境是重要的教育资源，应通过环境的创设和利用，有效地促进幼儿的发展。”这反映了有效利用环境资源的重要性。我园是一所军校幼儿园，学院是全军绿化先进单位，院内有教学用的先进实验室和各种战斗机，学院四周有白鹿原、灞河、农田、果园等资源，这些得天独厚的自然环境是孩子们天然的大课堂，是教育的好素材。我们依托环境资源开展了园本课程——“引领孩子走进大自然”。在活动的过程中，我们结合我园的实际情况，以素质教育为宗旨，从教育内容、活动形式等方面进行研究，在大自然中发展幼儿对科学的探究能力。

二、课题研究的理论依据

（一）陈鹤琴的活教育理论

20世纪40年代初期，陈鹤琴先生提出了活教育理论体系。他主张幼儿园课程要以大自然、大社会为活教材，引导幼儿从广阔的自然界、缤纷的社会生活中学习各种实际的知识；他倡导做中学、做中教，让幼儿在各种有益的活动中得到身心和谐发展。这些理论对我们园本课程的研究具有重要的借鉴意义。

（二）皮亚杰的建构主义理论

建构主义强调用具体的情景呈现问题，营造问题解决的环境，以帮助幼儿在解决问题的过程中获得知识。

（三）加德纳的多元智能理论

多元智能理论认为每个人的学习进程有所不同，主张教育者应尊重每一个幼儿的独特性。

（四）布鲁纳的发现学习

布鲁纳指出，儿童有他自己观察世界和解释世界的独特方式。他的主要观点是强调幼儿在学习的过程中要主动地发现知识，主动地探索事物，而不是被动地接受教师传授的知识。

三、园本课程的开发与实践

（一）科学教育内容的选择与实施

1. 依托本土教育资源，开发地方性科学教育园本内容

园本课程是指以一个幼儿园为基地进行课程开发的过程，是园长、其他教师、课程专家、幼儿、家长共同参与幼儿园课程计划的制订、实施、评价等活动的过程。一个幼儿园的园本课程要有自己的特色，要坚持本土化的原则，即根据本土文化特点，从幼儿园文化出发，充分挖掘和利用本地丰富的教育资源。同时，幼儿科学教育应注重激发幼儿的探索兴趣，培养幼儿认识周围世界的积极态度。因此，我们认为最佳的教育内容是因地制宜地利用本地教育资源开展活动。我园所处的自然环境非常优越，可以说是春有花、夏有荫、秋有果、冬有绿。我们依托这得天独厚的环境资源开发了许多科学教育园本课程内容，凸显地方特色。如春天，我们会开展“放风筝”“挖野菜”“认识樱桃”“农家做客”“美丽军营”等一系列活动；秋天，我们会开展“捡落叶”“田野采摘”“欢乐在灞河”等一系列活动；等等。教师根据孩子们在活动过程中的兴趣点和关注点生成并开展了一系列的主题探究活动。如结合农家建筑，我们开展了“中国民居建筑”的主题活动；利用野菜资源开展了“大自然的礼物——野菜”的主题活动。在这一系列的活动中，让孩子们感受大自然的丰富多彩、变化多样。让孩子们了解、发现科学就在自己身边，科学就是生活本身，是每一次的活动本身。

利用幼儿园社区资源开展幼儿园科学教育的园本课程。社区是幼儿日常生活的自然、社会环境，可以为幼儿和教师提供大量的科学教育内容。如孩子们发现龙泉湖的水变多了，教师抓住这一点，组织开展了主题探究活动。教师和孩子们一起做“龙泉湖的水在什么情况下会多起来”的调查，并让幼儿自己绘制海报告诉大人要保护水资源。再如孩子们对制作图书、各种各样的飞机很感兴趣，社区里的印刷厂和停机坪就成了我们解决疑问和拓展课程内容的好帮手。在参观印刷厂时孩子们听工人叔叔讲编辑、制版、晒版、印刷、折页、装订、剪裁的全过程，向阿姨学习折书页，观察印刷机工作的过程。这种身临其境的学习比在课堂上听老师干巴巴地讲怎样制作图书要生动有趣得多。在参观停机坪时，孩子们听解放军叔叔讲歼击机、战斗机，看直升机的螺旋桨究竟有多长，听英雄机长的故事。孩子们兴奋不已，在停机坪用画笔记录自己对飞机的认识。同时，我们结合停机坪开展了“小小飞机制造厂”的主题活动。像这样的案例还有很多。我想，这种“现身说法”的教育会永远根植于孩子们的心中。

2. 从孩子们交谈的话题里发现科学教育的内容

幼儿对周围事物充满好奇，只要我们善于发现、捕捉，就能引导幼儿进行他们感兴趣的科学探索。一次，我们带孩子们参观樱桃园，在樱桃园里孩子们发现，每棵果树上都拴拉着很多绳子，有的扎在泥土里，有的下面吊着重重的石头。孩子们都在猜测这是为什么，有的说怕风把树吹倒，有的说让大树站得稳一些，有的说是为了拉低树枝让人们好采果子……孩子们展开想象的翅膀。最后我们一起去请教果农，原来果树拉枝是为了通风和光照，为了让樱桃长得又多又大又甜。这样，一节园本课程“果树拉枝的秘密”就生成了。这样的教育生动自然，孩子们在积极主动的探索中激发了探索的乐趣，萌发了学习科学的兴趣。

3. 抓住幼儿教育中的科学，拓展科学教育园本内容

幼儿生活中处处有科学，引导幼儿探究平常司空见惯的日用品、玩具、劳动工具、科技产品等，可以保护和激发幼儿对周围事物的强烈兴趣，满足孩子们的好奇心和探究欲望。我们从生活性的原则出发，选择幼儿看得见、摸得着、感兴趣的事物，开展了一系列贴近幼儿生活的科学活动。例如，“生活中的管子”，孩子们熟悉吸管，看到过洗衣机的上水管、抽油烟机的管子等。老师和孩子们共同收集大量管子，让孩子们探索管子的玩法，并提供水、沙子、铁丝等做游戏，引导孩子们发现管子的特性，讨论管子在生活中的用途与意义。此外，还有“好玩的扣子”“制作圆桌”“小纸船”“会唱歌的瓶子”“瓶子里的秘密”等生成于幼儿日常生活的科技教育活动。这些内容源于生活，是孩子们熟悉的身边的科学内容。

（二）教育活动的主要组织形式

1. 集体活动

我园的科学集体活动主要包括幼儿课堂教学活动和户外观察活动。在科学活动中引导幼儿集中注意力，发现问题、寻找答案，积极大胆地表达自己的见解，萌发对科学探索的兴趣，培养科学素养。自2008年以来，我园每学期都组织多次科学教学观摩活动，例如，“摔不碎的鸡蛋”“认识磁铁”“会喝水的纸”“改变滚动轨迹”等。在主动探索的教学活动中，孩子们和老师共享快乐、共同成长。

2. 小组学习

老师根据活动需要和幼儿的兴趣，设计丰富的学习活动，创造不同的教育环境。全班幼儿可根据自己的兴趣分成若干组进行活动。例如，我们在幼儿园设计了泥巴区、磁铁区、瓶子区、玩水区、航模区等。孩子们根据自己的需要选择不同的区域进行活动。这种组织形式可以全面满足幼儿的需要，让幼儿有充分尝试和体验的机会，有助于幼儿建立自信心，满足好奇心和求知欲，激发幼儿主动学习的意愿。

3. 个别学习

个别学习主要包括两方面：一是在幼儿学习的过程中，教师留意幼儿的活动情况，掌握教育时机，根据幼儿需要给予个别辅导和随机教育，同时根据幼儿的活动情况及时为幼儿提供材料，创设环境；二是在活动延伸中幼儿和家长共同完成小制作、小实验。家长是参与者、合作者、陪伴者。例如，在大班“认识飞机”的延伸活动中，家长和孩子用各种废旧材料制作飞机，有纸飞机、瓶子飞机、夹子飞机等；在中班“植物的叶子”的活动延伸中，家长和孩子共同完成丰富多彩的树叶贴画。

（三）教育环境的创设

环境是幼儿园的重要教育资源，科学地利用周边环境创设幼儿园的教育环境，不但可以营造轻松愉快的氛围，还能使教育内容与幼儿的感性经验相结合，让幼儿在真实的情境中学习，最终运用已有的经验解决生活中的问题，并不断丰富幼儿的早期经验。在具体的工作中，我们有以下几点做法。

1. 根据年龄特点来创设教育环境

根据幼儿年龄特点，我们的科学教育也有所侧重。如小班以“快乐体验”为主，中班以“远足活动”为主，大班则以“小制作、小实验”为主。选好侧重点后，我们再根据年龄组的侧重点进行教育环境的创设。

小班布置了玩水区、瓶子区，在这些区域中孩子们可以尽情玩乐，从中了解对应、匹配的知识，了解瓶子的特点和用途。在教室的墙饰布置上，小班以动物为主题，布置了“动物大世界”的主题墙饰，贴上教师和幼儿共同从各处收集来的动物图片和资料，结合教育活动分期、分批更换。如在认识野生动物时，墙饰就以野生动物为主。春天来了，就有蚕宝宝的生长图片，形象生动地展示了蚕宝宝的成长过程。为了培养幼儿爱护小动物，还让幼儿饲养了小兔、金鱼。在照料小动物的过程中，不仅培养了孩子们的爱心，同时也丰富了孩子们的生活经验。

中班开展了一系列户外远足活动，在环境布置上也有自己的特点。教师将每次外出活动的照片张贴在墙上，有孩子灿烂的笑容，有认真投入的实验场景，配有孩子简短的文字说明，让家长了解孩子的成长经历。

针对大班幼儿爱摆弄的特点，教师在科学区角里投放了大量的试验材料，如水的折射材料、摩擦起电材料、自制指南针材料、三棱镜、制作圆桌的木棒与纸板等。这些材料的提供很好地激发了孩子们探索的兴趣，使“让幼儿动手、动脑”不再是一句空话。

2. 创设动态式的教育环境

在室外的环境创设上，突破以往的静态设计，努力创设科学教育的大环境，让幼儿园真正成为幼儿动手探索的场所。在操场上，孩子们可以在“大螃蟹”里玩沙子，可以和保洁员一起给草坪浇水，也可以和园丁伯伯一起体验怎样用割草机割草。在种植园里孩子们可以亲近、照顾自己种的向日葵、土豆；而当玉兰花、樱花的花瓣散落一地时，孩子们可以用他们来制作干花和标本。此外，走廊里阳光充足的地方种植着葱兰、鸢尾、三叶草等植物。这样既让本班幼儿进行观察，也可以让全园孩子进行交流。

每个班的环境创设都有各自的特点。为能让教师取长补短，进一步完善班级环境创设，每个月都会组织教师互相参观，鼓励教师之间、班级之间相互交流，共同提高。

（四）在科学教育中发挥家长的作用

在科学教育中发挥家长的作用，有效利用家庭环境是对幼儿进行科学教育的重要手段。一天，我们带孩子们在地里挖野菜，遇到了一位家长，他对孩子们的活动多有不解，说："幼儿园的课程还有这些?"原因是家长们认为上课就应该在教室里，科学活动就是高难度、高技能的活动。他们认为科学活动就应该在教室里做实验，听教师讲知识。为此，我们召开家长会，组织家长开放日、幼儿园科技节等活动，使家长认识到，孩子的科学活动内容是生活中常见而又极易忽视的现象和事物，科学活动的组织形式是室内和室外相结合的方式。在日常教学活动中请家长和孩子共同制作小海报，围绕一个主题进行介绍，让家长与孩子一起探讨科学的奥秘。在园本课程中我们发挥家长的作用，共同寻找教育资源。如我们主动联系了幼儿家长代表，带孩子们去挖红薯，摘豆荚、摘樱桃、拔萝卜。在这一系列的活动中，我们都会请家长参与到活动中来，共同体验活动的过程。通过多年的实践，家长们对幼儿园科学活动也有了重新的认识。

四、课程研究的成绩与感悟

（一）促进教师的专业化成长

1. 形成教师研究共同体

研究伊始，我们形成了"科学教育研究小组"，研究小组的教师每月开展一次教研活动，集中学习有关资料，重点学习《怎样磨课》《科学教育环境的创设》等，学习《纲要》《指南》。每次学习都结合我园实际教学，采取边学边议的形式，对照检查我园的教学实际，学以致用。通过几年的强化学习，教师在设计教学方案、组织教学活动、安排活动场地、创设科学环境、书写论文等多方面都有明显的提高。

2. 有效发挥教师研究共同体的作用

（1）共同研究设计活动方案。在开展教育活动时，我们首先要选择教育内容。全体教师共同讨论后得出，教育内容要贴近幼儿生活，具有研究价值。那么，幼儿身边哪些是有价值的教育内容？哪些内容适合本班幼儿的兴趣和能力？经过教师的积极讨论，最终确定教学内容。在设计教学方案时，我们采取逐步完善的步骤。个人思考，初步设计方案，小组成员相互讨论完善方案，研究小组把关确定方案。在设计方案的过程中，教师在每个环节都反复讨论。如教师所提问题是否具有引导性？在幼儿操作的过程中教师应做些什么？每个教学方案的产生都是集体智慧的结晶，都是大家共同提高认知、共同发展的过程。这一阶段的工作就是教研活动中的"一研"，是科学课的基础部分。

（2）实施过程中共同分析调整。在科学活动中我们要发挥研究小组的作用，进行“二研”。在确定教学方案后，我们进行教学观摩，之后开展讨论：教学过程中教师的哪些行为体现了“教师主导，幼儿主体”的精神？哪些行为还存在问题？教师的语言应注意哪些？根据分析，共同制定改进措施，再次进行教学观摩。我们幼儿园是一所小园，每个年龄段只有一个班，没有平行班。在每次的“研究”中，总课题组的片区协作模式让我们受益匪浅，“名校+”成员给了我们支持和帮助。

（3）及时总结与反思。在科学教育活动的研究中，教师形成了共同学习和研究的集体，不断地通过阶段性总结与反思积累成功的经验，同时对存在的问题进行深入探讨，寻找适宜的策略，有效推动研究的深入进行。如在“引领孩子走进大自然之春”活动中，我们及时总结同一主题在大、中、小班的教育目标，使孩子在接下来的内容中减少了重复，获取新经验。

3. 在教研的实践与反思中进行教师角色的转变

户外教学活动中，幼儿视野开阔，提出的问题千奇百怪，教师如果直接解答每个幼儿的问题，将会使孩子失去自主探讨解决疑惑的机会。对于幼儿的问题，教师积极地关注与支持，巧妙地引导，是培养富有创造性幼儿的关键。例如，在观赏樱桃花时，孩子们发现了一个方方正正的一米多深的水泥池子，不少孩子提出：“这池子是干什么用的？”教师也很疑惑地说：“让我猜猜……果园边上……”孩子们争先恐后地猜测，是放樱桃的，是存雨水的，是垃圾坑，是盖蒙古包一样的房子的……我们一起围着池子进行观察，发现通向池子的水沟，寻着沟走发现了隐藏在果园中的一排低矮的水泥屋，再次兴奋地猜测水泥屋是做什么用的。当孩子们猜到是猪圈后，不少孩子开始转移视线，自己结束这项侦探活动。这时教师就会问：“现在谁知道水泥池是做什么用的？”就是在这样的过程中教师理解把握了《纲要》中提出的教师应成为幼儿学习活动的支持者、合作者、引导者。

（二）促进幼儿的全面发展

1. 培养幼儿对科学的兴趣

到户外上课，到大自然中去是孩子们最喜爱的活动。大自然给幼儿提供了取之不尽、用之不竭的学习材料，幼儿可运用各种感官动手动脑，探究问题。幼儿在欢乐的玩耍中发现问题，大胆猜测，再运用已有经验和老师、幼儿一起验证猜测结果。到户外上课，培养了幼儿关爱自然、喜欢探究的良好品质。

2. 培养幼儿良好的个性

《幼儿园工作规程》要求：幼儿园应在各项活动的过程中，根据幼儿不同的心理发展水平，注重培养幼儿良好的个性心理品质，促进幼儿的能力和个性全面发展。许多研究表明，良好的个性是一个人取得成功的基本条件，更是一个人心理健康的重要标志。正如爱因斯坦所说："优秀的性格和钢铁般的意志比智慧和博学更为重要……智力上的成就在很大程度上依赖于性格的伟大。"现在的孩子大多是独生子女，以自我为中心，加上家长无微不至的关心与照顾，把原本通过孩子自己探索发现的知识变成了家长的灌输，使孩子在性格上表现出依赖、被动、胆小、缺乏自信等特点，在交往中则表现出不会与人合作。我们在开展园本课程的同时也非常注重孩子们个性的培养。在农忙季节，教师带领幼儿到田里收玉米，理解古诗《悯农》中，"汗滴禾下土"的真正含义，懂得"谁知盘中餐，粒粒皆辛苦"的道理。还带幼儿参加简单的劳动，如拔草、摘南瓜、摘西红柿等，从小培养幼儿吃苦耐劳的精神，逐步养成尊重成人的劳动、珍惜劳动成果的良好品质。很多孩子刚下到地里，不敢动手掰玉米，怕有虫子、怕把自己划伤了，但在老师的鼓励下，在其他孩子的带领下，慢慢地尝试着去做。一学期以后，孩子们最开心的事莫过于下地干活儿了。通过我们长期的坚持，孩子们更加快乐、自信了。

在科学活动中教师抓住时机，教育幼儿学会合作。例如，在"野菜飘香"活动中，全班幼儿分成两个组，一组幼儿摘野菜，另一组幼儿洗野菜，最终送到厨房加工成野菜饼。孩子们从中体验到了分工合作的喜悦，增强了自信心和交往能力。

3. 培养幼儿的科学探究毅力

在现实生活中，不少科学秘密是需要坚持不懈地努力才能发现的。在科学活动中，教师一方面要恰当把握示范演示的时机，有效激发幼儿探究的主动性，另一方面要维持幼儿探究过程中的积极性。当幼儿遇到困难注意力分散时，教师要及时指导，使幼儿重新兴趣盎然地投入活动。这种不失时机的支持与帮助，有利于促进幼儿坚持到底。

4. 培养幼儿学习运用适当的表达方式表达探究的结果

在刚开始的科学活动中，我们发现我园孩子的表征能力较差。同时，教师对表格的制作、讲解也不到位。针对这一情况，研究小组首先培训教师，在设计表格、讲述表格时力求简单、明了。其次在日常生活中，对幼儿这方面的能力进行训练，使幼儿学会用不同的方式记录学习过程，表达自我感受。

五、对实践探索的反思

（一）园本课程的发展是一个不断创新、调整的过程

在园本课程实践的过程中，我们遇到了很多困难，例如，科学活动怎样与其他课程内容有机结合？园本课程怎样在其他园所进行交流？怎样合理安排孩子的时间？怎样转变家长的观念？等等。这一切都没有标准答案，需要我们在实践中不断地探索、反思、创新、调整。而在问题解决的过程中，我们对科学领域也有了更深入的思考：科学无处不在。我们要用成功经验去研究其他领域的课程。

（二）园本课程活动方案需要多方共同探索、努力

园本课程的内容开始时是以利用自然资源和社区资源为线索的，随着课程资源的不断拓展——从园内到园外、从社区到社会、从以教师、幼儿为主体到与专家、家长共建课程，从而使园本课程开发的思路不断拓展，课程内容不断丰富。如将周边的地名所蕴含的历史、民居、民间游戏等融入园本课程中，使我园的课程更加丰富。

（三）课程评价是促进园本课程不断完善的根本动力

课程评价的最终目的是看是否促进了幼儿、教师的发展，因此，课程评价是园本课程中非常重要的一部分。但是，我们在这方面做得还不够。在今后的工作中，我们将分析园本课程实施过程中的诸多因素，建立自己的评价体系，并根据评价结果及时调整和改进园本课程活动方案，从而推动幼儿园园本课程的发展与完善。

幼儿园班本主题活动的组织实施与管理

空军工程大学航空工程学院幼儿园 王 敏

【摘 要】 班本主题活动的概念是相对于园本主题活动而言的，是指在园本课程目标的指引下，以班级为单位，教师根据本班幼儿的实际情况，围绕幼儿的兴趣、需要、问题等设计的个性化课程内容。教师根据班级特色，深挖每个幼儿的发展特点，在环境布置、教育设计等方面具有较强的针对性。我园是一所小型精品园，在课程实施过程中以“班本主题课程”建设为抓手，以提升教师的课程实施能力为目标，推动课程开展。

【关键词】 班本主题活动；组织实施；课程管理

2022 年 2 月教育部颁布了《幼儿园保育教育质量评估指南》，它的颁布是我国学前教育从结构性质量向过程性质量转变的重要标志。幼儿园课程建设是促进园所内涵发展、提升保教质量的重要途径。在这样的大背景下，我园依托自然资源和军队资源，开展了园本主题课程建设。因幼儿园没有平行班，因此在园本主题课程的实施中更加凸显了班级的特点。在教师专业化水平差异较大、没有平行班等特殊情况下，我园总结了课程建设的经验与大家分享。

一、主题活动内容：根据师幼发展水平，选择不同方式设计班本主题活动方案

张俊教授在《让幼儿园课程“活”起来》一文中提道：“在当前幼儿园课程建设实践中，因为对幼儿园课程特质把握不清而导致的偏差仍较为普遍。”我园在这方面有较为深刻的认识。2019 年，我园“抛弃”教材，支持教师研发班本课程，在保教活动实践中出现了两种现象：一是追求生成富有园本特色的活动而造成主题内容随意的现象；二是教师照本宣科，组成“大拼盘”式的主题活动。这些现象的出现对教师的专业性发展没有帮助，同时严重阻碍了幼儿的发展，“围绕幼儿的兴趣、需求、发展的课程”成为空谈。针对这一情况我们做出以下调整。

（一）以教材为蓝本的班本主题活动

针对有些班级幼儿年龄较小，教师课程领导力较弱的情况，我园选择了与我园课程理念相近的南京市实验幼儿园的《幼儿园综合教育课程——主题活动》教材，通过观看讲座、学习教材文本，教师思考教材中主题活动实施的目标、思路、线索及路径，让教材成为一种支持。之后，教师选出了适合我园开展的主题活动内容，在开展过程中进行园本化的改造，将有价值的教学内容融入幼儿真实生活中去，同时关注并努力实现幼儿一日活动各个环节的教育价值。

托班幼儿主动提出问题大家一起讨论的现象较少，尽管他们对周围的事物充满好奇，但因为不善表达或胆子较小，将可能生成的主题活动的火花熄灭了。在一次主题活动“秋天到了”中，教师带孩子到户外捡落叶，有的树叶是红色的，有的树叶是绿色的，有的树叶是深咖色的……孩子很是兴奋。回到教室讨论“你们见到的树叶是什么颜色的?”“是什么样子的?”……几个问题之后，孩子已经没有耐心进行讨论了。针对这样的实际情况，想要从幼儿的谈话、兴趣中发现有价值的线索是很困难的，教师就用教材作为支撑，开展“秋天到了”的主题活动（见表1）。

表1 “秋天到了”的主题活动

主题名称	树叶飘飘		
开展时间	11月		
主题来源	秋意渐浓的日子，飘舞的落叶已悄然进入孩子们的视线。发黄的树叶被风一吹，摇曳着、扭动着飘落在草地上、花丛中、滑梯上……仿佛多彩的音符拨动着孩子们渴望亲近自然、探究未知的心弦。户外活动时，孩子们会在落叶上轻盈地跳跃，沙沙、沙沙，踩踏出一支婉转的秋天圆舞曲；在阳光下，孩子们透过那细腻的脉络，发现一个属于叶子的世界，那里藏着一段又一段来自落叶的记忆，从新绿到枯黄；孩子们还会拾起一片落叶放在鼻尖，轻嗅着属于每片叶子的独特味道，虽然没有花的芳香，没有果实的甜意，却流露着秋的气息。丰富多样的秋叶给予了孩子们探索发现的空间，那就让我们带着孩子一起走进这落叶飘飘的世界吧，让他们去看一看，踩一踩，捡一捡，玩一玩，和落叶来个亲密接触，和秋天来个美丽拥抱		
主题目标	1. 感知秋天落叶飘舞的美丽，体验秋天的美好。 2. 乐于用多种感官感知、探究落叶的大小、形状等特征，发现落叶的丰富多样。 3. 愿意与同伴一起参与关于树叶的表达、表现活动，提升艺术表现和创造能力		
线索一 落叶飘下来	1. 树叶沙沙沙 4. 树叶宝宝找家	2. 树叶飘呀飘 5. 落叶圆舞曲	3. 秋天的落叶 6. 给大树妈妈做衣裳
线索二 树叶玩起来	1. 树叶落下来 4. 风儿与树叶	2. 树叶唰唰唰 5. 落叶精灵	3. 看谁落得快 6. 落叶变变变

在“落叶圆舞曲”语言活动中，孩子们通过故事了解到银杏叶从绿色变成黄色的原因，并能用语言表达自己对这一现象的理解。同时，为了拓展孩子的经验，教师带领孩子来到银杏树前，开展了观察、写生、采摘银杏果、制作树叶画、制作树叶标本等活动。真实的环境、丰富的体验，使主题活动贴近幼儿生活，也能激发幼儿主动参与的兴趣。

（二）以幼儿兴趣、需求为出发点的班本主题活动

教师根据幼儿游戏中、生活中的一些小事以及同伴间的话题把握到孩子的实际需求，根据幼儿的发展水平、年龄特点、核心经验做出专业的判断，对幼儿的提问进行取舍，设计班本主题活动。这对于教师的课程领导力有较高的要求，需要教师不断地进行学习，提升专业能力。

我园地处军队大院，毗邻农村，拥有得天独厚的自然资源。10 月，小班幼儿有大量的时间走进自然、探索自然，在与自然的互动中逐渐建立起与自然的联结。在秋游活动中我们发现，幼儿对于植物种子非常感兴趣，在秋游中捡拾了大量不知名的种子，但在小班幼儿的认知中“种子”的概念十分模糊，有的幼儿能说出自己捡的是种子，但不知道什么是种子。结合小班幼儿的年龄特点，且根据深秋时节最明显的自然特征，小班选取了“小种子”作为 11 月的主题活动。从感知种子开始，在秋天和孩子们一起认知生命。“小种子”主题活动的课程设计见图 1。

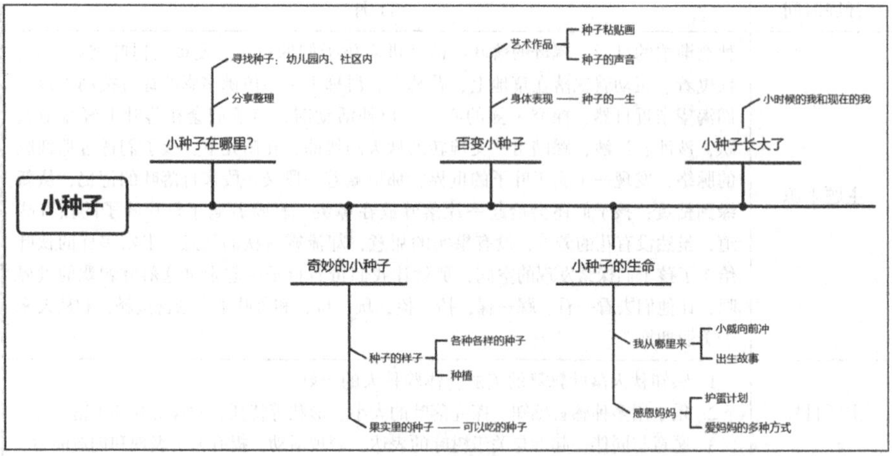

图 1　“小种子”主题活动的课程设计

老师以寻找种子、认识种子、种子实验、我也是颗小种子的儿童思维逻辑进行课程设计。幼儿通过观察、比较、实验、操作等发现问题、探究问题，寻找解决问题的办法。正是基于幼儿视角实施班本主题活动，才会有课程实施过程中幼儿的主动参与、自由表现，才会使课程成为适合幼儿的课程。

二、主题活动实施：挖掘资源，重视观察和游戏，促进幼儿真学习

（一）挖掘资源，提供真实有效的课程环境

教育家杜威强调，课程实施的第一步是儿童要有一个真实的情境体验，也就是有一个感兴趣的持续活动。因此，老师充分利用园所周边的自然环境和军队资源，帮助幼儿密切与身边的人、事、物产生链接，促进幼儿丰富经验，提升发展。我园种植的树木、花草种类繁多，孩子们生活在春有花、夏有荫、秋有果、冬有景的环境中，通过观察、记录植物的生长过程，亲自参与种植、管理、收获的种植园劳动，建立与自然的链接。在老师的引导下，孩子们对幼儿园周边的资源进行梳理、归纳。教师带孩子们走进飞机场、图书馆、训练场，通过深入了解生活的环境，使孩子对军队有更加明确的认知和感受，激发幼儿对军队、对祖国的热爱。

（二）重视观察，及时调整课程实施走向

著名教育家陶行知指出“教育为本，观察先行”。教师日常的观察，目的在于及时获得幼儿对活动的感受、收获等有价值的信息，以此来判断活动实施是不是追随幼儿的。教师仔细地观察，把握到孩子的实际需求，实时地调整班本活动的安排。小班“小虫子”的活动中，教师对预设过程进行了以下调整（见图2）：

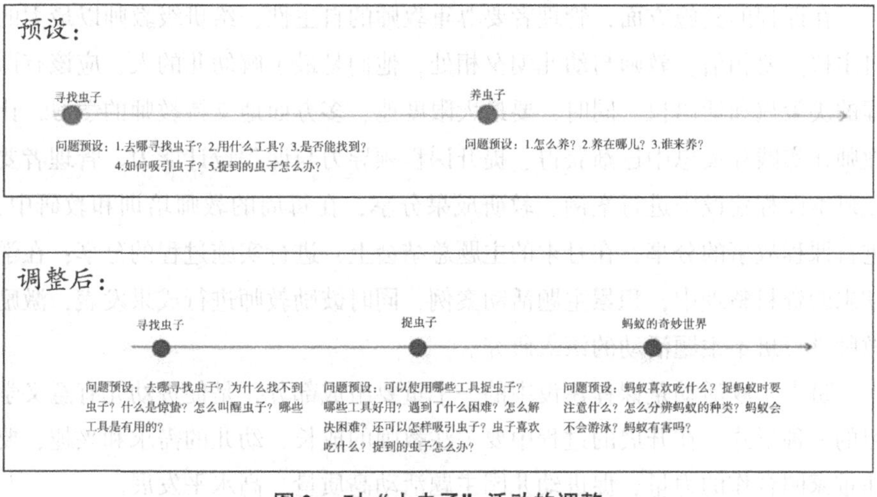

图2　对“小虫子”活动的调整

前期预设了两个内容，从寻找虫子到养虫子，但是在实施的过程中教师发现，孩子对去哪寻找虫子、用什么工具、怎样捉到虫子非常有兴趣，但对于养虫子没有想法。于是，教师对活动做了调整，删去了“养虫子”环节，增加了“捉虫子”“蚂蚁的奇妙世界”环节。调整后，孩子们兴趣盎然地参与到对蚂蚁的探究当中。正是教师对孩子的观察才有了课程的调整，调整后课程的实施才实现了幼儿的主动参与，使课程真正成为幼儿的课程。

（三）重视游戏，丰富主题活动实施路径

主题活动的实施不一定是在集体教育活动中进行的，游戏活动、生活活动、社会实践活动、亲子活动等都是主题活动实施的重要途径。如中班“香香的桂花”班本主题活动中，孩子们在美工区拿起小画板、油画棒，到桂花树边写生；用桂花、彩纸做成漂亮的手环；用粗树枝、桂花、玉米皮制作富有特点的桂花小人。在阅读区，孩子们阅读有关桂花的绘本，如《桂花雨》《神奇的桂花》等。在体验室，教师和孩子们一起制作桂花糕、桂花茶，体验劳动的乐趣。在户外游戏中，孩子们在树下铺上干净的床单，一起玩下桂花雨的游戏。周末，和爸爸妈妈在大院里一起寻找桂花树，发现有的桂花是黄色的，有的桂花是白色的。孩子们在多样的游戏中，在好玩、有趣、有挑战性的活动中，在认真观察、动手操作、主动思考中对桂花有了更全面的了解。

三、课程管理：赋权、赋能于教师

在课程的实施方面，管理者要尊重教师的自主性，给班级教师以最大的自主权。要相信，教师与幼儿朝夕相处，他们是最了解幼儿的人，应该有课程的决策权和话语权。同时，要最大限度地、多方面地支持教师的学习，让教师在实践和反思中逐渐获得、提升课程领导力与课程设计能力。管理者要在班本课程建设中进行案例、教研成果分享，在每周的教师培训和教研中，进行课程故事的分享；在月末的主题总结会上，进行实施过程的分享；在学期末的资料整理中，积累主题活动案例，同时鼓励教师进行成果发表，激励教师进行班本主题活动的深入研究。

班本主题活动是课程建设中的一个重要组成部分，是促进幼儿有意义学习的一种形式，在开展的过程中要关注教师的成长、幼儿的需求和兴趣，要注重家园合作的力量，促进幼儿园主题活动高质量、高水平发展。

孩子的学习在大自然中

空军工程大学航空工程学院幼儿园　张　倩

【摘　要】幼儿在与自然接触、互动的过程中发现问题、面对问题、解决问题，在与周围世界的互动中建立自己的知识结构，从而变得更活泼、勇敢、坚强、自信。

【关键词】大自然；学习

《纲要》指出：教育活动内容的选择既要贴近幼儿的生活，又要有助于拓展幼儿的经验和视野。教育活动内容的组织应充分考虑幼儿的学习特点和认知规律，各领域的内容要有机联系，相互渗透，注重综合性、趣味性、活动性，寓教育于生活、游戏之中。《指南》中也提出，我们要珍视游戏和生活的独特价值。

陈鹤琴先生说："大自然、大社会都是活教材。"幼儿的灵性需要大自然的滋养，大自然是幼儿最好的课堂，也是最好的老师。幼儿在大自然中不会感到孤独，能寻找到自己感兴趣的研究对象。对接《指南》，我们一起看看大自然、大社会都是活教材的真正意义。

《指南》写道："关注幼儿学习与发展的整体性。儿童的发展是一个整体，要注重领域之间、目标之间的相互渗透和整合，促进幼儿身心全面协调发展，而不应片面追求某一方面或几方面的发展。"陈鹤琴先生在五指活动中指出，五指活动各具特色，缺一不可，是相互渗透、共同作用、有机联系的，五指活动可以促进幼儿五个方面协调发展。先生也指出，幼儿的课程是灵活的、弹性的、应变的，应追随幼儿感兴趣的生活。他说，手掌就是生活，手指就是幼儿，我们应关注幼儿感兴趣的生活，让幼儿在自己感兴趣的事件中提升自己的各项能力。

《指南》提出，我们应尊重幼儿发展的个体差异。幼儿的发展是一个持续渐进的过程，同时也表现出一定的阶段性特征，每个幼儿在沿着相似进程发展的过程中，各自的发展速度和到达某一水平的时间不完全相同，要充分理解和尊重幼儿发展进程中的个别差异。陈鹤琴儿童观的本质内容是要科学认识儿童，顺应儿童的天性，给予儿童活动的机会和条件，给予儿童适宜的指导和帮助，要爱儿童。他认为儿童是在实践中学习的，他指出，小孩子的知识是由经验得来的，所接触的环境越广，所得的知识当然就越多，所以我们要让幼儿与环境有充分的接触。

《指南》中提及，要理解幼儿的学习方式和特点。幼儿的学习是以直接经验为基础，在游戏和日常生活中进行的。要珍视游戏和生活的独特价值，创设丰富的教育环境，合理安排一日生活，最大限度地支持和满足幼儿通过直接感知、实际操作和亲身体验获取经验的需要，严禁“拔苗助长”式的超前教育和强化训练。1940 年，陈鹤琴在江西办学之初提出“活教育”，简单地说，就是不是死教育。陈先生提道：“我们也要活的教育，教材是活的，方法是活的，课本也是活的。我们大家一齐振作起来，研究儿童的切身问题，为儿童谋福利。尽量地利用儿童的手、脑、口、耳、眼睛，打破只用耳朵听、眼睛看，而不用口说话、用脑子想事的教育。我们不能再把儿童的聪明、儿童的可塑性、儿童的创造能力埋没了，我们要效法狂风暴雨的精神，对教育也要用同样的手段纠正过去，开发未来。”

那么，在大自然中，幼儿能得到哪些发展呢？

一、良好学习品质的习得

幼儿在与自然接触、互动的过程中，在与同伴接触的过程中，会体现出良好的学习品质，我们一定要充分地尊重和保护。

二、学会观察、记录、思考

自然界丰富了幼儿的自然知识与经验，幼儿在与大自然接触的过程中观察、了解花朵的颜色与形状、菜园里有什么、幼儿园有多少棵树、西瓜虫在哪里……在这样的过程中幼儿的观察能力得到提升，他们会尝试进行简单的记录，思考自己应该怎样做。在户外活动中，孩子们用自己的方法认真地进行观察，有的小朋友利用放大镜观察小草，有两个小朋友在松树底下发现了松果，他们一直在探索松果里的松子在哪里。

今年带孩子们去看银杏果时，孩子们好奇地问：为什么今年的果果没有去年的多，也没有去年的大呢？从而展开了一系列讨论。孩子们从讨论中了解到植物生长需要水、阳光、肥料等。

三、学习如何尊重生命

小班孩子在户外活动中一起寻找落叶，当孩子们知道树叶是大树的孩子时，第一反应是紧紧地抱着大树妈妈。在与大自然的亲密接触中，孩子们领悟到生命的脆弱。孩子们看到地上安静地趴着的小虫子时讨论虫子是不是死了。

他们初步了解到，无论是参天大树还是一棵小草，无论是狮子老虎还是一条毛毛虫，都是生态系统中的组成部分，都在为生存而努力。

四、建立环保意识

孩子在与大自然的接触中，对物种的发展变化特别敏感。去年，带孩子们去白鹿原进行寻宝的游戏，孩子们在寻宝的过程中发现了一棵他们认为神奇的植物，都想将它带回幼儿园。经过大家的讨论，最后一致决定，我们一起用小树枝将其围起来，选择不定时去观察它。由于疫情，孩子们没有来幼儿园，所以就没有及时去察看。这学期，我们一起去看的时候，孩子们很伤心，他们期盼的那棵神奇的植物不见了。在这个过程中，我们一起探讨原因，还请家长进入课堂讲解，幼儿在脑海中种下了爱护环境、爱护自然的种子，相信这颗种子会慢慢生根发芽，对孩子产生积极的作用。

幼儿在与自然接触、互动的过程中发现问题、面对问题、解决问题，建立自己的知识结构，因此我们一定要多让孩子接触真实的自然，让他们通过感官体验逐渐了解自我、关爱自然、尊重生命。

基于陈鹤琴理论的自然材料创意美术

空军工程大学航空工程学院幼儿园　孔春光

【摘　要】陈鹤琴先生在活教育的理论中提出：活教育的课程把大自然、大社会作为出发点，让孩子直接向大自然、大社会学习。我园充分挖掘与利用地域自然资源开展幼儿园美术特色活动，正是契合了陈鹤琴的教育理论。幼儿园的周边环境中丰富多样的自然材料为教师进行课程的创设与研发提供了天然素材，得天独厚的自然资源是孩子们天然的大课堂，丰富的自然材料是进行美育的好素材。

【关键词】陈鹤琴理论；自然材料；创意美术

我园充分挖掘与利用地域自然资源开展幼儿园创意美术活动。我园周边的自然环境如田野、山坡、河流、营院中丰富多样的自然材料为教师进行课程的创设与研发提供了天然的素材。独特多样的自然环境是孩子们天然的大课堂，丰富的自然材料是美育的好素材。我们身边的树枝、树叶、树皮、石头、泥巴、花草……都能在我们的美术活动中进行创作和加工，成为幼儿的艺术作品。这些材料不但可以体现儿童真实的生活环境，而且不需要什么成本，是非常经济实用的资源。

从2000年开始，我园就尝试着将课堂从室内搬到大自然中去，让孩子们在大自然中去观察、发现、探索。随着《纲要》的颁布及实施，我们将环境资源的有效利用作为开发幼儿园园本美术课程的突破口，这为我们开展地域自然材料在美术特色活动中的应用研究提供了宝贵、丰富的经验。我们将孩子们带到大自然中，又将大自然搬进室内，带入课堂，让我们幼儿园的美术课程变成真正的活课程。

一、利用自然材料打造幼儿园环境，将陈鹤琴的活教育思想落实到环境创设中

在幼儿园教育活动中，环境作为一种“隐性课程”在开发幼儿智力、促进幼儿良好个性发展方面起到了重要的作用。环境是重要的教育资源，我

们应当通过环境的创设和利用，有效地促进幼儿的发展，所以我园就如何运用自然材料来打造幼儿园的园所环境、班级环境、区域环境等做了深入的研讨。我园秉承利用身边触手可及的自然材料的创设原则，我们利用树枝、树根、树皮、麻绳、石头、木片和颜料的结合，运用了不同的装饰手法，不但要用得科学，还要用得精美，使其具有艺术感。幼儿园走廊的所有装饰画作品都是我园教师利用自然材料动手制作的，既简洁美观又经济实惠，还能让孩子们得到大自然给予的艺术熏陶。家长们也惊叹不已！

陈鹤琴先生说：环境中有许许多多的东西，初看与你所教的没有关系，仔细研究，也可以变成很好的教材、很好的教具。教师对幼儿园内外环境的不断打造，使幼儿在自然材料的创作和审美上实实在在得到了艺术熏陶和感染。孩子们在创意绘画的时候，明显比过去更有想法了，更敢于大胆尝试、大胆创新了。

二、利用自然材料开展创意美术活动的研讨，将陈鹤琴的活教育思想融入美术教学活动中

我园利用自然材料开展创意美术活动。材料是美术创意活动的重要工具，是幼儿学习、创造的中介与桥梁。美术创意活动是在幼儿生活经验的基础上，通过视、听、触、味、嗅来激发幼儿思维，引起幼儿情绪、情感的共鸣，也增强幼儿在美术创作中发现美、创造美的能力。这些自然材料的运用，让幼儿对自然环境不断加深认识和了解，也是激发幼儿美感萌芽的一种教育活动。教师也在利用自然材料开展创新教学的实践中不断提升对自然材料的开发与利用水平。

环境中的自然材料丰富了幼儿创作的手段。幼儿生活在大自然中，自然界丰富的事物和现象给了他们形成美感的源泉，教师应利用周围的自然环境引导幼儿观察、发现、感受和欣赏美的事物。幼儿的天性就是热爱一切新奇好玩的东西，因此在美术活动时材料的多样显得尤为重要，而自然材料又是幼儿平日经常看得到、摸得着的。

教师要善于发现幼儿的兴趣，根据幼儿已有的经验选择相关的自然材料，组织幼儿开展美术活动，激发他们创造美的情趣。对于幼儿来说，艺术是一种游戏，只有幼儿从中获得欢乐和愉快的体验，它才能真正成为儿童的需要。陶行知先生说过，要让孩子在玩中学，学中玩。幼儿美术创意活动的材料将“美术”与“自然材料”二者巧妙地结合在一起，让孩子们玩着学、学着玩，从中感受美、体验美、创造美。同时《纲要》指出，指导幼儿利

用身边的物品或废旧材料制作玩具、手工艺品等来美化自己的生活或开展其他活动。我园在开展泥塑创意活动时，教师提供了一些简单的自然材料，如陶泥、石子、纸盒、树叶等，在前期教师让幼儿欣赏了大量雕塑作品的基础上，幼儿自己用泥巴等自然材料进行美术创作，幼儿丰富的想象力和动手操作能力使教师感到惊讶。

在教学中教师将自然材料融合到幼儿的美术教学活动中，让幼儿充分与自然材料互动。中班的创意美术“创意房子”活动中，幼儿通过照片了解到形态各异的房子的独特造型，了解了它们的房顶、门、窗户各具特点。幼儿根据所准备的自然材料的外形特征大胆想象，观察和感受不同材料自身的特点，用石头和陶泥等自然材料进行美术创作。孩子们先用陶泥塑形，并充分发挥想象力使用石头、麦穗、松枝等自然材料进行创意装饰。幼儿抓住了事物的特征，能够根据事物本身的特征进行加工与创造，幼儿凭借丰富的想象力呈现出风格迥异的作品。在活动中，孩子们大胆创作出新颖奇特的作品，发展了想象力与创造力。

秋天是收获的季节，也是我园利用自然材料进行创意美术活动精彩纷呈的季节。种植园地的玉米成熟了，教师和幼儿一起进行玉米芯的创意美术活动；教师和幼儿一起外出捡树叶、野果做粘贴画，形状各异的自然材料与幼儿的奇思妙想组合成一幅幅美丽的图画。教师给幼儿提供了颜料、刷子和画笔，有的孩子用树叶蘸上颜料进行拓印；有的孩子利用树叶的叶脉，用画笔画出树叶的脉络创意画；有的幼儿根据树叶的外形创作出多种图案。教师还会提供更多的辅助材料，引导幼儿用撕、剪、贴等多种方式进行创意装饰，制作了“高高的银杏树”“树叶粘贴画”“一串红”“树叶标签”等创意美术作品。在粘贴中幼儿的构图能力也得到了提高。

幼儿园的丝瓜成熟了，中班老师利用丝瓜络进行创意美术活动，多维度发掘、利用材料的潜在价值，使其在美术活动中更具生命力。自然材料的多样性能够不断激发幼儿的创作灵感，从而促进幼儿美育的发展。

让孩子们动手、动脑、动情体验艺术活动的丰富和快乐。在整个活动过程中，教师的创新意识得到增强，教师在探索过程中角色自然地转变，成了和孩子们一起玩耍、创作的朋友，和孩子们一起在做中学，在玩中学。

在陈鹤琴先生的理论指导下，我园在利用自然材料开展幼儿园美术特色活动的研究中不断地成长。不论是教师还是幼儿，在利用自然材料开展创意美术活动中都体验到了创作的成功与快乐，相信我们在今后的研究中还会有更加深入的领悟和更加丰厚的收获。

自然教育对幼儿发展的影响

空军工程大学航空工程学院幼儿园 聂秋歌

【摘 要】幼儿天性热爱自然，喜欢探索，在自然中培养幼儿生态精神，加强幼儿与自然之间的联系，既可以促进幼儿的发展，又可以培养他们对大自然的热爱、尊重和感恩之情。结合周边资源开展自然课堂，进行游戏化教学，将固化的书本教学变为立体式亲自然教育，既符合幼儿的学习特点，又符合幼儿的个性发展。

【关键词】自然教育；幼儿发展

一、走进自然在幼儿期的重要意义

亲近自然的益处是幼儿在每个领域都可以获得不同发展。大自然可以促进幼儿在智力、情绪情感、社会性、精神和身体方面的发展。有关研究指出，亲近自然的幼儿更具有创造性，压力更小，能更好地集中注意力，身体更灵活，能更加积极地与他人互动。亲近自然可以减轻注意力缺失症的症状，提高解决问题的能力、观察能力，还可以培养幼儿的好奇心。另外，亲近自然有助于培养幼儿的环保态度和幼儿正在形成的生态身份，即如何看待自己与大自然之间的关系。这是非常重要的，因为它们将影响幼儿的行为方式和价值观，甚至幼儿幸福感。大多数人知道，大自然可以激发灵感和惊奇感。虽然这些益处的多少难以测量，但这些益处确实能够促进幼儿的整体发展，丰富他们的生活经历。

理查德·洛夫在《林间最后的小孩——拯救自然缺失症儿童》中引入了自然缺失症一词，用以描述人类与大自然疏离所付出的代价，这在儿童中尤为明显，表现为学业、发展和行为方面的问题。幼儿与大自然的疏离会导致注意力障碍、感官使用减少、肥胖、抑郁和更高概率的身体与情绪疾病。

《指南》中强调自然事物的探究对幼儿学习能力的提高不可或缺。教育部颁布的《纲要》中指出：城乡各类幼儿园都应从实际出发，因地制宜地实施素质教育。

《纲要》提出：幼儿园教育应尊重幼儿的人格和权利，遵循幼儿的身心发展的规律和学习特点，以游戏为基本活动，保教并重，关注个别差异，促进每个幼儿富有个性地发展。

大自然是孩子们最好的课堂，自然界里最有趣的就是，没有两个地方是完全一样的，每一个地方都有它独特的一面，并且自然界是不断变化的。一点点的鼓励就能激发孩子们探索自然的欲望，在这样千变万化的自然界里有利于幼儿个性的全面发展。

二、热爱自然，培养生态精神

如果一个孩子在生活里没有接触过大自然，没摸过大树的皮，没踩过干而脆的落叶，没触摸过不同色彩的花儿，没见过不一样的景色，那就没办法教他美，因为他没真正接触过美。

有正确的生态身份观对于幼儿来说至关重要，小时候不亲近自然，长大就不会与自然相处。不会与自然相处，就不会识别他人的感受、想法和态度。

亲近自然、探索自然是幼儿的天性，大自然广阔的空间为幼儿提供了尽情奔跑、自由游戏的场地。教育家陈鹤琴先生曾说过：小孩生来就是活泼好动的，是以游戏为生命的，游戏是幼儿的基本活动，对于孩子来说，游戏就是生命，生命就是游戏。对于幼儿来说，大自然不是一个话题，也不是一门学科，而是他们生活、学习和游戏的世界。大自然能够让幼儿成为完整的人，因此要想让幼儿成为完整的人，就需要培养他们的生态身份。生态身份包含情感、精神和审美成分。不断形成的生态身份让幼儿将自己看成自然世界的一部分，而非将自己与自然世界割裂开来。他们逐渐懂得感恩和欣赏大自然，不是只把大自然看作可以满足我们基本生存需求的资源，而是将大自然视作让我们的生活更加美丽、奇妙和丰富多彩的源泉。

在日常教学中给幼儿提供与大自然接触的机会，可以通过照顾植物和动物、阅读有关动物栖息地和生活方式的书籍鼓励他们从生态学视角出发进行思考，也可以通过提供动物木偶和动物服装来鼓励孩子“变成动物”。

促进幼儿亲近自然，包括对幼儿实施环境教育，让幼儿在情感上认同自己的生态身份，但实际包含的内容远非如此。在积极的亲身体验活动中，开放性地探索和好奇心有助于促进幼儿亲近自然。加强幼儿与自然之间的联系，既可以促进幼儿的发展，也可以培养他们对大自然的热爱、尊重和感恩之情。

三、利用资源开展自然课堂

教育学家陈鹤琴曾说：让大自然、大社会成为孩子们的鲜活教材。孩子是大自然的宠儿，也是大自然的追随者，大自然的一草一木、一风一沙都能引起孩子们的驻足，激发孩子们的兴趣。因此，教师要经常带幼儿接触大自然，在生活中寻找教育契机，有意识地引导幼儿观察周围事物，激发其好奇心与探究欲望，让孩子们在做中学，在做中求进步。

我园利用身边的社区资源、军营文化、家长资源开展主题活动。例如，利用社区资源中成片的花海进行实地教学，让孩子实地观察不同花的形态，感知它们的气味，用绘画的形式表现对花的认识。成片的花海给予他们视觉上的冲击，将会给他们留下深刻的印象。在日常的教学中将孩子带入山林，让孩子们发现不同的植物，亲身感知不同树的形态，真正地感知风吹树叶发出的沙沙声，在山林里听到不同的鸟鸣声，发现不同的小昆虫。孩子们用放大镜去探索，发现了用肉眼看不见的小生物。在林间，孩子们发现了从未见过的蜗牛壳。孩子们在自然发现、感知、探索中学习，在自然中释放天性，用手去抓想抓的虫子，摘想采摘的野花，捡从未见过的大蜗牛壳。这些真实的事物不是书本上的死板的文字、图片，而是孩子们能亲身体验到的真实的大自然。

教师作为孩子们探索自然的伙伴，有意识地引导孩子调动所有感官投入自然，让孩子们把注意力集中在某棵树上，让他们保持安静，仔细观察，观察树皮和树根周围的其他生物及其留下的痕迹。有许多的小虫子在爬来爬去。这个时候我们为孩子们提供放大镜，让孩子们观察我们用肉眼看不到的东西，培养孩子们的观察能力，而不是要得到“正确”的答案。

课例：高大的皂荚树课堂开展。

在固化的课堂中我们只能通过多媒体影像图片的形式让孩子从视觉上来了解皂荚树。只有带孩子走出固化的课堂，到自然中零距离接触真实的事物才会有真收获。

教师通过嗅觉教育、味觉教育、触觉教育让孩子们了解皂荚树的气味、味道、质地。孩子们通过直接感知认识到皂荚树的树皮是涩涩的，而不是在课堂上孩子们凭空想象树皮是硬的、是软的、是光滑的等。

在活动中教师提出：你们知道皂荚树上的刺可以干什么吗？通过这个问题只是为了打开孩子的思维，而不是想从孩子那里得到真正的答案。孩子的思维是具体形象思维，将孩子带入自然，让孩子通过直接感知、亲身体验、实际操作进行科学的学习。游戏化的教学更符合孩子的年龄和学习特点。

四、自然游戏化教学是提高幼儿植物认知教学实效的重要抓手

游戏化教学在幼儿教育中具有重要作用，这已成为幼儿教育工作者的共识。3 ~6 岁是幼儿五大领域的能力发展提高的关键期，也是认知世界的关键期。这个时期，幼儿总是充满好奇心，主动用眼睛、手、脑去探索新奇的事物。需要注意的是，幼儿阶段的知识迁移和发现探索必须符合幼儿的心理要求和行为要求。简而言之，讲授式的学习往往只能短暂地吸引幼儿的注意力，使得知识在由传授者向受体进行迁移时以碎片化的形式被幼儿感知，过多过长的讲授甚至会使幼儿在受教过程中产生厌烦心理，这是教育的大忌，也是教育的失败。而游戏化教学让幼儿在游戏中进行认知，通过参与性提高教育的实效性，通过趣味性提高教育的吸引力，必将更加高效地吸引幼儿的注意力，从而使知识迁移碎片化概率有效降低。教育实践中，首先对幼儿讲授知识点：植物器官可分为营养器官和生殖器官；营养器官包含根、茎、叶，生殖器官包含花、果实、种子；营养器官吸收、生成、传输营养后，植物才能开花结果。然后，我们设计了游戏：先画 2 个圈，1 个代表营养器官圈，1 个代表生殖器官圈。任选 6 个小朋友分别扮演根、茎、叶、花、果实、种子。然后给小朋友下达命令，营养器官（生殖器官）请进圈，看谁进得快。几次游戏结束后，小朋友们基本上就把知识点牢记在心了。接着，让 6 个小朋友分别进到自己的圈子，然后提问小朋友：植物怎样才能开花结果？提示小朋友们回答吸收营养后才能开花。让生殖器官圈内的幼儿说“我要开花，我要结果”。听到要求后，营养器官圈内的小朋友们就跑向生殖器官圈，和生殖器官圈内的小朋友拍拍手，或让小朋友自由发挥，给生殖器官圈内的小朋友输送营养，数分钟后，营养传输结束。6 个小朋友手拉着手转圈圈，边转边唱“我们长大了，我们开花了”。这样的游戏可让幼儿较为轻松地掌握植物的成长条件。

幼儿天性活泼好动，厌烦僵硬的教条束缚，喜欢游戏。特设的植物游戏可以让孩子们在目标性的游戏中学习，最终实现“游戏学习”和“快乐学习”。

幼儿充满好奇心和想象力，并且渴望学习。让幼儿在大自然的奇妙世界中充分行使他们的特权，释放自我天性。大自然就是他们的世界，也是他们的自然栖息地，能让他们获得整体的发展和真正的成长。幼儿对自然中的事物或现象充满好奇，在观察和体验中发现了问题，才会运用感官或工具来收集和记录资料，积累认知经验，建立与自然的关系。

大自然的礼物

——如何利用自然资源打造幼儿园的室内外环境

空军工程大学航空工程学院幼儿园　王馨怡

【摘　要】大自然、大社会是知识的主要源泉，只有让孩子融入大自然、大社会的环境中，孩子才能够完全放松身心，主动探索，在做中学，在玩中学，在探索中求进步。我园地处白鹿原脚下，依山傍水，四季分明，有得天独厚的自然环境。在多年田野课程的探索研究下，我园的教师在日常生活中都有带孩子亲自然的意识和敏锐的洞察力。当教师对园所周边的大自然环境充分了解之后，教师的眼界就拓宽了，孩子的眼界也就拓宽了。

【关键词】自然资源；自然材料；环境

陈鹤琴先生是我国现代著名的儿童心理学家和儿童教育家，是我国现代幼儿园教育的奠基人，被誉为“中国现代儿童教育之父”“中国的福禄贝尔”。陈鹤琴先生将大自然、大社会都是活教材概括为活教育的课程论。活教育并不是否定书本知识，而是强调儿童要在与自然和社会的接触中，在亲身观察和活动中获得经验和知识的重要性。活教育的形式应当符合儿童的获得和生活方式，符合儿童与自然、社会的交往方式。大自然、大社会是知识的主要源泉，只有让孩子融入大自然、大社会的环境中，孩子才能完全放松身心，主动探索，在做中学，在玩中学，在探索中求进步。这些理念看似简单易懂，但是在幼儿园的日常生活中怎样落实实际上对幼儿园教师提出了很高的要求。

亲近自然的教育理念成为幼儿园流行的趋势，很多幼儿园，一进园所满眼的绿色，假植物，假盆景，重金打造的各种亲自然的景观。也许给家长展示了“高大上”的园所环境。可是，这些“高大上”的景观有多少是孩子们眼中的世界呢？又有多少是孩子们会去互动和探索的资源呢？这些打造的自然环境哪里活了？哪里成为真正意义上的活教材了呢？我们的自然环境怎样才能真正成为孩子知识的主要源泉呢？经过几年的研究和摸索，我园在利用自然资源打造幼儿园室内外环境方面有了些许见解。

一、依托园所周边的自然资源打造园所的自然资源材料库

我园地处白鹿原脚下，依山傍水，四季分明，有得天独厚的自然环境。在多年田野课程的探索研究下，我园的教师在日常生活中都有带孩子亲自然的意识和敏锐的洞察力。一个园所自身周边的大环境应该是每一位教师了解和熟悉的，当教师对园所周边的大自然环境充分了解之后，教师的眼界就拓宽了，那么孩子的眼界也就拓宽了。我们会带领教师分析园所周边的自然环境，教师再结合自己班级幼儿的年龄特点来梳理汇总自己班级能够利用的自然资源，大到山川河流、名胜古迹，小到一草一木、一叶一花，最后整理形成园所的自然资源材料库。当教师将园所周边的大自然环境引入自己的班级和课程中后，实际上孩子也就融入幼儿园周边的大环境中了，班级的环境创设自然而然地就鲜活了，贴近孩子的实际生活和认知了，也将大自然、大社会就是活教材落实到了孩子们的日常中。

二、结合季节特点、班级主题或材料特点给班级自然资源环境创设定风格

（一）结合季节特点定班级环境创设风格

根据季节特点确定环境创设风格方便教师们就地取材，装饰出来的环境贴合季节，风格突出。利用季节特点、节气特点来装饰班级环境，不但能够贴近幼儿的生活，而且能够让孩子在环境中获得更多知识。

（二）根据班级主题活动内容定班级环境创设风格

按照主题活动来创设室内外环境非常大的好处就是贴合幼儿当月的学习生活，让孩子们在环境中游戏、学习。但是创设环境的时候一定要注意班级风格，要有统一的基调和色感，避免凌乱，要丰富而不涣散。

（三）利用材料特点定班级环境创设风格

去年我园做美术课题时，探索了用不同材料给班级定环境创设的风格，也收到了很好的效果。小班利用树枝作为主要材料环境；中班利用树叶作为主要的创设环境；大班利用常春藤作为主要的创设环境的材料。一进班级就能够明显地感受到各班的风格不同，但是都各有特色。

三、向幼儿家长宣教大自然、大社会就是活教材的教育理念，提升家长的育儿理念，更好地进行家园互动

陈鹤琴先生在谈到活教育的课程时提出把大自然、大社会作为出发点，

让学生直接向大自然、大社会去学习。陈鹤琴先生活教育的方法论吸收了杜威做中学的思想，但是又更进一步，不但要在做中学，还要做中教，做中求进步。他说：我们强调儿童各类生活活动都要在户外，包括游戏、劳作、与大自然接触活动、自我表达课程、使用工具锻炼。在这些理念的引领下孩子们的综合素质和学习品质是在潜移默化地提高的。然而，这些教育理念是需要我们不断地宣教给家长的，让家长理解幼儿园的教育理念，他们才能够欣赏幼儿园的环境，才能够看懂幼儿园的价值，进而能够用心地配合幼儿园的工作。

以上就是结合一线实际教学经验，我们将陈鹤琴理念引领下的利用自然资源打造幼儿园室内外环境的些许做法和心得。有了正确的教育理念的引领我们也能够更加了解孩子，更加科学地引领幼儿探索世界，从而得到良好的发展。

田野课程理念下项目活动的设计思路

——以大班项目活动“红红的柿子”为例

空军工程大学航空工程学院幼儿园　张晓驰

【摘　要】田野项目活动以真实、参与、现场、开阔、清新作为核心理念，关注幼儿真实的生活和环境，关注幼儿的兴趣，发挥幼儿的主动性。在项目活动开展前依据主题背景及幼儿兴趣预设主题脉络，并在活动进行中追随幼儿兴趣不断生成新的环节，从而构建完整的田野项目活动方案。

【关键词】田野课程；项目活动；活动设计

项目活动最早发源于瑞吉欧方案教学，在该课程模式中，幼儿作为项目的发起者，在成人的鼓励与帮助下围绕某个项目主题以小组合作的形式进行深入的探索学习。田野项目活动立足于我国教育实际以及园本特色，吸收借鉴方案教学的实践价值，强调关注幼儿真实的生活和环境，追随幼儿的兴趣，发挥幼儿的主动性，以真实、参与、现场、开阔、清新为核心理念。

一、项目主题来源

大班项目活动“红红的柿子”是在10月的主题活动“丰收的季节”背景下由教师依据季节特征及幼儿兴趣预设与生成的。田野课程理念认为兴趣是孩子活动的前提，而需要是活动的方向，课程与教学需要在社会及儿童需要之间找到平衡点。因此在田野活动中除了尊重孩子的兴趣，更注重引发孩子的兴趣。

金秋十月是许多水果蔬菜成熟的季节，我园靠近乡间田野，拥有得天独厚的地域特色。结合季节特征及我国传统文化中万物遵循的“春生、夏长、秋收、冬藏”的节律，我班以幼儿前两年在园的秋收经验为基础，继续对“秋收”进行深入探讨。

最初在项目主题的拟定中教师预设了几种季节特征明显并蕴藏着丰富教育资源的水果蔬菜，例如，柿子、萝卜、玉米、白菜等。接着我们开展了前期的谈话活动，目的在于了解幼儿已有经验以及兴趣所在。讨论时发现大班幼儿已经能够说出多种有季节特征的水果蔬菜。有孩子表示中班的时候摘过白菜，有孩子提到摘樱桃的时候爬过树，说到爬树摘樱桃孩子们一下打开了话匣子，连女孩子都争着分享自己的爬树经验。这是因为我园与樱桃园地理位置接近，大部分幼儿有过摘樱桃的经验，幼儿总是基于自己的已有经验来表述。因此我们顺着爬树这一兴趣点与孩子讨论最近可以到树上摘什么。有孩子表示在大院里看到了柿子树，了解之后得知全部幼儿都没有摘柿子的经验，因此摘柿子对孩子而言是非常新奇且有挑战的事。于是我顺势建议下周我们去摘柿子，听到我这么说孩子们立刻激动了起来。之后的几天里每天都有孩子问："我们什么时候去摘柿子啊？"

由此可以看到，项目主题的确定一开始教师要有一个范围内的主题预设，在与幼儿的讨论中依据幼儿兴趣选择有价值的话题进一步讨论。

二、目标的确立

摘柿子活动从幼儿的兴趣点出发，活动进程是灵活的，项目活动也只是预设活动可能开展的线索而不对具体活动的进展进行猜测。因此在以摘柿子为依托的自然体验学习中应该更注重幼儿价值观的培养。如摘柿子前能够针对如何摘柿子、需要什么工具、路上需要注意的问题进行讨论。可以看到，这些问题的设定都指向幼儿的真实生活，因为提高幼儿生活的能力是最基本的要求。摘柿子中幼儿的感受会直接影响后面环节的推进，行走在田野中的愉悦放松、摘柿子时多感官的冲击会直接影响幼儿后期的表征。摘柿子后的延伸与表征能够极大限度地发挥项目活动的作用，这一阶段将会表现出小组活动的优势，满足幼儿的不同需要，不同的小组将会表现出不同的兴趣，小组成员的构成也会对幼儿的身心发展产生不同的促进作用。因此，这一阶段教师会根据实际情况提供适当的帮助，关注幼儿多方面的发展。

三、活动脉络的预设

田野项目活动的开展是一个灵活、开放的过程。田野课程的预设本身就具有生成的成分，它是一个多层次不断发展的结构。实际上前期与幼儿研讨项目主题时我们就已经讨论到了后续活动的开展，但幼儿的兴趣点可能会受到情绪或其他因素的影响，具体的活动内容仍是不可预估的。因此我们以时间为线索，将整个项目活动的进程分为摘柿子前、摘柿子进行时、摘柿子后三大阶段（见图1）。摘柿子前以一系列的准备为主要内容，摘柿子进行时注重幼儿的体验和感受，摘柿子后将材料投放和环境创设等方面作为引发幼儿开展后续活动的机制。其中，捂柿子或做柿饼为教师预设的内容。在前期的讨论中发现幼儿对于柿子再加工的了解比较欠缺，结合月主题目标第三条“知道南北方食物的差异，体会食物的来之不易”，这里捂柿子或做柿饼的安排目的在于为幼儿提供新的经验、延续探索柿子的兴趣、了解中国传统饮食以及为大主题后续活动的开展奠定基础。《阿松爷爷的柿子树》是一个幽默风趣、蕴藏大哲理的绘本故事，这里预设的目的仍是引发幼儿的新兴趣。

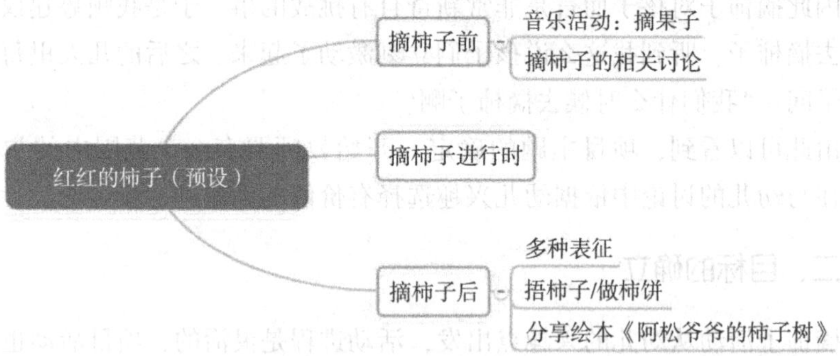

图1　活动预设

四、追随幼儿兴趣生成新环节

田野课程强调幼儿的自发性，关注幼儿自主的探究性行为。在教师预设的活动脉络中蕴藏着许多生成的成分，因此在项目活动的进程中教师要学会放手，善于发现教育契机，对于能够支持幼儿发展的新需要及时给予肯定与帮助，促使幼儿不断发挥自主性。

故事一：摘回来的柿子我们把一部分放在了美工区的桌子上，目的在于继续维持孩子们对柿子的兴趣。于是某天早晨美工区就自然而然开展了一次画柿子大赛。建构区的孩子开始搭建田间所见，他们用小积木当菜，用红色的雪花片当柿子。

故事二：野橘子。在摘柿子的途中我们经过了一大片农田，正值秋收，田地里有丰富的蔬菜。我们惊喜地发现，很多孩子对这些蔬菜已经非常熟悉了，于是一路上我们和孩子们讨论看到的蔬菜是什么，它的生长习性有哪些，能做成什么好吃的东西。当然还有一些我们没有见过的。路上有很多高高的树，树上结着黄色的果子。孩子们非常好奇，摘下来一个闻一闻，发现和橘子的气味是一样的，但当时我们所有人都不知道它是什么。于是我们摘了很多带回幼儿园放在了自然角。每天总会有几个孩子过去摸一摸。几天后一个孩子对我说："老师，这个果子就是橘子，我妈妈说橘生淮南为橘，生于淮北为枳。"简短的对话后我发现这个孩子对这个典故了解得很清楚，可见孩子回到家中向父母分享了自己的所见所闻，后来我们请这位孩子当小老师给每个对野橘子感兴趣的孩子介绍了这个典故。中途为了验证它们就是橘子，孩子们还切开了好几个。

故事三：绘本剧的诞生。起初绘本只是作为分享，但第一次分享完这个故事后孩子们都在模仿里面的经典台词，而且模仿得各有特点。再加上第二天早晨有两个孩子在美工区用树枝做了里面的人物角色——阿松爷爷和哎哟奶奶，于是我借助孩子自己做的人偶重新分享了这个故事，并开展了一节戏剧游戏活动，没想到一个新的项目活动就这样产生了。

第二天早上，表演区有几个孩子自发地说要来表演《阿松爷爷的柿子树》。第一次，孩子们只是用表演区现有的材料装扮自己，台词也只能说出简单的一两句。第二次，我给孩子们提来了一筐真柿子，并提醒他们需要的材料可以去别的区借。有了真实的道具就有趣多了，但孩子们对台词的掌握还不是很好。为了维持他们的兴趣，我建议可以先让我念旁白，于是我念绘本内容，孩子们根据提示说出台词。第二次区域活动结束时还进行了第一次公演，迎来了大家的掌声。有了这次演出的体验，这几个孩子兴趣高涨，第二天一大早就有两个孩子告诉我他们回去听了这个故事并且把全部内容都背会了。于是第三次的排练就不需要我念旁白了。可是他们又遇到了新的问题，另外两个没有记住台词的小朋友总是需要提醒，非常影响效果。于是，一个孩子在第二天的区域活动中做了一本"阿松爷爷的柿子树"剧本，如果记不住台词的话看看图片就知道了。第四次的排练已经解决了基本的问题。我提醒他们，美工区投放了他们能用得上的材料，于是女孩们制作了阿松爷爷的胡子和哎哟奶奶的头巾。这次的演出在我看来非常完美。随着演出次数的增加这几个孩子的兴趣也慢慢淡了下来。

五、展示与延伸

当项目活动的规划全部做完，幼儿的兴趣逐渐淡下来时也就进入了项目活动的最后部分。此时我们将本项目活动中的照片及作品整理展示到了环境中，与孩子们进行了讨论，孩子们对自己的收获进行了表达。另外表演区第一组的孩子后来又经历了非主要角色更换，接着演出了两次之后该项目正式结束。完整的活动内容如图 2 所示。

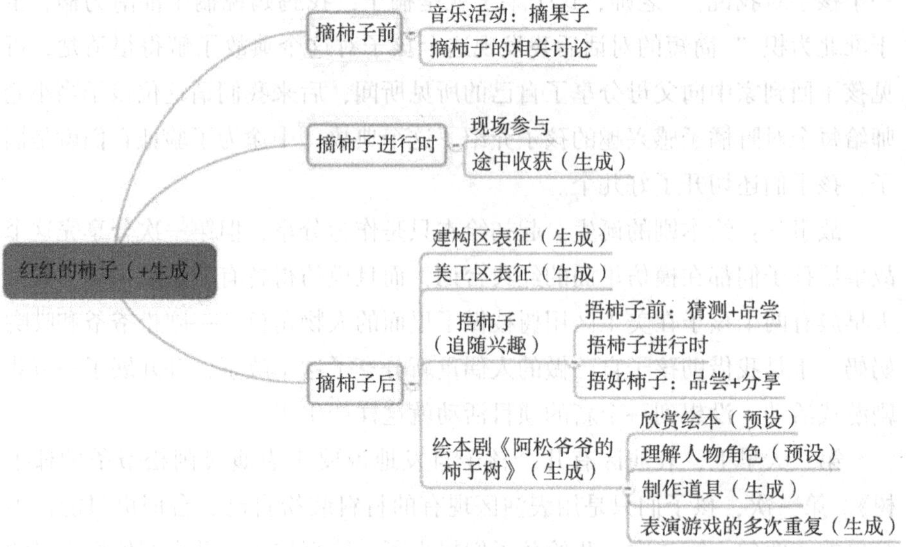

图2 完整的活动内容

六、结语

田野项目活动的推进首先依赖于主题的确定，该主题是否有探索的价值、是否能够调动幼儿的探索兴趣等。其次，教师要有线索的预案，在幼儿需要的时候提供多元的支持。另外，最重要的是尽可能发挥幼儿的自主性，使幼儿在愉悦与投入中进行有效的学习。

幼儿园小班一日常规建立的现状调查及改善对策

空军工程大学信息与导航学院幼儿园　冯　硕

【摘　要】幼儿园小班生活常规的建立可以帮助幼儿适应新的环境，建立良好的行为习惯，学习社会技能，从而促进身心和谐发展。同时，常规的建立可以帮助教师维持活动的秩序。

【关键词】小班；常规建立

一、班级一日常规建立的意义及其必要性

幼儿园一日常规是幼儿园保教过程中沿袭下来的，幼儿在日常生活和活动中经常使用的标准、法则或习惯，是幼儿在幼儿园一日生活的各种活动中应该遵守的基本行为规则。

《指南》将3～4岁幼儿生活习惯和生活能力的目标定为：在提醒下，按时睡觉和起床，并能坚持午睡；在引导下，不偏食、挑食，喜欢吃瓜果、蔬菜等新鲜食品；愿意饮用白开水，不贪喝饮料；不用脏手揉眼睛，连续看电视等不超过15分钟；在提醒下，每天早晚刷牙、饭前便后洗手；在帮助下能穿脱衣服或鞋袜；能将玩具和图书放回原处。

《纲要》指出，要与家长配合，根据幼儿的需要建立科学的生活常规；培养幼儿良好的饮食、睡眠、盥洗、排泄等生活习惯和生活自理能力。

小班的幼儿正值婴儿期向幼儿期的过渡阶段，也是由直觉行动思维向具体形象思维过渡的阶段，这一阶段是习惯养成的关键期。幼儿在这一阶段可以较容易地接受生活常规的训练，培养良好的行为习惯，从而促进身心和谐发展。

二、幼儿园常规建立的现状梳理

（一）园所的现状分析

幼儿园目前设有小班6个，班级人数30人左右，每班设有班长1人，

配班 1 人，保育 1 人。教师学历均在大学专科以上。我园以部队军人子女为主要的招生对象，其他幼儿来自周边居民（非军人）子女，还有个别人是幼儿园工作人员的子女。

（二）班级常规建立的现状

随着幼儿园领导及教师队伍的理念更新，在建立常规的过程中，有许多积极的方面值得肯定和借鉴。如教师能正确把握常规建立的时间，并根据不同情况使用较为恰当的方法等，但目前常规建立仍然存在以下问题。

1. 幼儿不理解、不遵守规则

新入园的幼儿在建立常规的初期，通常会出现不遵守规则的行为。如在打饭的环节，教师要求幼儿起身推椅子后沿着统一的方向走到餐车前排队，拿到饭的幼儿沿着另一个统一的方向回到座位。但是，在执行的过程中发现只有个别幼儿能够按照老师说的路线走，大多数幼儿还是随心所欲地从桌子中间穿过，或者沿着相反的方向走，使得打饭的过程出现混乱的情况。

2. 会“说”不会“做”

在常规教育中，教师会教儿歌如“挽挽袖子湿湿手，打打肥皂搓泡泡，搓手心来搓手背，用水冲净甩甩手”……幼儿对此类儿歌能流利地唱出来，但大多数幼儿在操作的时候并未按照儿歌中的方法来做。

3. 幼儿在“被动”地执行

调查中发现，小班幼儿并没有意识到规则的意义，幼儿只是惧怕教师的“惩罚”才遵守相应的规则。所以幼儿并未主动地去约束自己的行为，而是在教师的提醒下较为“被动”地执行。

4. 教育形式单一

幼儿园教师在考虑常规教育的过程中会注重教育方法的多样化，但常常忽视了教育形式的变化。有 50% 的教师经常采用集体教学方式对小班幼儿进行常规教育，忽略了常规教育的随机性和个别化教育。

5. 方法不得当

教师在组织幼儿进行活动的时候最常说的就是“不许……”“不要……”，“约束纪律”是最直接、最常用的教育方式，教师正向性质的互动行为总数占比不足 3%，而负向性质的行为占比高达 80%。负向性质的方法通常只是暂时收效，教师在过分强调整体性、有序性的引导中，忽视了幼儿的个体差异性，幼儿的自主活动变成了由教师高度控制的活动。这种方法使得幼儿的不作为是因为畏惧教师的惩罚而非自我的管理。

6. 规则“中断”

在建立常规的过程中，个别幼儿做出违反规则的行为时，教师并没有做出反馈，致使幼儿相互模仿，从而导致规则难以继续执行，产生“中断”。

7. 家庭不配合

“五加二等于零”的案例在幼儿园比比皆是。家长并没有对幼儿在园养成的习惯进行强化，许多甚至是“反其道而行之”。这也为幼儿园的常规教育带来了许多困扰。

三、幼儿园常规建立问题原因分析

（一）幼儿的年龄特点

3 ~4 岁的幼儿正处于由直觉行动思维向具体形象思维过渡的阶段，这一时期的幼儿对外界事物的感知离不开直观的感受。好模仿、自控力差、注意力不集中等限制了幼儿常规培养。如上述案例中，幼儿在打饭的过程中并未按照教师指定的路线走，究其原因是教师只做出了言语说明，却并未根据幼儿身心发展的特点用直观明了的方式让幼儿理解。

（二）教师因素

许多教师在长期从事幼儿教育的工作中积累了丰富的教学经验，但并没有与时俱进的教育理念，教师所使用的方法多为制定禁止性规则，如“不许……”“不能说话……”或者采取惩罚的方式。但幼儿对要求性的规则遵从要更容易，因为前者需要更多的意志成分维系。

也有许多教师在长期的工作后出现了对职业的倦怠感，这种职业倦怠感导致教师“懒得管”，从而产生了建立常规“中断”的问题。

（三）家庭因素

幼儿在园常规的培养，离不开来自家庭的支持。幼儿在入园前所受的教养方式为入园后常规的建立奠定了基础：常规易培养的幼儿通常有一个公平开明的家庭环境，而规则意识模糊的幼儿通常处于一个溺爱/专制的家庭环境之中。

四、解决策略

（一）教师改变教育理念

常规教育不是简单地约束行为，而是在帮助幼儿建立良好的生活习惯的同时，方便维持活动秩序和班级的管理，所以教师的理念一定要改变，良好常规的建立是教师的工作和幼儿的发展得到双赢的重要保障。

（二）用便于理解的方式展示规则

顺应幼儿的直觉行动思维，不是单单用语言来展示规则，更多的是用幼儿可以切实“感受到”的方式来展现规则。如将打饭的路线用箭头贴在地上，只需要告诉幼儿，打饭的时候看箭头指向哪个方向就往哪个方向走，幼儿对此充满了兴趣，便会自愿地遵守。

（三）使用要求性规则

如在上楼梯时用“请小朋友扶着扶手走上来”代替“不要跑”，因为当听到要求性规则时不会激发幼儿的“逆反心理”出现“我偏要做”的想法，幼儿也不用耗费意志克制自己不作为，更容易遵守规则。

（四）适时地激励

比起“惩罚”，幼儿喜欢得到的是“奖励”。教师可以利用幼儿的这一特点对遵守规则的幼儿给予奖励，口头表扬或者贴片奖励。这一方法可以激发幼儿对“好”的向往，幼儿为了得到奖励便愿意管制自己，让自己的行为符合“好”的要求。

（五）榜样的力量

顺应幼儿好模仿的特点，教师应及时地为幼儿树立积极的榜样。幼儿有很强的向师性，会在生活中模仿教师的一言一行，在常规建立的过程中，教师自己要遵守规则。幼儿之间喜欢互相模仿，教师应及时在幼儿之中找出榜样，让幼儿模仿“标兵”，从而养成良好的行为习惯。

（六）幼儿自己建立规则代替教师强制执行

当幼儿“被动”执行教师的命令时会出现很多问题，此时幼儿所惧怕的只是来自教师的“惩罚”，而非规则本身，幼儿并未主动地去约束自己的行为，而是在教师的提醒下较为“被动”地执行。很多规则需要教师和幼儿共同制定甚至需要完全“放权”给幼儿。幼儿参与了出谋划策的过程，便会自愿遵守规则并极力维护。

（七）建立幼儿成长档案袋

每个幼儿生活在不同的家庭环境中，接受的教养方式不同，有不同的个性及习惯。进入幼儿园，教师对所有幼儿予以同等的要求，在此过程中会出现个别问题，教师需要建立每名幼儿的个人成长档案，分析不同幼儿的发展现状，针对不同幼儿出现的个别问题区别对待，注重个体教育。将幼儿的近况及时地反映给家长，积极争取家长对幼儿园工作的理解与支持，幼儿园和家庭的教育及要求相统一，有效地规避“五加二等于零”的问题，促进家园共育。

五、总结

本研究首先对常规在幼儿园小班建立的必要性做出了说明，然后对常规建立的现状做了梳理，并对调查中发现的问题及其原因进行了剖析。

结合幼儿园的实际，笔者提出了几点解决策略，希望能对一线的幼儿教师有所启发和帮助。

常规的建立绝对不是一朝一夕的事情，而是一个循序渐进的过程，需要来自家长、幼儿、教师三方的配合。

在表演游戏中培养大班幼儿自主性的实践研究

空军工程大学信息与导航学院幼儿园　李　歌

【摘　要】学前教育阶段是个体成长的奠基时期，培养幼儿的自主性有助于幼儿的身心素养发展。教师有必要以各种游戏、活动为载体培养幼儿的自主性。表演游戏作为创造性的游戏，是幼儿最喜欢的游戏之一。基于此，笔者以大班幼儿、教师为研究对象，对表演游戏中自主性发展的独特优势、潜在问题进行探讨，从而找出根本原因并进行分析，旨在探究在表演游戏中充分发挥幼儿自主性的组织方式以及在幼儿表演游戏中可以给予的支持和指导策略，促进幼儿的自主性发展，实现科学育人的目的。

【关键词】表演游戏；自主性

所谓“自主”实质就是个人的一切活动只受自己的支配。通过文献，笔者了解到在心理学维度自主的内涵是一个人能够独立地对自己的所作所为负责，不受客观因素的影响。自主性是指在众多学科领域内，行为对象一切遵从自己的内在需求、基本能力或者个人优势以自己的主观想法进行活动。简言之就是能独自做出决定、独自使进程继续以及自由表达意志等。本研究中所指的自主性是指幼儿在表演游戏中，通过自身、教师两个层面对自身的意识及行为进行能动支配和控制，同时能够秉持着主观意愿去发现问题和解决问题，在不断地尝试和探索的过程中实现目标。以此确保幼儿充分发挥自己的主观能动性，充分践行自己的主体意识，自主、自由地在教师的引导下一步步自己做主，自己选择，自己设计，自己表演。

一、培养大班幼儿自主性的意义

幼儿自主性的培养应包括独立意识的萌芽和自立能力两个方面。重点是强化幼儿的自主性与独立性。培养幼儿的自主性，一方面可以突出幼儿的主体地位，提升幼儿的合作能力、组织能力以及动手能力等；另一方面能有效提升其身心素养，推动幼儿身体技能的锻炼。要实现科学育人的目的，教师需要遵循幼儿的身心特征与学习规律，把培养幼儿拥有独立人格与健康体魄作为重要目标。

二、在表演游戏中培养幼儿自主性的潜在问题

幼儿园阶段的教育主要以各种实践活动为载体。在教师的引导下，幼儿积极地参与到实践活动中，并且教师及时抓住教育契机，激发出幼儿独立承担和完成一定活动任务的能力与自觉性，进而真正实现自主性培养的科学育人目标。通过对我园全体幼儿、教师的调查研究，笔者发现在当今表演游戏中培养幼儿自主性的效果不容乐观，主要存在以下问题。

（一）幼儿以个人兴趣为主，在无兴趣的游戏中无所事事

无论从理论还是现实层面来说，幼儿主动性的选择依据是其自身的兴趣与关注点，幼儿的兴趣越浓，自然在游戏中幼儿的积极性便越高。笔者经过观察与分析发现，在表演游戏中幼儿存在这些行为：一是幼儿基本上每次都选择和之前相同的角色、行为、语言，更有甚者几个幼儿争着选同一个角色，足以说明他们对这个角色非常感兴趣，相反某个角色没有孩子愿意选择。假如幼儿对故事中的某个情节感兴趣，那么总是重复表现。二是对于自己不感兴趣的故事或者角色，在游戏中便会呈现出无所事事的状态，不参与游戏。

（二）教师角度

1. 指导方式生硬，降低了幼儿的自主性

幼儿能自愿地参加活动与教师在游戏中细致耐心地观察与指导有着密切的关系，教师的正确指导也是促使表演游戏按其本质开展的基础。不过笔者发现教师的不当指导有这样两种情况：一种就是教师直接把自己扮演成一名活动主体，和幼儿们一起展开表演游戏，全程忘记自己的身份与任务；另一种就是在过程中表现出迷惑、将自己抽离游戏的状态，不停地游离在幼儿之间，不知道应该如何指导幼儿。简言之就是呈现出两种趋势：要么放任不管，要么无意义地介入，忽视自己是活动的引导者与组织者，忽视了幼儿才是活动的主体的事实。如此一来，幼儿只会越来越被动，主动程度越来越低，创造精神越来越少。

2. 评价主体与内容单一，缺少发展性评价

在游戏结束时，教师往往把对过去游戏中的一些好的方面、不足方面的

总结当成对幼儿的评价。基本上评价流于表面，很少对幼儿在表演过程中的想象力、创造力进行评价。调查结果显示，基本上以教师评价为主，极大程度地忽视了幼儿的主体地位，自主性更是无从说起；只有少量的教师愿意把话语权交给幼儿，认为评价应该由教师与幼儿共同完成，如幼儿可以对其他幼儿的表现进行点评，也可以评价自己在游戏过程中的表现。

（三）家长“重智轻能”，迫使幼儿园将游戏演变成教学

幼儿的成长离不开家长、幼儿园的通力合作。处在竞争时代的家长多以高瞻远瞩的姿态，以开发幼儿的智力为重点，旨在能够在“人生的跑道”上一路向前。因此把游戏视为浪费时间与精力的无效活动，甚至给孩子灌输“玩的孩子不好”的观念。幼儿园为了迎合部分家长的这种心态，把能培养孩子创造力、想象力的表演游戏变成了幼儿提前学习小学阶段必备知识与技能的“课程”。结果就是幼儿在游戏中为获得知识与技能而游戏，为教师而游戏，按照教师的要求开展游戏，毫无自主性可言。

三、培养幼儿自主性的建议

（一）立足幼儿兴趣，让幼儿成为表演游戏的主人

众所周知，兴趣对幼儿的发展不容小觑，它可以使幼儿化外在要求为内在需求并形成动机，促使幼儿积极主动地参与到表演游戏中，从而自主地激发出自己的潜能。因此教师需立足幼儿兴趣来展开幼儿表演游戏。

1. 鼓励幼儿自主选择并自愿进行角色互换

在整个表演游戏中，选择角色与交换角色是最能激发幼儿自主性的。在游戏前期，经过教师与幼儿间平等的探讨、教师的协助，幼儿以自己的兴趣为前提，从主题选择、场地创设到角色互换都能遵从自己的意愿不受干预。幼儿依靠主观能动性在游戏过程中模仿角色、演绎游戏情节甚至创新使主题得到升华。背景音乐也要根据幼儿的需求定时播放。如此，整个过程中幼儿呈现出自导自演的状态，兴致盎然。

2. 践行“六大解放”思想，打破时间与空间限制

陶行知先生的“六大解放”思想中明确指出要解放幼儿的空间。同时根据《指南》精神，幼儿园应该创设丰富的教育环境来支持幼儿的活动。因此，可以突破空间的限制，即不必拘泥于教室，游戏可以选择在户外或者其他安全、有意义的地方。同时打破既定的表演模式，充分利用有效的时间和空间，让幼儿在一日活动中随时都有主动表演和自主操作的机会，并增加

即兴的个人角色表演，让幼儿能把自己的内在情感主动表达出来。即引导幼儿联系自身情况，将自己喜爱的故事或者自编的情节用富有创造性的动作、语感来诠释作品内容，使自己的情感得以宣泄。如在表演区中准备丰富多变的材料，头饰、木偶、乐器、服装、各种音乐等，让幼儿根据自己喜爱的故事情节去自由地主动地尝试、探究，自发地模仿挖掘、创造人物的个性特征、语言表现及其心理活动。

3. 拓展选材的内容，以幼儿为本

幼儿的好奇心使其非常容易对那些风格多变、奇特且文字富有感情色彩的故事作品产生情感共鸣，进而产生表演欲。为此，在选材的过程中应拓展范围，从幼儿“好奇、好动、好模仿、好想象、好表现、思维直观形象的认知、行为和情感”的特点出发，一是以著名童话为素材，如《皇帝的新装》等，二是选择一些幼儿喜爱的动画片或幼儿自编的故事，如《葫芦兄弟》《爱探险的朵拉》等。充分地发挥幼儿的自主性，让其通过对故事内容的回忆、自我描述，提出自己的看法并选择自己感兴趣的主题进行表演。

（二）教师灵活指导幼儿，彰显幼儿的自主性

1. 教师指导时应遵循的原则

教师应该针对幼儿的年龄特点与游戏发展的不同阶段指导幼儿表演游戏。大班幼儿表演游戏的指导应注意如下几点：首先，在游戏的最初阶段，除了提供时间、空间、基本材料，教师尽可能少地干预，因为大班幼儿已经能够自主地进行表演游戏了，假如教师不断地干预反而阻碍了幼儿主体性的发挥。其次，随着游戏的逐步进行，教师针对幼儿的表演现象、问题、角色塑造等及时做出反馈，主要是角色塑造。教师要立足幼儿的情况，帮助幼儿合理使用颠覆人视觉的动作、表情，或者引起人们注意的语言、语调完成角色的塑造，进而使其演绎角色、再现故事的能力得到提升。教师可以和幼儿们一起讨论，让每个幼儿都能利用已有的知识储备来解决问题。

2. 细心观察选择指导方式，突出幼儿自主性的培养

教师的指导方式主要有三种。第一种是外部指导，是指教师不介入游戏，在场外进行指导的方式。第二种是合作指导，是指教师参与游戏，但以扮演和幼儿角色不同的角色的身份实施指导，以合作表演的形式带给幼儿启示。第三种是平行指导，是指教师以故事中幼儿所扮演角色相同的角色的身份介入进行指导，说该角色说的话或使用该角色使用的道具，从而给幼儿以暗示。细心观察是教师为幼儿进行有效指导的前提。为此，教师在观察时要了解幼儿当前的发展状态，深入地解读幼儿的游戏行为，通过幼儿游戏中的行为表现把握他们的需要和困惑，提供及时的帮助和指导。在细致观察的基础上选择恰当的时机介入游戏，对幼儿进行及时有效的指导。简言之就是既可以以观察者的身份进行外部指导，也可以扮演故事中的角色介入指导。如在表演《丑小鸭》的故事时，教师可以扮演和幼儿角色不同的鸭妈妈进入角色对幼儿进行表演指导，还可以以旁观者的身份细心、耐心地观察幼儿的表现，有针对性地对幼儿的语言、动作或其他方面进行指导，激发出幼儿的潜能，使幼儿收获成功的体验。

（三）增加自主评价，以幼儿的发展为主要内容

该过程也是游戏的一个重要环节，可以帮助幼儿总结游戏经验，同时可以针对问题找出切实可行的解决办法，进而提高幼儿的游戏水平。从评价形式来分主要分为两类：一类是对整个过程中幼儿自始至终的表现给予评价；另一类是对某个过程中幼儿的表现展开评价。教师可以把两者相结合捕捉游戏中幼儿的闪光点，并将其放大，让其他幼儿也吸取好的游戏经验。而且教师讲评时要多使用富有创造性的语言，以表扬为主，给予幼儿积极、正向的引导。评价内容要以幼儿的发展为主，评价的重点要放在每位幼儿自身的进步上，即可以从促进幼儿良好行为习惯的养成及社会性发展的角度进行评价。比如，针对一些自控能力强的幼儿可以表扬他在游戏中能遵守规则，做事认真负责。游戏只是他们表达内心情感的一种方式，不能以专业者的标准来进行点评，不能因为和故事中的情节不一样就认定幼儿表演得不好。相反，教师要通过观察捕捉和发现一些典型情节，抓住幼儿的创造性火花，通过合理的讲评对幼儿的创造性行为给予充分鼓励和肯定，培养幼儿的创造力。

（四）展开家庭教育指导，帮助家长树立正确的教育观

家长的教育观念对孩子的影响将贯穿一生，国家多次发文提出，教育行政部门和幼儿园要主动积极地通过多种方式与幼儿家庭以及家长建立密切性的联系，要帮助家长树立正确的教育观念，使家庭教育与幼儿园教育更好地结合，实现共同的教育目标。基于家长重智轻能的观念，幼儿园可以通过家委会、沙龙等组织选择有积极正确教育观念的家长作为家长代表，树立标杆。还可以在幼儿园设置一个家长专栏，家长们可以在此撰写文章，分享自己的教育理念，共享家长资源，通过这些做法转变家长的错误教育观。作为教师，还可以在家园平台上分享每个幼儿的言语行为，并有针对性地整理好发给相关家长，使他们看到幼儿在园的一系列变化，了解幼儿园每项活动、游戏开展后对幼儿的积极意义，进而提高家庭教育水平，与园合力促进幼儿全面发展。

四、结语

游戏于幼儿而言如同其生命一般重要。在表演游戏中自主性的培养是发展幼儿创造力的前提，而创造力又直接影响幼儿未来的工作和学习。我们立足幼儿实际，从教师的指导方式、评价以及家长的教育观念上进行探索，旨在探究出幼儿自主性培养的新途径，使幼儿从小成为有独立见解和创造性的人，促进幼儿的全面发展。

幼儿园区域活动情境化的探索与研究

空军工程大学信息与导航学院幼儿园　满　赟　黄　璇

【摘　要】幼儿园区域活动是教师根据教育目标和幼儿发展水平，有目的地创设多样活动环境，投放活动材料，让幼儿按照自己的愿望和能力选择活动内容，并主动解决问题的一种独特方式。情境化的区域游戏是根据幼儿需求与身心发展特点，为幼儿创设的一个贴近生活、对幼儿有较好的学习价值与意义的区域情境，让幼儿在情境中学习、游戏、锻炼，唤起幼儿参与区域活动的主动性。

【关键词】区域活动；材料；环境；情境化

幼儿园区角活动又称为区域活动，是教师以教育目标和幼儿发展水平为主要依据，有目的地创设多样活动环境，投放活动材料，让幼儿按照自己的愿望和能力，以操作摆弄为主要形式进行的个别性自主学习，从而达到一定的学习目标。它是幼儿的重要自主活动形式之一，它是以快乐和满足为目的，以操作、摆弄为途径的自主性学习活动，它是幼儿主动解决问题的独特方式之一，其活动由内部动机支配而非来自外部的命令，表现为“我要游戏”，而不是“要我游戏”。

区域游戏情境化就是教师通过创设能激发幼儿情感参与区域游戏的环境，以教师创设的“境”，激发、带动、移入幼儿的“情”，以情感为纽带，把幼儿内心的情感唤醒，只有唤醒幼儿情感的环境存在了，才能激发幼儿对区域游戏的主动性，积极地、自愿地去探索、发现，以自己的方式去获得各种生活体验，从而品味我们的生活。我想这就是区域游戏情境化的最终目的。要把游戏还给作为主体的幼儿，让幼儿扮演“角色”进入“情境”去“玩”，用自己喜欢的、健康的方式尽情地演绎自己，体验游戏过程带来的快乐，从而移入所认知的与教育教学相关的对象上，加深幼儿对教育教学内容的情感体验，提高区域活动的效果。这远比以往老师们只强调区域的目标性和教育性，只根据目标、学习内容提供相对应的一些没有生机、没有情趣、只注重结果的操作材料更能得到小朋友的青睐，更能凸显区域游戏的趣味性、有效性。那么如何创设情境化区域呢？

一、区域材料制作情境化

《学前儿童发展心理学》一书中说：儿童的心理是在活动中发展起来的，儿童的心理发展又促进着活动的发展。而游戏是幼儿最主要的活动方式，它是一种社会性活动，是儿童反映现实生活的一种特殊方式。主要以心理想象构成活动，以游戏材料、游戏角色、游戏场所的交换等方面来展开游戏情节，从而使幼儿的身心得到全方面发展。所以材料是否有趣、可变、可操作对幼儿能否主动参与操作有很大影响。因此区域必须提供符合幼儿生理与心理发展特点、趣味性强、可操作性强、功能多样性、能激发幼儿探索欲望的材料。

如阅读区中，在孩子们听了故事《咕咚来了》后，老师制作了一个立体故事盒，一个方形月饼盒打开的盒盖上用不织布做成可替换图片的背景底面，老师用不织布做成故事中各个故事环节的背景图片，盒子里面用皱纹纸剪成条，做成立体草坪，还有小池塘、石子路、小花等独立的辅助装饰。另外用彩纸塑封或用泡泡泥做成故事中的角色手偶，如小兔子、大老虎、狐狸……选择阅读区的小朋友可以根据故事情节更换背景图片，布置故事场景，边操作角色手偶边讲故事。立体、可操作的背景及可以活动的故事角色引起了幼儿极大的兴趣。为了表演故事，他们更加积极主动地阅读更多的故事书。根据幼儿的游戏情况，教师不断调整故事盒中的角色，孩子们的故事又注入了新的内容："小兔子遇到小松鼠会说什么？小松鼠会怎样做？小兔子遇到兔妈妈会说什么？兔妈妈会怎样做？接下来会发生什么事情呢？"重新投放的材料再一次激起了幼儿的兴趣，原材料又焕发出新的魅力，召唤幼儿以较佳的状态投入阅读区中。

提供材料的变化使得阅读活动有了情境，情境的创设使得幼儿参与活动的形式发生了一些变化，单一的看书活动变成了和同伴合作讲述、编故事。以前被冷落的阅读区现在成了幼儿自选区域时的抢手区，因为这里有了他们喜欢的可操作的故事盒，幼儿在情境的暗示和激发下，把思考和讲述结合起来，外部语言和内部语言都得到了发展。

伴随情感的认知活动比缺乏情感的认知活动丰富得多，也深刻得多。有效的情境创设丰富了幼儿阅读的方式，又激发了幼儿阅读的主动性，让幼儿体验到了阅读的快乐，从而达到了促进幼儿语言自主发展的目的。

二、区域环境创设情境化

创设情境时要注意，环境应充分发挥其教育价值，注意体现教育进程及幼儿发展状况。因此，在主题活动开展过程中，老师创设适宜的情境，从而体现环境创设的教育价值，幼儿能通过对环境的欣赏积累相关主题经验。

在“水果大丰收”主题中，老师将教室布置成丰收的果园，为幼儿提供了一个具有体验性的大环境，同时在各个区域的环境创设中也注意突出主题。在生活区，为幼儿准备了“水果拼盘”的游戏，利用窗台创设了制作水果拼盘的环境。背景提供许多丰富多彩、搭配鲜艳的水果拼盘图片，提供了苹果、梨、葡萄、香蕉、橘子等真实的水果，以及塑料餐刀、轻便塑料案板、托盘、水果拼盘的制作流程图等。幼儿在情境的影响下，尝试制作水果拼盘，分享水果拼盘，从而在情境中学习操作，在情境中感受水果的丰收，在情境中体验活动的快乐。另外，在做水果拼盘的过程中，幼儿体验到了一个大的物体分成很多小的物体的过程，特别是在切水果时，幼儿还感受到了水果的大小、软硬、形状等特征，对水果的认识又深入了一步。在拼盘过程中，幼儿可以依照示范图进行对应拼搭，也可以自主创意拼搭，从中感知到整体与部分的关系，按照颜色、大小、形状等进行搭配。通过整个活动，幼儿得到了多方面的发展与提高。

三、区域活动过程指导情境化

（一）游戏指导情境化

区域活动虽然是让幼儿自主选择、自主活动，但是也需要教师的适当引导。区域指导的策略大概有直接指导法、平行指导法、启发式指导法、角色参与式指导法 4 种。其中角色参与式指导法最受孩子欢迎。教师征得幼儿的同意，扮演一定的角色参与到幼儿的活动中来，创设相应的情境，这是最自然、最有效的指导方法。在社会交往的角色区超市、餐厅、医院、娃娃家等中，教师就可以以服务员、顾客、医生、病人、家庭成员、客人等身份与幼儿角色互动，对幼儿的行为做出语言或行动上的反馈，引导幼儿的发展。如在小班娃娃家中，教师看到幼儿在娃娃家不知该做些什么，于是扮演客人到娃娃家做客，通过创设做客的情境，引导幼儿尝试招待客人，如给客人倒水，跟客人聊天，给客人做饭，陪客人下棋等，娃娃家的活动内容变得愈加丰富。再如，在“爱心医院”中，孩子们都愿意当医生，可以一遍又一遍地为病人打针，看来幼儿已经有了医院游戏的一些经验，但是还不够丰富，因此老师以医生的角色参与到游戏中，提醒病人排队挂号、就诊、划价、交费、取药或打针等，经过老师参与式的情境指导，“爱心医院”里，孩子们的游戏经验明显丰富多了。如看病前会自觉排队；在用听诊器时先听前胸，再听后背；开化验单，请病人去化验，再开药方，叮嘱病人去拿药；医生给病人打针前会轻拍“病人”的手后再涂消毒水；打吊针时要在手下面垫上小纸盒；等等。

（二）作品呈现情境化

孩子们参加区域游戏后，最满足的就是自己的作品得到展示。如何展示幼儿的作品呢？在秋天的主题中，老师可制作、设置秋天的一些情境，如放置牛皮纸做的树与秋天背景图、月饼盒做的秋天背景图、纸盒做的“美美蔬果店”等，让孩子仿佛置身于秋景中，在逼真的游戏情境中积累游戏经验。而各个背景在幼儿的操作中不断丰富起来。如幼儿将装饰树叶粘贴在大树下，用泡泡泥制作秋天的蔬菜水果，摆进“美美蔬果店”里，用一次性纸杯制作菊花、大丽花等秋天开放的花放进故事盒中……就好像花园慢慢地开满了鲜花，让孩子一走进教室就感受到成功感、满足感，同时也更加投入地参与环境的创设。

（三）区域评价情境化

区域评价活动是区域活动的重要组成部分，通过评价可提高幼儿语言表达、建构技巧、情感态度等各方面的能力，培养幼儿的自信心和团队精神，促进幼儿良好习惯的养成，同时会激发幼儿再次活动的欲望。但是老师的评价通常会注重结果，而忽视过程。幼儿不可能记住活动过程。那怎样才能让幼儿看到并讲述、评价活动过程呢？老师可以运用照相机、录像机拍摄的“视觉语言”，这种情境性的评价更能吸引幼儿。通过照相的形式把幼儿活动的过程记录下来，这样他们才能根据图片及自己的经历有条理地进行讲述。如在建构区中，老师呈现给幼儿的只是搭建结果，如果把幼儿一步步的搭建过程记录下来，让搭建的幼儿通过一张张图片的对比，给其他幼儿讲解他们是如何一步步完成“巨大”的工程的，遇到困难时如何解决的等，孩子们在讲解的过程中，自豪感与成就感肯定是前所未有的！

在区域活动中，老师经常会遇到这样的问题：老师指导不过来。阅读区需要一位老师陪伴孩子阅读，培养他们的阅读习惯，并适时地提问引发孩子的思考和表达。美工区需要一位老师指导，指导孩子绘画或制作的技巧。益智区需要一位老师陪孩子下棋或了解一些游戏的规则……每个区域都需要老师，但一个班的两位老师不可能做到时时兼顾。其实，老师可以用情境化的方式将自己解脱出来。语言区，老师可以把故事内容用录音机录下来，或者选择一些适宜的智能故事机与配套的图书投放到区域内，幼儿边听故事，边阅读图书。录音中加上阅读重点的说明，适时提出相关问题，幼儿在阅读时，既能按照要求阅读，又能根据故事情节来回答问题。幼儿还可以利用手偶借助故事盒，听着录音机中的故事内容和同伴进行合作表演。虽没有老师在，但是老师的指导在，师幼之间仍可以互动。这样一来，幼儿就不需要老师陪读了，阅读区成了幼儿悦读之区。

美工区里，老师结合秋天的主题制作了秋天背景图，事先在区域里投放一些树叶、水果等材料。老师在区域设置前一周的周五和孩子们讨论下一周美工区可以开展的活动。例如，幼儿提议可以装饰树叶、制作水果等，老师和幼儿进一步讨论如何装饰树叶、制作水果，如此一来，孩子们在游戏前便已经有了自己的规划。在游戏开始时，老师将相关的指导用书投放在区域里，孩子们在游戏的过程中可以看着图和书进行创作，图和书成了隐形的老师，而且孩子们在相互学习中充分发挥了主体性。

情境化之后的幼儿区域游戏与之前的区域游戏最根本的区别就在于：是否有唤醒幼儿情感的环境存在。在实际工作中，老师应根据幼儿的需求与身心发展特点，为幼儿创设一个贴近生活、对幼儿有较大的学习价值与意义的区域情境，让幼儿在情境中学习、游戏、锻炼，唤起幼儿参与区域活动的乐趣。

园本菜单式教研的探索

空军工程大学信息与导航学院幼儿园　满　赟　刘艳妮

【摘　要】针对幼儿园园本教研中教师教研积极性不高，教研活动的开展缺乏深入性、持续性以及教研活动缺少对教师个性化需求的考虑等，本文以幼儿园菜单式教研的教研模式为例，在提高教师教研积极性，增强园本教研的科学性、系统性以及实效性等方面提出了具体可操作的实践做法，为幼儿园教研活动的开展提供了清晰的思路。

【关键词】园本教研；菜单式教研

园本教研是幼儿园保教业务中必不可少的一部分内容。扎实有效地开展教研不仅有利于提高幼儿园教育质量，也有利于促进教师业务水平的提高，促进幼儿健康全面发展。

一、幼儿园园本教研现状

（一）教研活动"一言堂"

幼儿园园本教研活动的主体应为教师，但是教师参与教研活动的积极性并不高。首先，教师对园本教研促进专业发展认识不足。其次，教研活动的主题由园里统一制定，在学期初就已经制定好了一学期的教研活动，教研内容并非完全是教师所需。最后，教研活动中教师因为担心自己说错话，没面子，或者怕得罪同事、前辈而不主动发言，抱着"言多必失，少说话少犯错，不说话不犯错"的想法只做旁观者，教研活动中往往只有组织者和具有权威的前辈发言。这样的教研活动看起来基本跟教师没有关系，教师更不会主动发现工作中需要研讨的问题。

（二）教研顶层设计缺乏系统性、整体性，教研活动的开展缺乏深入性、持久性

随着学前教育改革的纵深发展和对幼儿教师专业发展要求的不断提高，各级部门积极组织幼儿园开展各类学习、培训和教研活动，《指南》的学

习、核心经验的学习、教师观察能力的提升、幼儿评价的研究……幼儿园教研活动的风向标随着一个又一个新理念的倡导在不断变换，一样还没研究透，又开始了另一样。园本教研顶层设计缺乏持久深入的系统性。

幼儿园教育涉及范围与内容十分广泛，如集体教学的有效性、区域活动的指导、生活活动的优化、课程架构、家园共育等，然而园本教研的内容缺乏一定的纵向联系性，更多地停留在实现短期教研目标上，而忽略未来长期教研目标的拟定。教师花费大量的时间与精力应付大大小小的教研活动，但依然存在着这样那样的困惑，教研活动并没有真正达到帮助教师的目的。

（三）园本教研活动缺少对教师个性化需求的考虑

园本教研参与的主体应是全体教师，教师整体的专业性直接影响幼儿园的保教质量。由于不同教师的知识水平、特长兴趣等存在差异，教师的专业发展水平、特点就有很大的差异性。而幼儿园教研活动主题的制定面对的是全体教师，忽略了教师专业化发展的个性化需求，从而影响教师参与园本教研活动的积极性。

二、菜单式教研园本教研探索

针对以上园本教研中的问题，我园尝试菜单式教研的园本教研探索。首先，设计调查问卷，调研教师特长、兴趣爱好和研究兴趣点以及教师在工作中发现的问题，本着以研促教、解决工作中实际问题的原则，自下而上收集园本教研的内容，再结合幼儿园园情和教师需求制定幼儿园教研大主题。

其次，根据调研结果和幼儿园教研大主题给教师“列菜单”，罗列教研选题范围，教师自选教研内容，并撰写教研社团团长竞聘申报书，阐明研究主题、目标、内容和大致想法。全园召开教研社团团长竞聘会，团长候选人分别阐述自己的研究设想。再邀请省内专家和幼儿园行政领导组成评审小组，对各团长候选人的申报进行审议，推选2～3个提议批准研究，并颁发园本课题立项证书。

最后，教研团以团长招募、教师申报的方式双向选择，确定教研团人员，成立教研团，并自主安排教研活动时间。本着面向全体教师的原则，每个教研团人数不少于幼儿园教师总人数的1/3。为保证教研有效性，幼儿园不定期邀请专家进行指导，每学期末进行教研社团研究汇报，年终进行期终汇报，邀请专家进行现场评审，评审分为优秀、合格、不合格三个等级。被评为优秀的教研团将被优先推荐参加省、市、区级课题的申报。

菜单式教研有效突破了我园园本教研的瓶颈，大大提高了教师参与园本教研的积极性，提升了园本教研的实效性。

（一）自下而上收集问题，致力解决实际问题

教研团以调查问卷的形式自下而上收集研究问题，紧紧围绕教师在保教活动中遇到的实际问题来选择。园本教研的基础是幼儿园的教育教学实践，园本教研主题的选择必须基于教师在保教活动中发现的问题，才能达到教研活动以研促教、推动实际工作开展的目的。例如，教师在问卷中反映出对幼儿园一日过渡环节的思考：幼儿的一日生活中有很多需要衔接的部分，而长期以来，幼儿园老师习惯了让全班小朋友整齐划一地如厕、洗手、喝水、吃午点等，等待的时间不仅让幼儿觉得无聊，而且十分耗费教师的精力，消极等待也占用了幼儿大量的时间。教师认为有必要想办法避免消极等待，更好地利用这些时间，捕捉其中的教育契机，挖掘其教育价值，同时解放儿童，也解放教师。此研究内容来自教师实际工作中的困扰。教师经过研究总结出很多策略，例如，下午起床，教师用大凉杯提前接好水，午点提前放在餐盘里。动作快的幼儿不必等待其他幼儿可以先洗手、喝水、吃午点，吃完午点自主看书、玩桌面游戏或照顾植物等。这样不仅避免了消极等待，在合理安排过渡环节的过程中还培养了幼儿爱阅读、乐交往、自主、自信的良好习惯和优秀品质，教研社团的研究成果也在幼儿园推广使用。

（二）竞聘团长招募团员，由内而外激发热情

园本教研的主体是教师，只有教师积极参与，才能切身感受到园本教研给自身工作、专业发展带来的促进作用。我园以竞聘教研社团团长、自主招募团员的形式，最大限度调动教师教研的主动性，激发教师由内而外的教研热情，幼儿园的教研氛围变得日益浓厚。例如，一名教师作为教研社团团长带领教师在“幼儿园大班角色区幼儿自主性的培养实践研究”中意识到课题的研究必须有理论的支撑，于是带领教师认真学习《指南》和5~6岁儿童的社会性发展特点，阅读《幼儿园区域游戏指导策略》等专业书籍，教师的理论水平有了很大提升。在幼儿园教研主任、保教主任和外请专家的指导下，教师不断明晰研究思路，在准备每一次的汇报和撰写研究报告的过程中，教师的科研能力悄然提升。在获得结题证书的那一刻，教师感慨道：在这一年的教研过程中，在每一次与同伴热烈的讨论中，在与专家面对面的交流中，不仅收获了个人成长，也收获了团队合作的快乐！

（三）顶层设计明确主题，互相渗透构建体系

幼儿园结合园情和教师需求每年聚焦一项内容制定幼儿园教研大主题，教师在大主题下自主申报教研团主题，保证教研的持续性和深入性。例如，结合幼儿园多年来开展区域活动的经验和多数教师在开展区域活动过程中存在困惑的实际教研需求，制定围绕区域活动开展研究的教研大主题，老师们分别申报了“幼儿园大班角色区幼儿自主性的培养实践研究”“幼儿园美工区瓦楞纸板类材料投放策略研究”“幼儿园大班表演区幼儿自主性培养的探索与研究”三个研究主题。三个课题作为子课题同时为幼儿园省级立项课题“幼儿园教师区域观察能力提升策略研究”提供了丰富的研究资源，课题之间相互渗透，在省级立项课题的引领下，各个教研团的研究方向更加明确，也更具科学性，使得幼儿园整体的教研逐步体系化。

（四）专家引领合作共赢，教育科研初见成果

专家不定期引领保证教研质量，促进教师专业发展。为保证教师教研的质量，不仅幼儿园教研主任、保教主任全程参与，幼儿园还不定期邀请省、市级专家进园指导，保证教师教研的科学性，同时帮助教师建立自信。专家在多次的指导交流中被教师积极参与教研的热情打动，与幼儿园建立了长期合作关系，以期达到合作共赢的目的。我园借专家之力积极推动教师向着专业化方向发展。在菜单式教研研究的基础上，三年来幼儿园成功申报省级课题6项、区级课题4项，均顺利结题，其中1项被评为省级优秀课题，2项被评为区级优秀课题。菜单式教研模式使教师深切感受到了集体智慧的力量和教育研究的乐趣，基本做到了人人有课题、个个有专长、眼里有方向、心中有目标，锻造了一支专业化的教育科研团队。幼儿园菜单式教研社团成了教师专业成长的摇篮！

基于幼儿自主性游戏的区域环境创设策略研究

——以大班角色区为例

空军工程大学信息与导航学院幼儿园　杨　敏

【摘　要】 幼儿园活动以游戏为主。游戏首先是一种“自然活动”，即一种自发的、自在的和自足的活动，这正是游戏的“自然性”。在自然游戏中，无论是游戏场地、游戏群体、游戏材料，还是游戏内容、游戏时间等，都由幼儿主导与决定，因此，自主性在自然游戏中得到了充分展现。换言之，在自然游戏中，幼儿往往可以达成其自然状态下所能达到的最高水平。不同于自然游戏，有时幼儿园游戏被不同程度地印上教育的色彩，因此创设自主性游戏的区域环境对幼儿的发展极为重要。

【关键词】 自主性；区域游戏；环境创设；游戏材料

一、研究的背景及意义

《纲要》明确要求，幼儿园应为幼儿提供健康、丰富的生活和活动环境，满足他们多方面发展的需求，使他们在快乐的童年生活中获得有益于身心发展的经验。可见，在幼儿园，环境是重要的教育资源，良好的环境创设有利于幼儿在与环境的互动中获得各方面能力的发展。

想要让孩子真正成为游戏的主人，就必须把游戏的权利还给孩子。为了让区域游戏真正“玩”起来，就要给孩子创设开放性的游戏环境，即开放的时间、空间、玩具材料、游戏主题和内容，孩子可以根据自己的兴趣选择材料，按照自己的需要和愿望布置游戏场地。孩子在自由、宽松的心理状态下按自己的意愿和需求进行活动，他们的个性化需求得到满足，学习的原动力得到激发，从而使社会交往能力、创造力、想象力、语言能力、空间方位感等多方面能力得到发展。

二、研究的目标

主要围绕幼儿园大班角色区环境的创设来开展，重点研究创设什么样的环境能够支持幼儿的自主性游戏。

在区域活动中，教师通过不断地观察幼儿，探索自主性游戏的物质环境和心理环境的创设，以期能够支持幼儿真正意义上的自主性游戏。同时，在这个过程中教师对幼儿自主性游戏有更加全面、深入的了解和认识，并提高教师观察、解读幼儿游戏的能力。通过大班角色区域游戏的开展与实践，及时调整环境的创设，解除不利于幼儿自主游戏的障碍，并总结梳理相关经验。

三、研究的方法

（一）观察法

观察幼儿在游戏中的表现，分析环境对幼儿游戏的影响。

（二）分析法

通过小组研讨、专家剖析等方式分析幼儿与环境的互动情况及互相产生的教育价值。

四、研究的基本过程

（一）第一阶段：启动阶段

成立课题组，学习幼儿园自主游戏的相关理论知识并结合幼儿园现状确定开展自主性游戏的方向及内容。

1. 成立课题组，实施任务管理

课题组分为核心组与实施组。核心组的任务是把握研究方向，制定研究方案，确定研究框架，组织相关人员实施研究方案。

2. 开展理论学习

通过邀请专家授课、读书、上网查资料等方式深入了解幼儿园自主性游戏的相关概念。运用观察法不断观察，运用分析法引领教师分析游戏中环境对于幼儿的支持是否合适，不断探索大班角色区域环境创设的策略。

3. 观察前的准备

观察班级幼儿兴趣点的变化，为创设角色区域做好准备。

4. 设计调查问卷，对幼儿、家长做问卷调查

由于大班幼儿对职业特别感兴趣，核心组成员根据幼儿的兴趣点研讨设计出“创意体验区调查表”，对太阳四班幼儿和家长进行问卷调查，并对幼儿园创意体验区游戏开展现状及幼儿活动情况进行考察。

（二）第二阶段：实施阶段

（1）根据大班幼儿兴趣点收集游戏材料，创设开放性角色游戏区域环境。

（2）根据幼儿游戏的兴趣点，随时调整、丰富游戏材料，开放游戏空间、时间支持幼儿自主性游戏。

（3）教师跟踪观察幼儿游戏过程，撰写大班开放性角色区域环境创设对幼儿自主性游戏影响的观察记录，收集第一手资料。

（4）教师间分享观察记录，并分析幼儿游戏内容，推断已有环境创设是否适宜支持幼儿自主性游戏。

（5）根据幼儿的需求不断调整环境创设以满足幼儿自主性游戏的需要。

五、课题的研究内容与成果

（一）以开放性的物质环境支持幼儿自主性游戏，让幼儿想玩、会玩、有创意地玩

区域活动是促进幼儿身心全面和谐发展的重要途径。和我们平时的教学活动相比，区域活动可以提供更丰富的学习经验，使幼儿在自主、轻松、愉快的环境中自由、主动学习。在区域活动中，孩子们的学习是否快乐、是否主动、是否投入，环境的创设起着十分重要的作用。

进入大班之后，幼儿对职业这一板块的内容很感兴趣，也经常会相互谈论长大想做什么。当家长参加进班活动时，很多幼儿家长分享了各自的职业，这令幼儿感触很深，都特别想去体验。以幼儿的兴趣为出发点，经过问卷调查，最后选出了幼儿最感兴趣的几大职业。由此我们在角色区原有材料的基础上投放了服饰、配饰、纸箱、架子等，力求为幼儿提供一个可充分发挥想象力，便于与人沟通、协调的空间，完全尊重幼儿自主自愿的游戏意愿。

为了让幼儿体验得更加尽兴，我们在角色区环境创设方面做了一些尝试，不给角色区“贴标签”，即在环境上没有明显的标志限制幼儿只能玩一种情境的游戏，如小超市、小医院、娃娃家等。幼儿自主结伴、自主选择游戏内容、自主布置游戏场地，幼儿拥有自由选择游戏的权利。但在实践探索中，刚开始也经历了一段材料取放混乱、收区时间长、空间布置不合理的时间。为了解决这些问题，我们尝试在收纳箱上贴标志，虽然解决了收区时间长这一问题，但也在一定程度上限制了孩子的自主选择性。撕掉标志后，逐渐发现孩子在宽松、开放、自由的环境中越来越有自己的想法。他们不再只玩一种游戏，而是同时开展餐厅、社区明星大舞台等游戏，如社区里的居民可以去明星大舞台看节目，看完节目还可以去餐厅吃饭等。同一个区域之间也有了联动。而当游戏材料没有特别限制之后，更是让孩子有了发挥的空间，例如，之前放在超市的收纳箱中的瓶类，幼儿现在用到了餐厅（调料瓶）、家里（装饰品）、医院（吊瓶）等。并且随着教师的不断观察与反思，逐步减少形象类材料，为幼儿提供更多的素材类材料，以便支持幼儿在游戏过程中的需要，以及尝试材料的替换和创造。如在餐厅点餐时，顾客想要甜甜圈，在没有现成材料的情况下，幼儿能够利用素材类的泡泡泥快速做出甜甜圈；还有用纸箱为小宠物拼搭的各种桌子、床；用绿色的收纳箱搭建绿色军营等：都充分发挥了幼儿的想象力和创造力。

（二）以宽松的心理环境支持幼儿自主性游戏，让幼儿做游戏真正的主人

游戏是一种自愿的行动，教师应给孩子创设“我想玩就玩”“不想玩就不玩”或“我想怎么玩就怎么玩的”轻松的心理环境。首先做到幼儿自主、自愿，以幼儿自己的兴趣点尝试游戏活动。教师不直接介入游戏，做幼儿的支持者、协作者、合作者。在每次进区时，教师认真观察记录，发现问题时引导他们积极尝试解决。

刚开始进区时，幼儿争先恐后都要到角色区，十几个孩子都挤在这个区，并且各有各的想法互不相让。遇到这种情况，教师并不急于制止，只是观察孩子，让他们自己发现问题，思考问题。孩子发现，一味地争执只会浪费大家的时间，都没有玩好。经过讨论后一致决定，每次进区前要开会，商量好之后再开始游戏，僵持不下时用石头剪刀布、黑白配的方式达到意见统一。之后幼儿在游戏的过程中遇到问题时，逐步学会了积极动脑筋、想办法。一次，沈书毅小朋友在进区时要当消防员去执行灭火任务，但他发现消防车上什么都没有，就寻求老师的帮助。老师并没有直接告诉他该怎么办，而是一步步引导他，最后他用一个瓶子和一段绳子在消防车上增加了水箱和履带。相信他在游戏中不仅收获了快乐，还收获了自信和成就感。在游戏时我们不强调空间的限制，例如，明星大舞台的演员们可以在排练好之后去邀请其他区的小朋友来看节目，如果节目比较精彩，也会延长时间，给幼儿充分发挥的机会。在搭建房屋时，角色区的幼儿可邀请建筑区的幼儿来帮忙，需要制作物品时，也可以联合美工区的幼儿一起完成。总之给幼儿创造各种宽松的环境支持他们的游戏。

（三）在自主性游戏的研究中促进教师专业成长

自主性游戏不仅让孩子们乐在其中，愿意主动去选择、尝试，真正做游戏的主人，而且锻炼了教师的观察、解读能力，促进了教师的游戏教学能力。通过理论学习，教师的专业理论水平有所提升，在实际应用中能灵活地投放各种游戏材料，并结合幼儿的年龄特点和在游戏中的反应，分析幼儿的心理变化，从而及时调整游戏策略，进一步推进幼儿意志品质的提升。例如，有段时间调整材料后新增了一些素材类材料，观察时发现幼儿游戏时不积极，交流很少，几乎都在玩泡泡泥、即时贴等材料。教师分析幼儿此时可能处于对材料感兴趣的阶段，后经过调整幼儿逐步恢复了之前的状态，在教师的引导下能够合理利用游戏材料。还有一段时间，幼儿对打仗游戏很感兴趣，但每天都只是两组人在打仗，没有更多的发展。教师通过与幼儿讨论、观看视频等方式，扩展幼儿的思维模式。幼儿在后面的游戏中增加了军医、伤员、指挥员等角色，游戏内容也增加了抢救伤员、制订作战计划、运送弹药等环节，更加丰富、有趣了。在一次次的交流碰撞中，教师的能力也在不断地提高。

（四）在自主性游戏中幼儿的核心经验不断提升

由于是大班幼儿，在游戏活动中，教师会不断提供素材类材料，潜移默化中渗透幼小衔接内容。例如，一次游戏时幼儿搭建了医院，并分设了不同的科室，孩子们还非常细心地摆了很多椅子，作为病人的候诊区。在教师的引导下，胡芮祎小朋友在纸上写了很多数字，竟然还设计出了抽号机。在玩打仗游戏时，幼儿画作战图，通过画符号、数字等幼儿的前书写能力得到了提升。大班学习数学时，有认识钱币的内容，教师在区域中投放了一些纸币后，幼儿在超市买卖东西时，不但认识了钱币的大小，还能在结算时进行简单的运算，轻松的氛围中幼儿的前运算能力获得了提升。

在游戏过程中幼儿的语言能力有了很大提升，幼儿变得敢表达、会交流。警察局里的警察不再只会抓坏人，还能用手机联系丢钱包的失主；生活中的亲身经历也能融入游戏中，餐厅增加外卖口，还与顾客交流送餐服务；在园里组织体检后幼儿在医院游戏中排队体检；参观军营后，搭建出了他们心目中的绿色军营。

六、总结

自主性游戏在幼儿园的推广对幼儿学习品质的培养起到了促进作用。游戏时幼儿必须相互协调和合作，学会自己解决人际矛盾，学会控制自己的行为和情绪，学会理解和照顾他人、平等待人等。同时，在游戏中，每个幼儿自然地更换角色，也会自然地产生“领袖”，自然地淘汰“领袖”。因此幼儿必须克服任性、独尊、娇惯等不良习性，培养协调与组织、团结与协作、轮流与分享、援助与服从、理解与宽容等良好习性，形成有益的责任感和集体意识，以便更好地融入集体、参与游戏。

幼儿园大班幼小衔接现状调查

空军工程大学信息与导航学院幼儿园　殷　越

【摘　要】幼小衔接是幼儿从幼儿园到小学的两个不同的学习阶段之间的十分重要的过渡，它更有利于幼儿的角色转换和适应能力及学习能力的提升。《国家中长期教育改革和发展规划纲要（2010—2020年）》提出提升教育质量成为今后教育工作的一个重点。幼小衔接是儿童身心发展的一个关键阶段，该阶段的教育、教学质量提升问题也成为当下课程改革关注的重点。本研究依据相关理论内容，结合实践现状及相关观点对当下的幼儿园大班幼小衔接现状进行调查、研究、分析，并给出建议，用辩证的方法去面对学前教育发展现阶段的进步与不足之处。

【关键词】大班；幼小衔接；小学化

一、大班幼小衔接现状的调查与分析

（一）幼儿园未能完全剔除“小学化”

笔者访问调查发现，西安市绝大多数幼儿园仍存在小学化现象。公办园多是降低小学化程度，以充满童趣的教学方式教小学内容，课后的练习要求幼儿在家中练习，有些民办园因师资水平等因素小学化现象更严重。

幼儿园未能完全剔除小学化的原因是多方面的，其中最主要的原因是家长的认知。调查数据显示，一半以上的家长认为幼儿园大班幼小衔接阶段应学习小学内容。当幼儿园据教育部规定剔除小学化内容时，家长会要求幼儿园继续开设小学课程。

（二）幼儿园有关幼小有效衔接的课程体系有待完善

有效的系统性课程会帮助幼儿在幼小衔接的过渡阶段做好准备，奠定基础。近年来国家已经关注到幼小衔接的重要性，《纲要》《指南》中对于各个年龄段的幼儿发展也做了相关要求，但是课程如何衔接等问题仍然没有明确规定，这就造成幼儿园虽然思想上重视，但在实践中仍然有问题，如幼儿园大班禁止开设英语课程，禁止小学化倾向，但对于幼小衔接应学什么课程却没有系统明确的规定，问题仍得不到解决。

（三）幼小之间的交流不足

1. 幼儿园和小学缺乏交流的条件

幼儿园和小学之间交流起来并不方便。幼儿园分布的比较多，小学相对来说分布的比较少，很多一年级的儿童是一个班级的，但是却来自不同的幼儿园。幼儿园和小学的分布不在一定的区域内，交流起来存在一定的困难。

2. 教师之间沟通不足，幼小衔接交流的单向化

访谈中小学教师说到自己很少和幼儿园交流关于教育的问题，幼儿园和小学教师只是单纯地做本研究领域的事情，这就导致幼小衔接的课程显得太空。对幼小衔接这一过渡阶段课程、教学方式方法的研究，需要幼儿园及小学经验丰富的一线教师共同讨论研究。缺乏交流会导致优秀的教学方式越来越少，就会使得幼小衔接的内容缺乏一定的组合，进而出现脱节的现象。

（四）教师专业素养有待提高

1. 教师的专业水平现状

2018 年对于我所实习的幼儿园 42 名教师的问卷调查中显示有 41.7% 的幼儿教师是中专水平，有 48% 的教师是大专水平，有 7.1% 的教师是本科水平，有 3.2% 的教师是硕士及研究生以上。说明幼儿教师的学历还是专科水平居多。在幼儿园里有很多教师缺少专业化的培训，多以自己的经验去认知，认为自己有足够的教学经验，在平常教育教学中，很少涉及丰富的、创新的教学环节。幼儿园平常的教学活动主要就是靠游戏和直观的教具、活动来引导幼儿。但在幼儿大班的幼小衔接课程上，教学活动形式及游戏性的改变使得幼儿的适应能力大大减弱。幼小衔接虽然经常有很多人会提到，但却只停留在了表层，应该从教师的角度去进行专业和理性的思考。

2. 教师的教学经验不足

2018 年对于我所实习的幼儿园 42 名教师的问卷调查显示，有 44.9% 的教师是 23 ~ 30 岁，有 33.3% 的教师是 30 ~ 45 岁，有 21.8% 的教师是 45 岁以上，说明了年轻教师占很大比例。且 48% 的教师的教学经验在 1 ~ 2 年，有 31% 的教师是在 2 ~ 3 年，有 15% 的教师是在 3 ~ 4 年，有 6% 的教师是在 4 年以上，说明很多教师的经验还是比较匮乏，缺少一定的教学活动经验，会觉得难以整合，不易达到标准要求。

（五）家长存在的错误观念

根据2018年对于我所实习的幼儿园42名教师的问卷调查中了解到有41.9%的家长认为幼儿要学会拼音、识字及20以内的数字和做计算题；26.8%的家长注重兴趣；31.3%的家长注重其他方面的培养，可见大部分家长认为知识的学习最重要。其实并不是这样，培养孩子的学习习惯才是最重要的，在此错误观念影响下，揠苗助长的行为是十分不利于幼儿身心健康发展的。

（六）社会环境对幼小衔接的影响

幼小衔接是教师和家长都很关注的问题，当下推崇的导向应为帮助幼儿心理意识上的过渡。然而，社会上并没有对这一方面引起足够的重视，往往社会风气向利益方面导向，兴办各种打着幼小衔接旗号的辅导班。

二、对幼儿园大班幼小衔接的建议

（一）幼儿园大班环境创设及幼儿活动创设

各地政府及相关教育部门在教育目标的引导下进行工作部署，幼儿园依据相关文献进行合理的园本幼小衔接课程、环境创设及相关活动的开展。家长也越来越意识到学前3～6岁的学习阶段及幼小衔接的良好过渡对幼儿身心发展的重要性，各方面的进步和改善均促进了学前教育的发展。

通过和幼儿教师交流发现幼儿园幼小衔接活动的目标在于让教师能够注重幼儿的整体发展、培养孩子的兴趣和操作能力，用环境去影响幼儿。幼小衔接不仅仅是大班应重视的，小班中班各个阶段都应该渗透，只是在渗透力度上，大班可以适当加强一些。就本班而言，在下半学期环境创设方面，我会要求孩子们画一画自己想象中的小学并张贴起来，摆放一些小学各环节照片，也会组织幼儿参观小学，促进幼儿和小学生之间互动交流。

（二）集体教学活动时间的调节

集体教学活动的时间并非一成不变的，《3～6岁儿童学习与发展指南》中提出幼儿注意力在15～25分钟，所以教师应根据幼儿年龄段去叠加集体教育活动的时间。大班阶段可控制在25～30分钟，为适应小学上课时长奠定基础，且在大班下学期模仿小学上课模式，进行走班式教学。

（三）保育方面的调节

在幼儿园大班幼小衔接阶段，保育方面应尽可能提高幼儿独立自主能力。因为幼儿园阶段几乎幼儿一日生活是跟教师紧密联系在一起的，而小学相对自由，所以什么时间喝水，什么时间上厕所，行为习惯的养成是需要提早培养的，让幼儿养成按需做事的习惯，且不再过多依赖教师。

（四）家长方面

1. 重视家园共育

在过渡时期，幼儿可能会出现一些心理上的不适应，可能因为要去上小学了而感到害怕和孤独。在学校里教师要明确认识到这一方面的问题，还需要把幼儿的情况反映给家长。告诉幼儿的父母怎样做才能缓解这样的焦虑。家长也应该把孩子回家之后的情况多和教师交流，帮助幼儿尽快实现幼小衔接过渡的不适应问题。基于儿童的视角以及当下儿童心理状况，施以心理疏导。

2. 设置家长学校

根据调查发现，有很多的家长只是关注幼儿知识掌握水平，并没有深刻的了解到其实在幼儿阶段学习不仅仅是智力的提高，也会锻炼幼儿其他方面的成长，如他们的思考能力、人际交往以及情商等，毕竟家长不一定都懂教育，这就需要社会及幼儿园的帮助。社会方面：可多去宣传新的教育理念，如举办学前教育宣传月等公益活动。幼儿园方面：可设置家长观摩体验日，定期组织一些活动及讲座，用外界力量帮助家长进步。

三、结语

面对幼小衔接这一热点问题，笔者结合自身少许经历及感受做一些简单的总结，希望在以后的工作中不断探索研究，将这一问题不断深入，以期有更深的见解。

幼儿园国学教育的现状分析及对策研究

空军工程大学信息与导航学院幼儿园　赵雪阳

【摘　要】 国学教育是指以中国古代典籍为载体，表达中华民族悠久的传统文化社会价值观和道德伦理观的学术体系。幼儿园国学教育能让幼儿学习中国的传统文化与学术，包括了解中国的医学、数学、喜剧、书画等。近年来，国学热在升温，幼儿园教育中也越来越多地加入了国学教育。《纲要》指出：要充分利用社会资源，引导幼儿实际感受祖国文化的丰富与优秀。国学的精髓就是中华民族上下五千年智慧的结晶，是让孩子们回归本性的最好的教材，所以要给予正确的引导，真正实现教育的意义。

【关键词】 幼儿教育；国学；语言；思维

一、幼儿园国学教育的重要意义

（一）学习中国文化，了解中国历史

文化是一个民族长久留存的精髓，是民族在发展过程中的前进动力，因此尤为重要，需要人在初始阶段就接受国学教育，让国学的种子在内心萌发，让国学文化枝繁叶茂，在不断的学习成长中弘扬中国文化。国学经典就是中华民族传统文化和祖先们智慧的积淀，闪耀着历史以及理性的光辉，从国学中能够获得丰富的知识营养与精神力量。国学大师南怀瑾说：一个民族需要一种精神力量支撑，而一个没有文化根基的民族是没有希望的，没有自己的文化，民族就不会有进步，不会有创新。国学经典聚成了一种精神文化，并以其特殊的感染力、凝聚力和吸引力帮助塑造人们。幼儿园国学教育能够帮助幼儿感受到文化的力量，在国学经典中学习历史文化故事，了解历史。

（二）学习品质的培养，生活习惯的改变

现在，许多家长会对孩子的教育问题产生疑惑，随之就会暴露出家庭教育的问题，如自私、不礼貌、占有欲强、任性等现象非常普遍。所以就需要

在幼儿园给予正确的引导与改正。而通过国学经典教育，让幼儿在故事中看到古代的小朋友是如何做的，让幼儿学习传统经典中承载的“仁义忠恕孝悌礼信”的道德伦理观，向孔融、黄香等小朋友学习，能够教育幼儿们养成尊重师长、团结小朋友、互帮互助的美好品质，使他们变得更加明事理。另外，可以帮助幼儿养成良好的学习品质与行为习惯，如《弟子规》中包含幼儿日常生活中所应该遵守的各种规则，如教育孩子如何孝敬父母、尊敬师长、诚实守信，如何起居饮食、穿着打扮，如何读书学习，如何做事、与人相处，如何面对不良环境等。其中的“父母教，须敬听”意为父母教导我们，应该恭敬而不可随便，要将话听到心里；“对饮食，勿拣择；食适可，勿过则”意为对于食物不要挑挑拣拣，吃饭时要适可而止，不能超过平常的饭量；“步从容，立端正”意为走路时要不紧不慢、从容大方，站立时要端庄、直立；“用人物，须明求。倘不问，即为偷”意为使用别人的东西，必须明确地提出请求，以征得别人同意，假如不问一声就拿去用，这就是偷窃；“凡出言，信为先；诈与妄，奚可焉”意为说话最重要的是诚实讲信用，撒谎或胡言乱语都是不可以的。这些对幼儿从小养成良好的行为习惯具有积极的促进作用。一个人小时候养成的习惯是非常稳固的，终生都会起作用。知识需要道德的引导，良好品格的养成对孩子一生的发展有着非常积极的影响。

教导儿童，启蒙养正，这是一件非常伟大的工作。因为这不仅关系到一个人的一生，而且关系到社会的稳定与发展，国家的繁荣富强乃至整个人类的命运前途。所以要及早地培养幼儿良好的习惯与优秀的品质，使其形成积极良好的态度。

（三）开发智力，发展幼儿的能力

1. 创造力的培养

国学经典存在着一定的韵律，读起来朗朗上口，美好的意境营造良好的氛围，同时精练的语句便于理解和识记，这些都有利于培养幼儿的语感以及思维，使幼儿获得精神上的满足与心灵上的体验，从而发展幼儿的形象思维能力，开发智力，培养创造力。

2. 记忆力的挖掘

医学博士林助雄指出，幼儿诵读经典的过程类似唱念，眼睛看文字与念唱的律动刺激可启动右脑，而辨别字形以便记忆则是左脑的工作，整个诵读过程恰恰同时动用了左右脑功能，使左右脑动作得以同步，而左右脑有同步效用时，学习能力可增长2～5倍。记忆力在幼儿时期尤其重要，幼儿时期记的东西会更加牢固。恰好幼儿的心理发展如同生理发展一样都遵循着“用进废退”的原则，所以在重要时期给予合理的刺激就会实现事半功倍的效果，从而促进大脑的发展。

3. 语言表达能力的提高

语言学家研究证明，幼儿时期是语言发展的关键期，现在的教育提倡识记，所以发展了幼儿的口语表达能力。心理学实验证明，在儿童的记忆库里，丰富的语言材料的储备是理解和运用语言的必要条件，也是提高思维能力和智能水平的基础，国学经典通过简洁的语言、生动的故事传达了内容，进一步丰富了幼儿的语言储备，从而为幼儿的语言表达打实基础，培养了幼儿对语言文字的运用能力。

（四）个性化的发展

国学教育内容的广泛性决定了其可以促进幼儿个性化、多元化发展，可以挖掘幼儿的潜能。在幼儿学习国学经典的过程中，会在幼儿幼小的心灵深处埋下热爱祖国的优良种子，继而增强集体荣誉感和使命感，这对他们一生都有非常积极的影响。而在本土文化受外来文化慢慢侵蚀的当今社会，必须铭记自己的责任感，否则会导致文化吞食的“营养不良”状况。国学教育可以让幼儿懂得如何辨别善恶美丑，明白什么是荣誉感，什么是责任感，什么是孝，什么是礼，什么是可以做的，什么是不可以做的，什么是积极向上乐观进取的，什么是消极的，等等，使幼儿形成健全人格，实现自我的个性化发展。

二、幼儿园国学教育存在的误区

（一）以认字、死记硬背为主要目标

教学活动目标的设定应该依据《指南》和《纲要》中的要求来制定，应该符合幼儿的身心发展特点，避免出现“小学化”和不适应性。原本生动有趣的国学教育课会被上成一节识字课，对照着挂图识字背诵国学经典。其主要原因还是教师对国学教育以及国学内容不了解，因而他们很难科学合理地设计课程内容以至于会违背幼儿的认知规律以及成长规律。利用幼儿记忆力强、学习能力强的特点，背诵古文或者《三字经》《弟子规》等蒙学内容是可以的，但3～6岁的儿童过多地背诵《道德经》《易经》《庄子》等就不太恰当了，而且在背诵的同时一定要加强幼儿对内容的理解，这样的目标才是恰当合理的。国学教育的目的就是培养幼儿，但单纯地一心培养“圣

贤”“天才精英”是不科学、不合理的。培养人才就要因材施教，不能走捷径，要脚踏实地，一步一个脚印，打好基础，这样才能更加有效地培养优秀的人才。

（二）国学经典的生搬乱用

我们常说教师是幼儿的一面镜子，因此教师要做良好的榜样，起到示范作用，在对知识的运用上也是如此，教师要提高自己的专业素养，不能在平时的语言或是授课中乱用、错用，一旦错误的内容对幼儿的认知产生了作用就很难改变了。瑞士心理学家皮亚杰的认知发展理论认为，学前阶段的幼儿处于具体形象思维阶段，抽象逻辑能力的发展还处于萌芽阶段，并不完善。而国学经典带有一定的抽象性，其书写方式、含义和背景等都与现代存在一定的差异，这些即使是成人理解起来都存在一定的难度，更何况是幼儿园的小朋友。所以作为教师应该多去了解，查阅资料，多多考虑幼儿的理解能力，多选择文字简单、表达形象、富有教育意义的经典。同时，国学教育内容的选择要考虑幼儿的已有经验，皮亚杰的同化论认为，如果新的知识与幼儿已有的认知图式相符合，则会更容易被同化，形成新的认知图式，从而有利于扩展幼儿的认知系统。总而言之，国学经典教育内容的选择是极其重要的，所以应该慎重并且考虑周全。

（三）国学教育的单一化

许多幼儿园只是将国学教育作为一节课，完成课程任务即可，并未在更多领域或是更多的方面让幼儿有机会去接触、了解和运用国学经典。国学教育可以在语言、艺术、生活教育等方方面面中体现，国学博大精深，内容极其丰富，所以需要在多种活动中渗透、开展，这是需要幼儿园全体教师去设想和实施的。

教学途径一旦多样化，幼儿对其的接受能力就会更强，而且会有很强的实用性。国学经典的学习有利于幼儿积淀历史文化知识。以国学经典为载体，坚持学校教育、家庭教育和社区教育有效结合，这样就能够更好更快更有益地将国学的种子撒在幼儿的心里，逐渐培养幼儿良好的道德品质和行为习惯。

三、幼儿园国学教育的指导意见

（一）提高幼儿教师的国学素养

教师是传道授业解惑者，教师要具有充沛的知识储备，这样才有能力去教育幼儿、去传授知识给幼儿。国学蕴含丰富的知识，对于传统文化特有的表现形式教师应该多去琢磨，运用幼儿能够理解的方式去恰当地表达，这样才能给予正确的指引，万不可误人子弟。

（二）了解国学的意义，选择性地进行国学教育

童蒙读物蕴含国学启蒙知识，是幼儿园国学教育的常见内容。幼儿教育应以行为习惯规范教育为主，文史典籍则侧重于对做人道理的教育和熏陶。以下举出幼儿园最常见的三种读物以做教学说明。

1.《弟子规》

《弟子规》中语句简短，声韵性强，适合小班教学，小班幼儿容易掌握，在朗读的过程中容易发音，获得成就感。如《弟子规》中的“入则孝”要求幼儿孝顺父母，“出则悌”则要求幼儿要关爱兄弟姐妹，这些对幼儿都有现实的教育意义，所以值得幼儿去学习。在活动中引导幼儿在家、外出以及对待他人应该有的态度和应该恪守的行为准则。有专家认为，可以将内容丰富、极富教育内涵的《弟子规》当作生动的生活故事教材，这样的方法更加有利于幼儿接受，而且还会激发幼儿学习国学经典的兴趣。

2.《三字经》

“昔孟母，择邻处”，讲的就是历史上著名的“孟母三迁”的故事，揭示环境对人的影响是巨大的；“曰春夏，曰秋冬。此四时，运不穷”“曰南北，曰西东。此四方，应乎中”，是说季节和方位的；“曰喜怒，曰哀惧。爱恶欲，七情具”，是说人具有七情六欲等情绪体验和心理意识；“有虫鱼，有鸟兽。此动物，能飞走”，概括说明了动物的种类和特征，这些语句或许不用多解释，幼儿很容易就能明白其中的内容。而且这些贴近幼儿生活的知识，对幼儿的熏陶是显而易见的。中班选择《三字经》，有利于幼儿了解中国传统文化，从而萌发爱国热情。《三字经》中的“黄香温席”“孔融让梨”的故事语言生动，有人物形象，可以帮助幼儿在生活中实践，达到知行统一的效果。这样既提高了教学效率，又增强了幼儿对国学经典的了解和学习兴趣。

3. 古诗

对大班幼儿选择古诗教学，主要是为了让幼儿感受古诗的韵律美，同时感受诗人所要表达的情感，体会意境美，从而培养幼儿的人格修养。幼儿是口语发展的关键期，理解能力较弱，但是机械记忆能力较强。教师在国学教育中要以感受为重要目的，同时激发幼儿对传统文化的学习兴趣，所以要用多种方式来创新教学，如可以采用游戏法让幼儿在愉快的情绪中去感受，在不知不觉的玩乐中习得经验。基于此提出了“唱学古诗”的教学模式，即通过“唱唱”“玩玩”等游戏，让国学活动变得更加生动有趣，让幼儿能够在轻松愉悦的气氛中接受中国传统文化的熏陶。这就需要在课前为每一篇国学内容进行编曲，要谱上幼儿易于吟唱的动听曲调，且曲调的曲风应符合古诗的整体风格。这种学习形式会激发幼儿对国学的学习兴趣，同时加深幼儿对古诗词的记忆。

（三）通过多种手段和途径激发幼儿的学习兴趣，使幼儿感受传统文化的魅力

1. 说唱故事法

将歌曲中的说唱引入国学朗诵中，幼儿能够运用说唱的节奏来朗诵，从中体会到国学的韵律美，还可根据国学内容所表达的意境，配以合适的音乐，根据音乐来朗诵国学内容，将音乐的旋律与国学的情感紧密联系在一起，如此幼儿既能够提高艺术的修养又能感受国学的魅力，从而激发浓厚的学习兴趣。

2. 情景演绎法

可以采用情景演绎法将故事中的人物情节还原至现实的生活，使幼儿能够更加深刻地体会到其中蕴含的道理，加深对故事内容的印象，从而懂得在生活中也要约束自己的行为，做好榜样。

3. 画图法

了解古文化的背景，感受其中的含义，然后用自己的画笔描绘出自己心里的画面，既有助于掌握国学内容也有助于提高艺术能力，还能鼓励幼儿表达心里的想法。

（四）将国学教育渗透在一日活动的方方面面

1. 国学教育向生活教育渗透

在幼儿园的生活中渗透国学教育，如在幼儿入园时段，可以用广播播放优秀的传统音乐，让韵味十足的国学经典从清晨起就飘扬在幼儿园，让幼儿与家长沉浸在优美的民乐中，感受到快乐与美好。在早操内加入国学元素，如早操“锄禾日当午”，小朋友可以分组当小花或者农夫，也可以模仿农耕动作，在早操中不仅能够体验劳动的艰辛，还能够了解古人的生活与生产活动，从而有助于养成勤俭节约、不浪费粮食的好习惯。在餐前还可以背诵相应的餐前儿歌，对幼儿进行感恩教育。

2. 国学教育向语言教育渗透

幼儿通过听来感受国学内容，再通过自己的讲述喜欢上说，能够主动去认识简单的文字，接触自己感兴趣的东西，再通过一点一滴的积累培养语言能力。

3. 国学教育向艺术教育渗透

简单机械地教授画画就是给予幼儿一个物或是一个图让幼儿模仿，缺少幼儿个性化的发挥；创设优秀传统文化背景，以传统文化为主题更有利于儿童绘画的表现。将国学教育向艺术教育渗透，可以将二者合而为一，融为一体，使教育教学活动变得更加富有情趣，并能有节奏、有情感地表现国学经典。

4. 国学教育向礼仪教育渗透

在礼仪教育中可以加入国学经典，如从小班开始就加入《弟子规》，在其中可以学习到“或饮食，或坐走，长者先，幼者后”，这就要求幼儿懂得长辈优先的礼仪。礼仪教育的目的就是让幼儿从小学会谦让他人，能够有礼貌地做事，发展社会性能力。

（五）家园共育，共学文化传统

家庭教育是幼儿教育中很重要的一部分，不容忽视，幼儿的学习先是从模仿开始，所以家长的行为会影响幼儿，家长的模范带头作用会对幼儿的教育起到事半功倍的作用。倡导幼儿家长也学习国学经典，不仅是为了对幼儿的国学教育起到帮助作用，更是为了营造一个好的学习氛围，让优质的国学经典风飘进千家万户，让越来越多的幼儿乃至家庭从国学经典的学习中受益。

四、结语

作为培养祖国花朵的幼儿教师工作者，应把国学教育当作关键性的教育，用正确的知识和生动有趣的教育方式把国学经典传授给幼儿，让他们有所收获，有所改变，有所发展，这是一名教育工作者内心最真切的期盼。希望我们的不断探究可以有效地促进幼儿的全面发展。

加强军队幼儿园教师队伍建设研究

空军工程大学航空机务士官学校幼儿园　吴秀云

【摘　要】在教育改革持续推进的大背景下，学前教育迎来了创新发展的时代契机。办好学前教育，实现幼有所育，是党的十九大做出的重要决策部署。军队幼儿教育在推进学前教育普及普惠安全优质发展中起着举足轻重的作用。本文在调研分析军队幼儿园教师队伍建设现状的基础上，针对全面停止有偿服务后军队幼儿园实际，提出新时代军队幼儿园教师队伍建设的对策措施。

【关键词】军队幼儿园；教师队伍建设

随着军队全面停止有偿服务任务的基本完成，涉及停偿的军队幼儿教育行业采取军民融合的方式，招生范围进一步扩大。特别是随着“全面二孩”政策的实施，生源已不再是困扰军队幼儿园的紧迫问题。随之而来的是如何进一步巩固军队幼儿教育品牌、发挥军队资源优势、保障幼儿教育质量，这对军队幼儿园教师队伍素质提出了更高要求，全面提升军队幼儿园教师队伍建设质量已成为当前和今后一个时期的紧迫课题。

一、现状分析

调查发现，当前制约教师队伍建设的问题主要集中在以下三个方面。

（一）优质师资储备不足

一是地方入编政策及工资待遇相对更具有吸引力，很多年轻、有发展潜力且有经验的教师选择离开军队到地方发展，短时间内大批骨干教师流失。二是师资队伍断层现象明显。现有正式职工普遍年龄偏大，多数接近退休年龄。这部分人员虽相对稳定，但受职业发展空间的限制，容易产生职业倦怠情绪。三是新入职教师短时间内难以独立承担教学任务，保育员教师缺乏专业系统的培训机制，保教质量难以保证。

（二）能力参差不齐

调查发现，多数军队幼儿园受办园性质、地域等影响，教师队伍整体素质不尽如人意。突出表现在以下三个方面：一是第一学历较低。在二线以下城市，全日制本科以上、学前教育专业的教师屈指可数，占比不到10%。二是任职经历单一。受制于办园性质的影响，军队幼儿园教师尚未形成跨单位交流任职机制，一般是入园即干到退休，教师也是从小班到大班循环带班，领导团队、教研团队基本是固定的几个人，教师任职经历过于单一。三是受训率较低。军队幼儿园虽既有军队属性又采取属地管理，但教师培训方面普遍面临军队组织偏少、属地指标难争取的困境，教师受训率低，有的工作五六年竟未参加过任何培训，仅靠以老带新、传帮带远远不够。

（三）"姓军为军"不尽如人意

"姓军为军"是军队幼儿园的办园宗旨，特别是全面停止有偿服务后，军队幼儿园为军队服务的导向更加明确了。但调查发现，各军队幼儿园在"姓军为军"上做得还不够全面，一些教师"姓军为军"的意识还需进一步加强，突出表现在以下三个方面：一是观念转变不够及时。少数教师对全面停止有偿服务理解不深，片面认为停止有偿服务后军队幼儿园发展受限，甚至面临逐步压减、划归地方的风险，对停偿后军队幼儿园发展缺乏足够的信心。二是角色定位不够清晰。军队幼儿园的特殊属性决定了军队幼儿园教师不仅是军娃的教师，一定程度上更是支援国防建设的一股重大保障力量。当前，一所幼儿园即可汇聚全军各个兵种的军娃，他们的背后是军队各个站位的军人，只有把军娃培养好了，才能让广大军人没有后顾之忧，这种角色定位在幼儿园教师中还没有牢固树立起来。三是牺牲奉献精神不够。军娃的特殊属性也使得家园共育工作的开展受限。一些本该由家庭、父母陪伴的教育活动，可能因家长工作性质原因无法按时开展，也达不到理想的效果，这就使大量的教学甚至是陪伴任务落在了教师的身上。虽然教师对此都是理解的，但在长期的高负荷、高压力工作下，难免会有倦怠情绪。

二、对策措施

在教育改革持续推进的大背景下，学前教育迎来了创新发展的时代契机，军队幼教工作作为学前教育的重要组成部分，也必将发挥其优势。当前，必须把加强军队幼儿园教师队伍建设摆在重要位置，常抓不懈、抓出成效。

（一）抓统筹，不断加强组织领导

切实提高思想认识，把军队子女教育工作作为增强凝聚力、提升战斗力的暖心工程摆在重要位置，把加强教师队伍建设作为巩固军队幼教品牌、确保保教质量的关键环节抓紧抓好。一要统筹规划。加强对教师队伍建设的统筹管理、规划和指导。特别是针对“全面二孩”政策放开后2021年将达到适龄儿童入学高峰的实际，合理确定各军队幼儿园的办园规模和教师需求，研究制定相关政策和标准，统筹财力、物力和人力做好教师储备工作。二要压实责任。各办园单位要督促帮带各幼儿园分析形势、研究措施，会同各方为教师队伍建设提供有利条件，尽快形成职权明确、分工协作、齐抓共管的工作格局，各幼儿园要发挥主责作用，及时研究解决教师队伍建设中的突出矛盾和重大问题。三要严格督导。把教师队伍建设情况作为办园水平评估的重要内容，作为评优评先、表彰奖励的重要依据。同步建立教师工作定期督导检查制度，把教师队伍建设情况作为教育督导的重要内容，切实做好奖优罚劣和督导落实工作。

（二）抓关键，不断优化管理模式

教师队伍是幼儿园办园兴园的关键因素，必须切实保障教师合法权益和待遇，加快建立健全教师管理制度，持续营造拴心留人良好环境。一要强化思想教育。始终把思想政治建设放在首位，以主题教育、红色教育、军队优良传统教育和国防教育为载体，不断提升教师队伍理论素养和思想政治素质。广泛开展师德师风教育，增强教书育人、“姓军为军”的责任感和使命感。二要落实工资待遇。建议完善教师工资待遇标准，可以同时执行地方工资补贴增长政策。参照军队人员落实医疗、出行、课时补贴、第13个月奖励工资、救济慰问等各项福利。注重人文关怀，在妇女节、教师节等重大节日开展好慰问工作。三要完善制度机制。尽快明确各幼儿园教职工编制标准，建立军队内部园长、教师轮岗交流机制，促进教师资源合理配置。加快推进教师职称制度改革，与地方接轨，提高中高级晋升比例，根据不同岗位特点制定不同评审标准。健全社会保障制度，完善符合军队幼教特点、体现岗位性质的相对优厚的工资激励约束机制。对高学历优秀人才在优先录用、待遇从优方面要有相关政策做保障。

（三）抓培养，不断提高能力素质

建立一支高素质幼儿教师队伍，必须立足自身，加强培养帮带，着力提升教师队伍整体素质。要严格选拔标准。兼顾专业、年龄、学历、班额等因素合理制订教师招聘和储备计划，选拔应坚持宁缺毋滥，补充对象应以师范类院校本科以上学前教育专业或相关专业为主，适当招收部分大专学历且有一定工作经历的优秀人才，鼓励符合条件的军队人员家属入职。同时，要严格政治审查，确保教师队伍纯洁和幼儿园安全。要坚持在职培训，实行幼儿园园长、其他教师定期培训和全员轮训制度。研究制定军队幼儿园教师培训工作方案，分层分批组织军队幼教领域相关人员参加培训，争取达到全面覆盖。创新培训模式，可协调依托地方师范类院校对教师进行理论提升培训，切实做到理论联系实际。充分发挥军队优质示范园的帮扶引领作用，采取一对一帮扶、轮岗置换的方式，全面提升教师业务水平。健全教师自主学习管理机制，鼓励在职学历及专业技能提升。扎实开展园本教研活动，达到以研促训。要完善评价体系，完善重师德、重能力、重业绩、重贡献的教师考核评价标准，探索实行学校、家长、教师和社会等多方参与的评价方法，引导教师潜心教书育人。定期组织教师考评，将考评结果与工资福利、职称评定挂钩，将考核不称职且屡教不改的及时清理出教师队伍。加强教师管理，严禁教师从事有偿补课、开设特色班、兼职等活动。

（四）抓融合，不断提升质量效益

军队幼儿园作为学前教育的重要组成部分，在承担军队子女教育任务的基础上，还承担部分社会化保障任务，在军地融合领域具有很大的交流合作空间。一要正视不足。军队幼儿园经过长期发展形成了独具军队特色的教育管理模式，但近年来受各方面因素影响，软硬件建设、教育理念、教研能力与驻地的差距逐步拉大，急需换代升级。因此要认真开展自查自纠，坚持走出去请进来，吸收借鉴地方办园先进经验，消化吸收为我所用。二要发挥优势。军队幼儿园在国防教育、童军课程等方面具有独特优势，坚持补短与固特相结合，将优势进一步做大做强、做成品牌。集中军队幼教领域专家，系统研究特色课程，形成一批独具军队特色的优质教学成果。打通军队幼儿园之间、军地之间资源共享渠道，将资源利用最大化。三要军地融合。加强与有关部门的沟通，按照属地管理要求，尽快实现军队幼儿园与地方公立幼儿园在编制、经费保障等方面的同等地位。要逐步建立军地一体的教师职称评定、培养培训和考核评价体系，在同等条件下，给予军队幼儿园教师更多优先权。要与地方师范类院校建立教师培养基地，从源头上解决教师选拔难的问题。探索走军地优秀幼儿园教师交流代职路子，丰富教师任职经历。

浅谈培养幼儿舞蹈兴趣的策略

空军工程大学航空机务士官学校幼儿园　周志英

【摘　要】《纲要》指出，艺术是实施美育的主要途径，应充分发挥艺术的情感教育功能。兴趣是最好的老师，是人们从事任何活动的重要动力之一，尤其是幼儿，兴趣可以吸引他们去参加各种活动，思考各种问题，从而促进各种能力的不断发展、提高。本文阐述了根据幼儿的年龄和心理发展特点以及学习规律培养幼儿对舞蹈的兴趣。

【关键词】 幼儿；舞蹈；兴趣

随着年龄的增长，优美动听、欢快活泼的音乐不但能满足幼儿听觉的需要，更能使他们随着音乐舞蹈，通过肢体活动表现内心的感受。兴趣是最好的老师，尤其是对幼儿来说，兴趣可以吸引他们去参加各种活动，思考各种问题，从而促进各种能力的不断发展、提高。我们可以通过日常生活和音乐教育活动培养幼儿对舞蹈的兴趣。

一、根据幼儿的年龄特点选择题材

不同年龄段幼儿的理解水平及动作发展水平不尽相同。在舞蹈教学中，教师一定要选择适合幼儿身心发展水平的舞蹈题材，这样才易被他们理解和接受。儿童歌曲《数鸭子》深受幼儿喜爱，歌词通俗易懂，音乐富有节奏感。歌曲中的鸭子、小朋友、老爷爷是幼儿在生活中能够接触到的形象，孩子们有着丰富的生活经验，所以表演起来生动形象，得心应手，极大地激发了幼儿表演的兴趣。选材过难或过易都不利于幼儿的发展，而且有可能削弱幼儿的兴趣。一般来讲，对于小、中班幼儿适宜选择那些带歌词、音乐简短、节奏鲜明的题材；对于大班幼儿可选择没有歌词的乐曲，时间可长一些，音乐形象也可多一些，音乐节奏要鲜明、生动，易于掌握，这样利于他们的想象、创造和发挥，增强对舞蹈的兴趣。如歌曲《狼和小羊》音乐形象鲜明，为幼儿所理解，乐曲生动富有变化，为幼儿创编舞蹈动作提供了一定的想象空间，幼儿非常感兴趣。

二、分析作品，激发幼儿兴趣

选择好题材后，首先，教师要引导幼儿熟悉音乐。通过听、看、讲等多种形式帮助幼儿理解音乐的内容，把握好音乐形象，激发幼儿的表演欲望，增强对舞蹈的兴趣。如儿童舞蹈《姥姥门前看大戏》是一个活泼有趣、有情节的舞蹈，乐曲较长，形象较多，情节复杂，一般适合大班和舞蹈班的孩子表演，多用于演出活动。教师可先把舞蹈内容编成故事讲给幼儿听，帮助幼儿理解舞蹈内容与形象动作，再让幼儿听舞蹈音乐，告诉幼儿每段音乐有哪些情节。其次，教师要引导幼儿看舞蹈录像，看的过程中要引导幼儿听音乐的变化。最后，教师要和幼儿一起分析舞蹈中的音乐形象及情节变化。待幼儿熟悉后教师可根据每名幼儿的不同特点分配角色，分段表演。这样幼儿对舞蹈理解了，又找到了适合自己的角色，发自内心地用肢体动作和表情诠释角色，自然信心百倍，对舞蹈的兴趣倍增。

三、结合日常生活，丰富幼儿的舞蹈动作

舞蹈起源于劳动，来源于生活。大自然中的花草树木、飞禽走兽，人们的衣食住行，都可以作为舞蹈的题材。教师在日常生活中要引导幼儿多观察、多体验、多表现。春天到了，教师可带领幼儿到大自然中去观察，看小草、小花，看蝴蝶抖动翅膀，看蜜蜂采蜜……观察生活中的劳动，擦桌子、扫地、浇花……这些都可以用舞蹈动作加以表现。《指南》指出，幼儿艺术领域学习的关键在于充分创造条件和机会，在大自然和社会文化生活中萌发幼儿对美的感受和体验，丰富其想象力和创造力，引导幼儿学会用心灵去感受和发现美，用自己的方式去表现和创造美。尊重幼儿自发的表现和创造，并给予适当的指导。鼓励幼儿在生活中细心观察、体验，为艺术活动积累经验和素材。教师要鼓励幼儿多观察、多模仿，创编出与众不同的动作，不用成人的审美标准和一把尺子衡量评价幼儿，对于他们对事物的理解和表现及时给予帮助、鼓励，增强幼儿的自信心，培养其对舞蹈的兴趣。

四、将兴趣的培养贯穿于整个音乐教育活动中

幼儿对舞蹈的兴趣是从音乐中获得的。要想使幼儿真正对舞蹈产生浓厚的兴趣，并能长期保持下去，就需要通过音乐教育活动的不断强化、培养，

让幼儿在实践中产生美感、增强自信心，继而产生兴趣。幼儿园的音乐活动形式有歌舞、欣赏、打击乐、音乐游戏等，各部分内容有各自不同的活动方式及特点，但它们有一共同特点就是都可以用舞蹈的形式来表现，如在音乐欣赏时可以让孩子用舞蹈动作来表达对音乐的理解，在唱歌时边唱边舞来抒发情感，在音乐游戏时和着音乐配合着动作进行游戏更能增强对音乐的表现力，在打击乐活动中幼儿拿着乐器用简单明了的动作来表现增强了幼儿的学习兴趣，使枯燥的打击乐练习有了活力。教师要从不同的角度、采用不同的方式方法培养幼儿对舞蹈的兴趣。设计活动时，我们要注重游戏化、情绪化，采用多种手法提高幼儿的兴趣，在师生互动、幼儿互动中激发幼儿对歌舞活动的兴趣。

五、教师的参与可激发幼儿的兴趣

教师是幼儿活动的支持者、合作者、引导者。教师的态度、行为对幼儿的影响是深刻的。舞蹈是一项愉悦身心的活动，教师和幼儿一起饶有兴致地翩翩起舞，会激发幼儿对舞蹈活动的兴趣。教师以饱满的热情投入舞蹈活动中会感染幼儿的情绪、调动幼儿学习的积极性，教师的示范生动活泼、形式多样，动作标准、优美，会激发幼儿学舞的兴趣。总之，教师优美的动作和表情，能使幼儿潜移默化地接受感染、提高认识和受到教育。

六、创设形式多样的平台

《指南》指出，创造机会和条件支持幼儿自发的艺术表现和创造。在日常生活中，教师可在班级中给幼儿创设表现的平台，如在餐前饭后进行才艺展示活动，在区角创设表演区让幼儿充分展现自我，也可通过班级微信群展示舞蹈视频，并及时给予鼓励，增强幼儿的舞蹈创编能力和自信心，让幼儿在生活中、在游戏中自然而然地对舞蹈产生兴趣，不觉得枯燥乏味。

培养对舞蹈的兴趣是幼儿学习舞蹈的第一步。幼儿只有产生了兴趣才会有学习的热情。让我们从培养幼儿的舞蹈兴趣入手吧，使每一个幼儿在舞蹈的海洋里遨游！

新入职教师日常管理的指导

空军工程大学航空机务士官学校幼儿园　刘薇薇

【摘　要】新入职教师工作的前几年是专业发展的关键适应期。在这一阶段顺利实现由学生到合格教师的转变是至关重要的。本文以新入职教师的日常管理为切入点，探讨了老教师在幼儿教师入职的初期阶段如何做好专业知识的传、帮、带工作，帮助其树立对幼教事业的信心，激发其对幼教事业的热爱之情。

【关键词】新入职教师；日常管理；指导

随着早期教育观念逐渐深入人心，家长和社会对幼儿教育的关注力度日益提高，相应地，对幼儿教师也提出了更高的要求。幼儿园为适应家长和社会的需求，不断拓展办学规模，大量增加新的师资力量。随着新教师队伍的扩大，新教师对工作岗位适应的问题也日益突出。因此对于新入职教师日常管理的指导就显得尤为重要。

一、帮助新入职教师度过心理适应期

新入职教师的心理适应，大致分为两点：一是对新环境的归属感，二是对工作性质的认识存在理想和现实间的落差。那么，我们应该从哪些方面去帮助新入职教师顺利地度过心理适应期呢？

（一）营造良好的生活和工作环境，大打感情牌，帮助其建立归属感

新入职的教师大部分是刚刚走出校门的学生，从校园踏入社会，面对新的人际关系，往往会显得有些无所适从，心理上缺乏安全感。我们首先要做的就是帮助她们熟悉新环境、新同事，并给予她们生活上的关怀。工作之余经常和她们聊聊天，说一说家里的情况、在学校学习的情况，以及现在的年轻人都有些什么喜好等。这种聊天方式，既可以让新入职教师在心理上放松下来，又可以了解到她们的特长、思想动态，有利于以后工作的合理分配。建立起良好的交往基础以后，再向她们介绍幼儿园里各个班级的大致情况，

每位教师的姓名以及性格特点，让她们能够尽快地融入幼儿园这个大家庭。除此之外，在生活上也尽可能地去关心她们。特别是家在外地的教师，生活上难免会有一些不方便的时候，我们要主动询问，及时帮助其解决生活上遇到的困难。这些帮助无形中给了她们心理上的归属感，使她们有继续工作下去并好好工作的愿望和动力。

（二）端正思想认识，树立正确的工作态度，引导其发现并感受工作带来的快乐和幸福

对于刚刚走出校门步入幼儿教师岗位的新教师来说，每天面对繁忙的工作感到无所适从。现实中烦琐的工作和她们憧憬的幼儿园生活之间产生了很大落差，这种落差极易影响新入职教师的工作状态，使其对职业的认同产生怀疑。面对这种情况，老教师一定要及时关注新教师的思想动态，帮助其明确正确的工作意识和价值取向，引导她们发现并感受工作带来的快乐和幸福。

二、帮助新入职教师熟悉一日生活的各个环节，做到忙而不乱

幼儿园的工作千头万绪，往往会让新入职教师不知从何处入手。指导新入职教师进入专业领域的第一步就是帮助她们熟悉一日生活的各个环节。特别是各个环节之间的衔接要安排合理，避免出现孩子们等待的现象。不要急着给新入职教师分配任务和工作，而是先让她们学会做一个观察者和记录者，认真观察和记录骨干教师对一日活动的组织以及对过渡环节的指导。新入职教师在熟悉各个环节之后再组织孩子们的活动。每次活动过后要进行比较、评价和反思，找出存在的问题，寻找解决方法，做到有的放矢。通过这样反复地观察、实践、评析、再实践，新入职的教师能很快熟悉幼儿园一日生活的各个环节，做到环环相扣，忙而不乱。

三、帮助新入职教师快速提高专业素质，做到理论实践相结合

（一）以教育活动设计为突破口

新入职教师要快速地成长起来，需要自身努力，同时还需要幼儿园为其提供培训机制和平台。以教育活动设计为切入点和突破口是幼儿园新入职教师顺利度过适应期的最佳选择。首先，优秀的教育活动设计能够体现幼儿为本的教育理念；其次，在教育活动中能够体现专业知识的融会贯通，将理论与实践有机结合。所以，教育教学活动的设计与组织对新入职教师的成长起

着决定性的作用。新入职教师组织幼儿集体活动之前，要提前做好准备工作：一是有完整的活动设计文本；二是对活动设计所涉及的资源准备、相关环境及其创设做到心中有数，对每一个活动环节了如指掌；三是方案表述要规范化、专业化。

（二）以观摩听评课促交流

观摩课、听评课能更新教师教育观念、交流教学经验、探讨教学方法、提高教学水平，是教师专业发展最重要、最有效的途径。首先，打破班与班的界限进行同课观摩。我园的教学活动都是根据园本课程进行安排，同一年龄段的课程大体一致。利用这一特点组织新入职的教师观摩骨干教师对同一课程的组织，新入职教师通过观摩骨干教师的活动设计思路、组织过程、与孩子之间的互动等环节，反思自己教学中的不足，对自己的活动设计及组织做出进一步的调整。然后，针对教师入职考核课、骨干教师示范课活动展开教研工作。在一次次的分析讲评中，在与其他教师的交流中，促进新入职教师更新教育理念。

（三）以教学反思促进成长

美国著名心理学家波斯纳曾提出教师成长公式：成长 = 经验 + 反思。教师写一辈子教案也可能成不了名师，但如果教师坚持写三年教学反思则有可能成为名师。反思是教师教育教学能力提高的关键。新入职教师每次活动之后都要进行教学反思，从活动设计方案预设目标的初步生成到根据幼儿的需要不断调整目标；从关注设计本身到关注幼儿的感受；从反思教学过程到反思教育的本质；等等。在不断的反思中，她们会从一开始的只注重教学结果、灌输式的教学方法，发展为能够将幼儿的需求、幼儿的感受、幼儿的发现、幼儿的发展放在重要位置，将幼儿为本的理念落实到教育实践中。

四、初入职的幼儿教师是幼儿园未来发展的主力军

《中共中央 国务院关于学前教育深化改革规范发展的若干意见》中指出："学前教育是终身学习的开端，是国民教育体系的重要组成部分，是重要的社会公益事业……到2020年，全国学前三年毛入园率达到85%……本专科学前教育专业毕业生规模达到20万人以上。"由此可见，大批师范类院校毕业生将加入幼儿教育队伍，并逐渐成为幼儿园教学与管理中的主力军。同时，新入职教师的加入也推动着幼儿园的建设与发展。首先，新入职教师年轻具有活力，深受幼儿园孩子们的喜欢。其次，新入职教师思维活

跃，充满创造力，对幼儿园的创新管理起着推动作用。最后，新入职教师有着较扎实的理论基础，具有无限的潜力。在幼儿园的工作实践中，新入职教师逐步将理论与实践有机结合，不断推动幼儿园教学质量的提升。要实现新入职教师的职业适应，不仅要依赖幼儿园和社会的支持与帮助，更重要的是教师自身的努力。因此新入职教师应该振奋精神、虚心学习、积极探索，做到教育理论与实践相结合、教育过程与结果相结合、教育教学研究与解决问题相结合，这样才能有美好的专业发展前景和未来。

对深度学习与教学制度关系的探讨

空军工程大学航空机务士官学校幼儿园　王　冬

【摘　要】幼儿是游戏的主人，教师要始终做到以幼儿为主体，调动幼儿参与区角活动的积极性。在区角活动中教师应成为幼儿的支持者、合作者、引导者，引发幼儿自主参与环境的创设，倾听幼儿的想法，读懂幼儿，及时给予支持，及时发现教育契机，提升幼儿的游戏水平，引发幼儿深度学习。幼儿的深度学习与教学制度关系很大，互相推动，相辅相成。本文对区角活动中的深度学习与教学制度的关系进行探讨。

【关键词】区角活动；深度学习；教学制度

幼儿的深度学习与游戏环境、游戏材料、教师的支持、经验的提升有很大关系，在教学制度上要不断地改革、创新，最大限度地促进幼儿深度学习，让幼儿自主去探究发现，去操作实践。幼儿与教师的关系是合作、支持的关系，互相学习，一起成长与发展。教师用先进的教育理念武装自己，才能有更好的方法去提升幼儿深度学习的能力，教师有敏锐的观察能力，才能不断挖掘深度学习的契机，让幼儿自主游戏，进行深层的学习与探索。

一、培训制度根据幼儿发展不断完善，提升教师专业素养，促进幼儿深度学习

在教师业务培训方面有针对性地研究关于深度学习的概念。深度学习是一种主动的、在理解基础上的学习。深度学习具有三个特征：理解与批判——注重知识学习的批判性理解，而不是毫不思考地接受；联系与建构——强调新旧知识之间的联系以及多学科知识的融合；迁移与应用——重视学习的迁移运用和问题解决，即在新情境下运用所学解决问题。

探讨如何促进幼儿深度学习的方法，给大家时间学习然后一起探讨，并理论结合实际，分享如何促进幼儿深度学习。教师的理念与思想首先要跟上前沿的、先进的教育思想，鼓励教师自我提高，自己收集资料学习，提升业

务水平。业务主管会选择相关区角活动进行集体培训，并利用明师课堂让教师自我学习，不断提升教师的理论水平和专业素养。理念决定行动，教师能够做到放手，才能促进幼儿自由自主地游戏，达到深度学习的水平。

当幼儿进行区角活动时教师要学会站稳前十分钟，不要急于干涉、帮助幼儿，教师要适时地引导，做到放手、支持、信任才能让幼儿真正地成为游戏的主人。教师成长的脚步要紧跟幼儿发展的脚步，根据幼儿的发展需要，教师也要参加相关的培训，开阔思路与眼界。教师要转变观念，学会放手，做到心中有目标，眼中有孩子，尊重幼儿的能力与个性，促使幼儿深度学习。

二、教研制度根据幼儿发展不断改革，提升教师教研能力，引发幼儿深度学习

本学期在教学主管的带领下成立了大、中、小三个教研组，每组设一个组长，业务培训时组织大家互相交流经验，进行案例分析，介绍好的指导方法，理论结合实际地研讨。还有大、中、小十个班一起进行的集体研讨，大家在一起探讨关于区角活动的相关问题。

（一）研究幼儿才能读懂幼儿，进而引发幼儿深度学习

教师要做到眼中有孩子、心中有数，就需要用专业的眼睛去发现教育契机，用智慧的方法去引发幼儿深度学习。只有建立在了解本班幼儿年龄特点、发展水平、知识经验、兴趣爱好的基础上才能更好地读懂幼儿。还要及时抓住教育契机，抓住幼儿的兴趣点，激发幼儿的探究欲望，最终引发幼儿深度学习。

（二）研究区角环境，幼儿自主打造区角环境，为深度学习打好基础

区角环境是重要的教育资源，良好的区角环境能促进幼儿全面发展，幼儿是环境的主人、游戏的主人。教师要始终做到以幼儿为主体，调动幼儿参与区角活动的积极性，引发幼儿自主参与环境的创设，倾听幼儿的想法，及时给予支持，给予幼儿学习与展示的机会，创设不断变化的区角环境引发幼儿进行高水平游戏。

（三）研究区角材料，根据需要不断丰富环境与材料，引发幼儿深度游戏

针对低结构材料的投放我们进行了集体研讨。大、中、小十个班设计制作了一物多玩的低结构材料，促进幼儿动手动脑，创新玩法，挖掘深度学习的潜力，不同玩法的材料会引发幼儿去探究。在了解幼儿发展水平和年龄特

点的基础上让幼儿参与材料的选择，一起讨论，倾听幼儿所需所想，尊重幼儿的个体差异，根据幼儿需求教师在活动区内提供难易程度不同的低结构材料，使每个幼儿都能根据自己的需要选择，引发丰富多样的区角游戏，达到深度学习，使每个幼儿都能体验到成功的乐趣，都能有收获、有成长。

三、观察指导制度根据幼儿的发展不断调整，提升教师观察能力，支持幼儿深度学习

如果教师制订的区角活动计划预设的内容比较多，幼儿的主动性就弱了。如果教师缺乏区角观察记录，观察的目标不明确，就可能导致观察与指导的力度不够，指导的方法不够完善，或过于放手，不管不问，任其发展。调整观察指导制度后教师的思路更加清晰了，学会了指导幼儿的方法，以及知道观察什么、如何介入、何时介入，指导既系统又专业。

如学习“解读幼儿园一日生活之游戏”之后，大家在一起教研，学习观察幼儿的装扮行为、替代行为、操作行为、交往行为，学习了白描的观察记录法。学习了记录的内容，如记录幼儿材料的使用情况、幼儿的游戏水平、个体游戏行为。学了三种介入方法：直接介入、平行游戏、间接介入。对于介入的时间也提出了十点建议。讨论学习后，我们经过实践再一起深入探讨，交流经验，分享观察记录表、进行研讨，互相学习，提升教师的观察记录与指导水平。只有教师专业，能够做好观察与记录、分析与指导，才能有助于推动幼儿深度学习。

《指南》中明确指出，幼儿的学习是以直接经验为基础，在游戏和日常生活中进行的。幼儿学习的特点是做中学、玩中学、生活中学。在区角活动中幼儿可以尽情游戏，促进全面发展。幼儿通过互相交往、互相合作、共同商讨，提高处理问题、解决问题的能力。这样才能发挥区角活动的作用，让幼儿深度学习，不断发展。作为教师要不断地学习，提高理论水平，静下心来研究幼儿，给予幼儿适时的支持与帮助 ，走进幼儿的内心，跟上幼儿的步伐。期待幼儿在游戏中深度学习，获得更多收获与惊喜。

新生入园适应工作策略

空军工程大学航空机务士官学校幼儿园　冯　娟

【摘　要】如何让幼儿快速而顺利地适应幼儿园集体生活？教师在新生入园前、入园中、入园后分别该做哪些工作？

【关键词】家长工作；常规培养；服务意识

小班新生入园是从家庭个体活动走向幼儿园集体活动的第一步。由于环境、生活方式特别是所接触的人有所改变，幼儿会感到陌生、不习惯而产生担心、恐惧的心理，在刚入园时会出现哭闹、逃跑、不进教室等现象，从而导致教师无法进行正常的教育教学活动。如何帮助幼儿快速消除由于环境的转变而带来的不安，尽快地稳定情绪，快速而顺利地适应幼儿园的集体生活，不仅是家长的愿望，也是幼儿园老师竭尽所能要做好的工作。

一、入园前的准备工作

（一）入园前家长和教师做好各种准备工作

小班新生报名时教师要和幼儿、家长做一些简单的交流，初步了解幼儿的一些基本情况；还要告知新生家长及早为幼儿做好幼儿所需的物质准备，并及早对幼儿进行自理能力的培养。新幼儿来园前教师要为幼儿创设一个像家一样温馨又整洁的生活环境，在幼儿的小床上、水杯架上、毛巾架上贴好幼儿的照片，填写好家长登记卡，为幼儿准备好玩具等。

（二）让幼儿熟悉幼儿园的环境

家长带幼儿玩玩幼儿园的大型玩具，熟悉幼儿园环境；到班里看看、玩玩，熟悉教室；让幼儿产生对幼儿园和教室的喜爱之情，消除幼儿入园时对陌生环境和陌生人的恐惧心理。入园第一周可让家长陪伴幼儿来幼儿园，和孩子一起熟悉幼儿园的一日生活流程。

（三）在幼儿入园前要召开小班新入园幼儿家长会，通过微信等社交平台向家长发布家长须知

告知家长在幼儿来园前应根据幼儿的特点做好幼儿的思想工作，不要采用强迫的方法，要让幼儿愉快地来园，并允许幼儿带一件自己喜爱的玩具在幼儿园里玩耍；强调家长早上送幼儿入园时，必须把幼儿交给本班教师，无论幼儿怎样哭闹，希望家长信任老师，下决心与幼儿分开，不要在园内逗留；离园时请家长按时来接幼儿，以免让幼儿感到不安。

二、入园后的常规培养

新入园的幼儿不习惯幼儿园的集体生活，喝水、吃饭、洗手、大小便、玩玩具都不能像在家一样随心所欲，一切都要遵守规矩。教师要适当地进行教育，还要教给他们一些生活技能。玩是幼儿的天性，滑滑梯、荡荡椅、唱歌、跳舞、画画是幼儿喜欢的，因此教师可多带幼儿去玩滑梯、荡椅，教一些幼儿喜欢的且容易接受的歌曲、诗歌、故事、舞蹈。这样既可以激发幼儿的求知欲，又可以利用这些活动疏解幼儿想家、想父母的情绪，让幼儿在宽松、自由的氛围中愉快地生活、学习。此外，教师还要根据幼儿的兴趣爱好多开展丰富有趣的学习活动。

（一）学习常规培养

常规的培养要坚持一贯性，前后要求一致，班级教师相互沟通，要求一致，不能今天这样要求，明天那样要求，我这样要求，你那样要求。如我们每天上课前坚持念自编的问答歌——小脚—并并拢，小手—放腿上，身体—坐坐直，眼睛—看教师，规范孩子的课堂行为，孩子不知不觉中受到了教育，理解和掌握了常规要求。在数学课和美术课上需要取放材料时，教师会先提要求，然后让孩子练习。户外活动前和结束后，提出要求，包括幼儿要排队。

（二）生活常规培养

孩子刚入园时，认自己的口杯、毛巾是一大难题。在口杯和毛巾架上贴上孩子的一寸照片符合幼儿直观认识事物的特点，大部分幼儿入园的第一天就能准确地找到自己的毛巾和口杯。

（三）进餐常规培养

小班新生进餐是让教师头疼的事情。由于幼儿的手部肌肉还没有发育好，进餐时掉饭粒、打翻饭碗的现象时有发生。进餐时，对于那些使用餐具有困难或进餐习惯不好的幼儿，教师可以一边喂饭，一边适时地讲解正确的进餐方法。教师要鼓励幼儿自己进餐，并不时地提醒幼儿正确的进餐方法，促使幼儿养成良好的进餐习惯。

（四）午睡常规培养

小班新生入园后，往往会被新鲜的环境、玩具吸引而暂时忘却对家人的思念，但一到午睡时间，他们又会表现出明显的不稳定情绪，有的甚至哭闹着要回家。对家人的情感依赖以及对教师的排斥使幼儿不愿午睡，甚至惧怕午睡。针对这一情况，教师可以采用各种方法使幼儿尽量在较短的时间适应午睡。刚开始可允许个别哭闹厉害的幼儿在他的小床上自由玩一会，有点困了，再由教师抚拍着使其入睡。还可以让幼儿抱着自己喜爱的玩具入睡，也可以为幼儿讲故事或者播放摇篮曲，让幼儿安静入睡。在睡眠过程中，教师应留心观察，一旦发现幼儿惊醒，应第一时间到幼儿床边轻轻哄拍幼儿使其继续入睡。

（五）如厕常规培养

幼儿刚入园时容易出现尿裤子、尿床等情况。有的幼儿因为贪玩忘记了如厕，有的幼儿则是害怕教师不敢说要如厕，有的幼儿到了幼儿园里不会蹲便池，有的幼儿睡得太沉等，对于这些情况教师应有针对性地对幼儿进行培养。首先，应定时组织幼儿如厕，尤其是对于贪玩的幼儿和睡得较沉的幼儿，应个别提醒。其次，对于不会蹲便池的幼儿，教师要耐心地教幼儿怎样蹲便池，还可以陪同幼儿一起如厕，在旁边扶着幼儿。

三、树立服务意识

（一）记录并公布幼儿午睡情况

新入园幼儿的家长非常关心孩子的午睡情况。为了做到教师和家长心中有数，我们的做法是教师记录当天幼儿的午睡情况，记录分成以下几类：不哭闹睡着的、哭闹一会儿睡着的、不哭闹也不睡的、哭闹不睡的等。把这些情况当天公布给家长。这样做的目的是：家长能了解自己宝宝午睡的情况，有利于家长有针对性地进行配合，尽快建立幼儿良好的午睡习惯。

（二）记录并公布幼儿吃饭情况

孩子在园的吃饭情况也是家长特别关心的问题。我们的做法是经常及时和家长交流孩子吃饭的情况。为了让家长更全面地了解自己孩子吃饭的情况，我还设计了一张表汇总孩子的吃饭情况，开家长会时公布给家长。我把孩子在园吃饭的情况分成五种，分别用不同颜色的水彩笔来表示。绿色表示能独立吃饭，吃两碗以上；蓝色表示能独立吃饭，把一碗吃完；黄色表示会独立吃饭，但是需要教师喂饭；橙色表示完全不独立吃饭，需要教师喂饭；红色表示不主动吃饭，喂也不吃。幼儿属于哪种情况就在他的姓名前面用相应的颜色表示。这样，家长一看，一目了然，不仅了解自己孩子的吃饭情况，也能了解其他孩子的情况，让家长对自己孩子在集体的表现心中有数，促使家长主动配合。有不少家长反映孩子进步了，在家里依赖大人喂饭，在幼儿园能独立吃饭了，很高兴；还有的家长看到了自己孩子与别人的差距，表示要积极配合，在家里有意锻炼孩子的自理能力；等等。

（三）准备家长留言本

刚开学，家长见到教师时不厌其烦地向教师介绍自己宝宝的情况。早上要接待新生入园，人多时间紧，教师没太多的时间和家长详细聊，二十多个宝宝入班，一下子很难分清谁是谁，很难做到对号入座。为了提高工作效率，又不让家长对教师失望，开学时，我们事先准备了家长留言本，让家长把嘱咐、幼儿的特点、家长的想法写在留言本上。这样，不仅使入园工作井然有序，也能更快更好地了解班上的孩子，还能及时地了解家长的心态和想法，工作的针对性、有效性明显提高了。

（四）加强保育工作

小班幼儿尿湿裤子是常见的现象，也属于正常现象，我们想在前、做在前，打有准备之仗。开学前我们收集了好多条秋裤、毛裤、棉裤，又把它们洗晒干净，以作备用。这些工作不仅不是多余的，而且很实用，当幼儿尿裤子时能及时换上。对于个别爱尿裤子的幼儿，我们定时提醒他们上厕所。平时的生活护理更是常抓不懈，每次小便后都帮孩子们塞好衣裤，不让孩子们因露肚皮而受凉。保育工作是很具体、很细致、很烦琐的，处处体现了老师对孩子的细心呵护。

四、重视幼儿的入园与离园

幼儿入园与离园是初入园幼儿哭闹的主要时段，这两个阶段会对幼儿顺利适应幼儿园生活产生较大的影响。教师要在幼儿入园前做好准备，在幼儿入园时叫出每一个幼儿的名字，最好是能叫出幼儿的小名，这样能让幼儿感到教师对他的重视，从而以积极的心态开始新一天的生活和学习。在离园时，教师可抽出时间和家长进行交流，一方面让家长了解幼儿在园的情况，另一方面可以缓解幼儿焦虑的心情，让幼儿感到教师和家长是朋友。要与幼儿进行简单的道别，抚摸幼儿的头，点头微笑着说再见，或者对当天幼儿的进步给予奖励，这样幼儿对第二天的入园会充满期待。

总之，教师一定要亲切地接待幼儿和家长，对幼儿的照顾要细心，组织幼儿活动时准备要充分，这样幼儿就会很快地将注意力转移到教师的活动上，有助于他们顺利地适应幼儿园的集体生活。

浅谈体育游戏对幼儿身心发展的综合影响

空军工程大学航空机务士官学校幼儿园　张　杨　聪　璐

【摘　要】体育运动是促进幼儿身心发展和智力发展的重要方式，作为其重要组成部分的体育游戏以其趣味性、多变性和易操作性受到广大幼儿教师和幼儿的喜爱。本文从幼儿体育游戏与幼儿身心发展之间关系的角度，探讨了体育游戏对幼儿身体健康和心理发展的影响；论述了创建和谐体育游戏环境、保证体育游戏多样性和灵活运用身边材料的具体举措；结合自身教学经历探讨了体育游戏对治疗感统失调幼儿的积极作用；最后指出了当前开展体育游戏活动时存在的不足。

【关键词】幼儿体育游戏；幼儿身心发展；综合影响

幼儿体育游戏是具有一定规则的游戏，旨在发展幼儿的体力和基本动作。有效的体育游戏不仅可以促进幼儿的身体发育和身体健康，而且可以促进幼儿的个性、道德、审美观等方面的发展。游戏是幼儿生活的重要组成部分，也是幼儿最基本、最喜欢的活动。研究体育游戏与幼儿身心健康发展之间的关系，不仅可以加深学龄前教师对运动游戏的理解，为开展幼儿体育活动提供重要指导，还可以拓宽幼儿身心健康发展的平台。

一、幼儿体育游戏与幼儿身心发展的相关性

（一）幼儿体育游戏与幼儿身体健康之间的关系

由于儿童的身体机能还不够成熟，如果要促进其健康成长，就必须加强运动。科学研究表明，体育游戏对增强幼儿体质有重要影响，可以有效地促进幼儿体能的发展，能够对幼儿的自我意识、运动能力、观察能力和记忆能力产生积极影响。体育游戏不仅是体育活动，还是促进幼儿身心发展的有效途径。《纲要》指出，保护幼儿的生命安全和促进幼儿的健康是幼儿教育工作者的首要任务。合理开展体育游戏，不仅有助于幼儿的肌肉和骨骼发育，而且可以大大增强他们的体质。体育游戏还有助于改善幼儿的平衡感，增强

协调能力。

（二）幼儿体育游戏与幼儿心理发展之间的关系

应注意体育锻炼在促进幼儿心理健康中的重要作用。对于幼儿来说，心理健康主要是指良好的情绪控制和调节能力，以及一定的社交能力。体育游戏在调节儿童心理方面具有重要作用。在运动过程中，幼儿对游戏会有不同的想法，不同的想法会导致不同的动作。当幼儿以积极的想法和正确的态度进行游戏时，他们将迅速掌握游戏规则并了解如何玩游戏。他们将能够与老师和同伴融洽相处，并从其他孩子那里获得幸福和善意。然而，当他们以消极的想法和错误的态度进行游戏时，他们便不愿意参加游戏，甚至对游戏产生抵触情绪。例如，在“猫和老鼠”运动游戏中，当扮演“猫”的幼儿迅速抓到“老鼠”时，就会特别兴奋，并会产生积极的想法，自信心倍增。如果他没有抓住“老鼠”，他将非常恐慌，怀疑自己，停止游戏，甚至就地哭闹。只有以适当的游戏丰富孩子的情感，才能促进孩子的情感发展，并使孩子尽情地释放情感。在成功解决了这些困难之后，幼儿会增强成就感和自信心。

二、利用幼儿体育游戏推动幼儿身心发展的措施

（一）创建和谐的体育游戏环境

幼儿体育游戏是反映现实生活的一种综合性体育活动，良好的环境会对幼儿的身心发展起到很大的帮助作用，也会激发幼儿对体育活动的兴趣。本园在户外体育设施上充分考虑了幼儿的实际需要并结合了部队办园的特色，如在户外铺设适合运动的彩虹塑胶地面；安装适合幼儿攀爬的攀岩墙；建设沙水池和户外童军活动场地；安装户外高低攀爬架；提供各式各样的钻圈、独木桥、高低架等组合体育器材，适应不同年龄段幼儿的体育游戏训练需求。在这种体育环境中，幼儿会根据自己的喜好选择合适的体育活动。这样，他们参加体育活动的兴趣也大大提高了。此外，幼儿园可以与家长合作。在互动过程中，让幼儿带领家长参加体育活动，在家长的鼓励下幼儿对体育活动的兴趣将大大增加。

（二）保证体育游戏的多样化

在制定体育游戏时，教师必须充分了解所教幼儿的实际情况，并在此基础上有针对性地安排体育游戏。对于年幼的孩子，教师通常可以选择一些难度较小、更有趣的体育游戏，如角色扮演、跳圈等。对于年龄较大的孩子，

可以合理地提高游戏的难度，如兔子过河、青蛙跳荷叶等。选择适合幼儿特点的运动游戏，不仅可以有效地训练他们的跳跃能力，还可以促进其身心发展。

（三）灵活运用身边材料

体育游戏开展过程中通常会用到各类体育器材，教师在选择器材时要充分考虑幼儿的实际情况，提升其对体育游戏的兴趣。体育器材的选择不一定非得是传统的大型攀爬架或固定的体育器材，也可以废物利用或利用身边的材料开展幼儿体育游戏，如几个废旧奶粉桶捆扎在一起可以当支撑底座，也可以用来练习幼儿的跳跃能力；把废旧纸箱组合起来可以进行跨跳练习；可以用废旧轮胎、废旧油漆桶组合成各类不同器械供幼儿进行障碍跑、跳跃或攀爬训练。这些都是生活中随处可见的物品，却能组合出不同新花样，让幼儿在玩中得到锻炼。幼儿教师也可以在天气晴好时带幼儿到户外锻炼，如大班的幼儿可以结合本园“童军活动”主题，灵活利用室内活动桌摆成高低起伏或垒叠的造型，让幼儿在跳跃中锻炼平衡和协调能力。雨雪天气时教师可以利用室内活动桌椅及废旧物品在室内开展各种游戏活动，如“小猴钻山洞”“小熊过雪山”等。将桌椅排列组合起来，既满足了活动的需要又满足了幼儿的趣味性要求，将天气原因对幼儿体育活动的影响降到最低。

三、体育游戏对特殊幼儿（如感觉统合失调幼儿）的积极影响

感觉统合失调简称感统失调，是指大脑不能对机体所感觉到的周围环境或事物做出合理的统合，从而表现出一系列失调行为。如多动、注意力不集中或协调性差等，对空间和方位的失调表现，或存在触觉障碍，我在幼教生涯中经常会接触到感统失调的孩子，比如，我在小班任教时就曾带过一名感统失调的幼儿。他在刚入园时就表现出了明显的感统失调症状，走路时两脚呈内八字，走路时总会向一侧倾斜，身体出现严重的不协调。为了帮助他尽快适应幼儿园生活，老师每天都会有针对性地对他开展户外体育游戏活动，如让他在游戏中走平衡木，从刚开始老师扶着慢慢走过渡到自己独立行走且不摔倒，或者闭眼单腿站立保持平衡等。感统失调幼儿在协调性上要比普通同龄幼儿落后许多，因此教师利用体育游戏前的准备活动、肢体协调大步走、游戏兔子跳、游戏垫子爬行、肢体协调单足站立等提高他的肢体协调性。其中肢体协调大步走是通过前后大幅度摆臂，在不断变换头部方向、手臂动作、行走方向的过程中逐步提高幼儿身体协调性；游戏兔子跳是双足同

时向前跳跃的练习，结合音乐让幼儿在教师的带领下有节拍地向前跳跃，此游戏可以增强幼儿的腿部力量及律动能力。通过这些有针对性的体育游戏训练，一段时间后可以明显地看出幼儿在肢体协调性上有大幅度的提高。

四、开展体育游戏活动时存在的问题

（一）教学目标不明确

在幼儿运动游戏的教学中，有时候过分强调幼儿的兴趣，可能会忽略基本运动技能的培养。从表面上看，教室的气氛很活跃，但实际上，孩子们的身体还没有得到充分发展，并且他们在达到目标之后就不再运动了。有时候，一些教师没有遵循幼儿身心发展的特点和需求，一味强调教学目标和进度，忽略了幼儿特殊的心理需求。

（二）教学内容枯燥单一

在教学实践中，有时候存在体育游戏活动简单枯燥的问题，比如，游戏内容主要基于音乐。体育游戏活动的持续时间是有限的，幼儿的注意力也是有限的，必须在短暂的时间内让大家共同参与，集体活动。如何更好地创新体育游戏内容，丰富游戏方式，值得每名幼儿教育工作者在教学实践中探索。

五、总结与反思

体育游戏是幼儿园体育活动的基本组织形式，是锻炼幼儿四肢力量的最佳方法，也是促进幼儿身心健康发展的有效途径。教师应在体育活动中充分利用户外场所的优势，以使幼儿尽可能多地活动。通过游戏进行体育活动，让幼儿在游戏中玩耍和锻炼，在一定程度上培养幼儿的创新意识，发展幼儿的核心素养，使他们在自由愉快的活动氛围中发展身心和能力。幼儿健康快乐成长是广大家长的期望，更是每名幼儿教育工作者的义务和责任。期待有更多的幼儿教育工作者积极开展幼儿体育游戏及幼儿身心发展方面的研究，为幼儿教育事业提供借鉴。

中班餐厅角色游戏推进策略

空军工程大学航空机务士官学校幼儿园　杨　雪

【摘　要】 角色游戏是幼儿园最主要的游戏活动类型，也是幼儿最喜欢的游戏之一。它能满足幼儿想象、模仿和实践的心理需要，在游戏中能促进幼儿的社会性发展，提高同伴间的交往能力，从而养成良好的品德与行为习惯。在实际教学中我们发现，由于中班幼儿缺乏生活经验和能力水平较低等原因，中班幼儿角色游戏的内容、游戏材料的使用等都过于单一，因此，教师的有效指导就显得尤为重要。教师需要通过多种形式的相互融合有针对性地给予幼儿角色游戏的指导与支持，丰富幼儿相关的知识经验，促进幼儿游戏能力水平的提升。

【关键词】 中班幼儿；角色意识；材料使用；游戏经验

一、问题来源

角色游戏的开展离不开想象和模仿，而幼儿想象和模仿的素材来自生活经验，中班幼儿生活经验并不丰富，各种能力的发展水平较低。如何丰富幼儿的生活经验，如何将幼儿的各种能力综合转化为游戏能力，如何在游戏中促进幼儿各项能力的发展，这些问题都是值得教师思考的。

现在根据班级实际情况总结角色游戏中教师的指导策略，以便更好地指导，促进幼儿游戏能力的发展。

二、实践案例与分析反思

（一）案例一

1. 场景

自发游戏时间，豆豆、皮皮拿来一些厨房用具，其中一人拿着铲子在锅里翻炒着，不一会儿，桌子上摆了几盘炒好的食物。这时，萌萌和米果走过来，说："我们要吃饭！"豆豆顺手端了一盘给他们，萌萌和米果端着盘子站在厨师旁吃了起来。

2. 分析

在活动中，很明显豆豆和皮皮扮演厨师角色，两个孩子能够运用工具模仿炒菜的动作。没过多久便炒出了很多盘菜，两名厨师的动作很迅速，炒菜使用的动作单一。当听到客人要吃饭时顺手就端了一盘给对方，没有追问吃什么。没有角色语言，其游戏水平在单一模仿炒菜动作的阶段。

萌萌和米果是客人，他们没有直接去端食物，而是先告知厨师，而且端着盘子站在厨师旁边就吃了起来。可以看出，两位小朋友有一定的生活经验，但是并不丰富。

3. 支持措施

在游戏活动结束后，教师组织幼儿进行讨论。第一，讨论菜品的多样操作，大家讨论出炒、蒸、烤等方式，并观察得出菜品玩具可以进行粘贴加工。第二，讨论客人的就餐位置。随后教师提供了操作平台并和幼儿一起对桌椅位置的摆放进行了规划。第三，客人与厨师角色语言的丰富。组织幼儿讨论出厨师要对客人的需要进行询问，双方要有对话。

（二）案例二

1. 场景

自发游戏时间，豆豆和甜甜面对面交流了一下，搬来了桌子和椅子，同时也找来了锅、碗、铲子、蔬菜，两人一会儿用铲子翻炒锅里的菜，一会儿将包子放进蒸笼里。豆豆把做好的食物端上桌。这时依依和彬彬来了，坐在桌子旁，拿桌上的勺子吃起饭来。甜甜见他们正在吃，也将自己的饭菜端了过来。

2. 分析

本次活动中，看得出有了之前的经验积累，幼儿制作饭菜的经验更加丰富了，也有了餐厅布置的经验。豆豆和甜甜在游戏开始之前先进行了简单的交流，两人已经出现了合作意识，但从后面的行为观察到，两人的分工并不清晰。甜甜看到客人吃东西时也来到餐桌前吃起来，可以看出其角色意识并不强。而且，客人和厨师之间并没有语言交流，可以看出幼儿的角色语言表达能力弱，游戏情节不丰富。

3. 支持措施

游戏后组织幼儿思考问题，首先讨论怎样区分客人和厨师的角色。幼儿讨论出扮演厨师的小朋友可以穿上厨师的服装，以示身份。其次讨论厨师和客人如何对话。幼儿讨论得出请家长带领自己去餐厅观察客人与厨师是如何交流的。最后讨论厨师之间如何分工，讨论餐厅除了厨师还会有什么角色，幼儿大胆地提出还有服务员。教师引导幼儿讨论服务员和厨师的职责分别是什么，如何区分厨师和服务员的身份。

（三）案例三

1. 场景

自发游戏时间，甜甜推着小推车（椅子代替推车，推车中有塑料娃娃）来到餐厅坐下来。玲玲穿着小围裙走过来，问："你要吃点什么呀？"甜甜说："吃蔬菜。"玲玲听后走到厨房对豆豆说了几句话。豆豆和玲玲拿来菜在锅里翻炒。玲玲放下手里的工具，跑到衣架旁边拿来一个厨师帽递给豆豆，豆豆放下手里的工具，两人一起戴帽子。这时甜甜推着小推车来回晃，说："我来了好长时间了，饭怎么还没好？我都要饿死了。"

2. 分析

活动中，孩子们已经有了角色分工意识，玲玲扮演餐厅的服务员，豆豆扮演餐厅的厨师。玲玲知道服务员的职责是将客人的需求转达给厨师，但对于谁来做饭的分工并不明确。在点菜环节，甜甜说吃蔬菜，但蔬菜的种类很多，玲玲没有继续追问就离开，可见两个幼儿对生活中常见的蔬菜种类不了解，经验不丰富。豆豆和玲玲在活动进行的过程中才去戴帽子，延长了客人的等待时间，在游戏前缺乏计划。

3. 支持措施

活动后引导幼儿讨论。第一，再次确定服务员和厨师的分工。第二，制订游戏计划，丰富计划内容，如在客人来之前，桌椅的摆放以及角色服装的穿戴要到位。第三，丰富幼儿关于蔬菜的知识，识记常见蔬菜的名称。

三、经验梳理

从以上三个典型案例中能够发现，孩子们的游戏水平在不断地提升。为了给之后餐厅游戏中教师的指导提供有效的帮助，总结出以下经验。

（一）观察为前提，提供素材

在每次幼儿游戏时教师都要认真观察，找到典型问题，通过照片引导幼儿观看，引发幼儿讨论，从而发现问题、解决问题。另外，教师要为幼儿游戏提供有效的素材。

(二) 讨论为手段，以点覆面

发现典型问题后，引导全班幼儿讨论解决措施，由于幼儿较小，语言表达和逻辑思维并不清晰，教师要成为主要的引导者，幼儿为参与者、讨论者和实施者。在每次讨论前教师都要梳理重点问题，使讨论有重点、有效率。以个别幼儿的情况带动班级所有幼儿一次性解决共性问题，全面引导幼儿提升游戏水平。

(三) 计划为基础，明确职责

在自发游戏前，幼儿会在教师的引导下进行本次游戏的计划，由于幼儿的经验和能力有限，教师要引导幼儿对具体游戏内容进行计划，如活动的流程、人员的分工等。每次的引导要能不断引发幼儿思考，培养幼儿游戏时的计划性与有条理性。

(四) 材料为媒介，提供支持

在活动前期，教师要提供引发幼儿游戏的材料，但游戏材料的提供不限于此。在活动中和活动后，都要进行调整、补充、更换等，如之前的蔬菜都是成品，随着幼儿游戏水平的提升，要适当投放一些半成品的蔬菜。除此之外，要针对每次观察到的具体问题进行材料调整，如观察到客人没有桌椅，及时补充供客人就餐的桌椅等。

(五) 活动为补充，提升认知

中班幼儿的知识经验还不是太丰富，手眼协调能力较弱，都需要在游戏以外的其他活动中进行补充、锻炼，如小肌肉的灵敏度、语言表达能力、对科学知识的了解等。美工活动、科学活动、语言活动都能够锻炼、提升幼儿的各项能力，幼儿再将这些能力运用到游戏活动中，在游戏活动中再次加强巩固，幼儿的各项能力自然能得到发展。

(六) 家长辅助，丰富经验

幼儿在园的时间毕竟有限，幼儿角色游戏来源于生活，也要回归于生活，因此家长要带领幼儿多看、多想，积累、丰富幼儿的游戏经验。

幼儿教育案例分析

“三步法”缓解幼儿入园焦虑

空军工程大学中心校区幼儿园　冯宝琴

【案例描述】

上午我巡视班级工作时，萱萱正在对着老师哭闹：“我要找爸爸。”萱萱看到我，连忙跑来对我说：“你带我找爸爸。”看着满脸泪滴的萱萱，我蹲下身，说：“我们出去找找吧！”萱萱立刻牵着我的手，嘴上还在不停地说着，情绪略有好转。我带着她来到幼儿园户外，萱萱还在说：“给爸爸打电话。让爸爸来接我！”我允诺道：“好，咱们到办公室给爸爸打电话怎么样？”萱萱默默地跟着我来到办公室，眼睛一眨不眨十分专注地盯着我。我假装接通电话：“喂，萱萱爸爸吗？萱萱想让你早点接她回家。”挂了电话，萱萱停止了哭闹，等待着爸爸的到来。

我把她抱起来，指着电脑屏幕上的画面，与她聊了起来：“萱萱，你看鸡爸爸带着小鸡宝宝到草地上玩，你知道小鸡爱吃什么吗？”萱萱拿起桌面上的油画棒在纸上画了条绿色的小虫。画着画着，她突然抬头问：“你的小宝贝呢？”“他在上幼儿园啊。”“他上哪个幼儿园？他就在这个幼儿园吗？幼儿园叫什么名字？”“蓝天幼儿园。”“他上幼儿园哭吗？”“哥哥喜欢上幼儿园，幼儿园有许多他的好朋友，有好玩的玩具，有爱他的老师。你喜欢上幼儿园吗？”“喜欢。”萱萱开心地回答道。

萱萱不再让我抱着她，刚好门口有一箱软陶泥，她径直走了过去，边玩边自言自语道：“我给小鸡做小花，我喜欢黄色，用它做小花最漂亮。”然后拿出浅黄色的泥，沉浸在制作活动中。

【案例分析】

新入园的幼儿初次从家庭生活迈入集体生活，他们面对的是陌生的人、陌生的环境，幼儿会缺乏安全感，同时还要适应新的环境、生活方式、活动方式，他们或多或少会作出不同的情绪反应。萱萱入园近 1 个月了，仍然处于情绪焦虑状态，需要我们走进幼儿的幼小心灵，了解他们、尊重他们，并针对他们的个性需求采取积极有效的回应措施，帮助其顺利地融入集体生活。

【教育措施】

当幼儿有不良情绪反应时，我采用“三步法”适时减轻幼儿入园的分离焦虑。

第一步：理解幼儿的情绪反应，满足他的情感需求，从而建立亲密的师幼关系。当孩子的情绪不稳定时，我们应及时做出相应的回应，用语言、动作等来安抚幼儿，满足幼儿的合理需求。萱萱在看到我之前正在哭闹，当她发现我到他们班之后，如同找到了救命稻草一般立刻跑到我身边，央求我带她去找爸爸，给爸爸打电话。虽然我不能满足她的需求，但是为了缓解她的焦虑情绪我依然答应下来。带着萱萱到幼儿园户外场地走一走，一方面是转移她的注意力，缓解她的焦虑；另一方面是及时允诺她的要求可以让她对教师产生信任感。虽然萱萱对外界环境还没有过多的兴趣但是情绪方面已经有了明显的好转，不再大声哭闹，也不反复提出找爸爸的要求。我给她爸爸“打电话”使她减轻了焦虑情绪。

第二步：开展丰富多彩的游戏活动转移幼儿的注意力，让幼儿感受活动带来的乐趣。一是以环境的变化转移注意力。幼儿在集体生活中出现紧张情绪时暂时带她离开集体环境。因为幼儿在入园前基本上接触的都是比较固定、单一的家庭成员，对亲人的依恋感特别强。尤其是两三岁的幼儿，语言表达能力比较差，他们稍不合意就会用发脾气、哭闹来赢得家长的注意或妥协。而上幼儿园要适应集体活动，且活动有一定的规则及约束性，幼儿难免会出现各种不同情况的不适应。作为教师，要有一双会发现问题的眼睛，并根据幼儿的需要及时调整教育的策略。把萱萱带离让她产生焦虑的环境，创设出和家庭氛围相当的一对一式教育氛围，有利于减轻幼儿的压力，缓解焦虑情绪。当萱萱表达出对爸爸的想念时，立刻满足她的愿望，并当面给予“落实”，孩子思念家人的情绪慢慢平复了下来。

二是以物体为媒介转移注意力。小班幼儿容易受外界物体的影响，注意力转移快。因此我特意借助电脑屏幕上鸡爸爸和鸡宝宝一同在草地上玩的情景转移萱萱对爸爸的思念之情，在我把萱萱抱在怀中的时候，她感受到了教师对她满满的关爱，开始放下防备逐步接纳我，我尝试利用画面抛出问题

"你知道小鸡爱吃什么吗" 分散孩子的注意力。因为她有这方面的生活经验，特别乐意去尝试回答，渐渐地，萱萱变被动为主动，她敢于大胆询问她当时最为关注的问题——"你的小宝贝呢?" 在她与我的一问一答中，逐步把讨论话题联系到幼儿园的各项活动上，引发她的共鸣，吸引她对幼儿园生活的向往，激发乐意上幼儿园的情感。

三是当幼儿认为可能存在的不安全因素被教师逐一排除的时候，她的心理得到了充分的满足，便开始自发地寻找自己感兴趣的物品进行活动。软陶泥鲜艳的色彩和较强的可塑性，深深地吸引着萱萱，她浑然忘我地沉醉于陶泥的制作中，对爸爸的思念也不再那么强烈了。可以看出，萱萱的情绪已经平稳下来了，能够独立开展活动，于是我把活动空间尽可能留给她，让她轻松愉悦地玩耍。

第三步：家园合力，激发幼儿爱幼儿园的情感。《幼儿园教育指导纲要》十分提倡家园合作，幼儿园、家庭是幼儿成长不可缺少的两大教育资源，家长作为幼儿成长的第一任老师，对幼儿的成长至关重要。我主动与萱萱爸爸进行电话沟通，了解他对孩子入园之后的想法和感受。通过对话交流，我发现萱萱的爸爸对孩子入园哭闹的情况也是十分焦虑，能感受到孩子的不良情绪受到了家长的影响。我给他提了几方面的建议，如孩子回家后，尽量少谈幼儿园的事情，不要频繁地问孩子你今天在幼儿园哭了吗，幼儿园小朋友喜欢和你玩吗等敏感问题，而要让孩子在生活中慢慢地把自己在幼儿园的感知和感受说出来。回家之后，爸爸妈妈要和孩子一起玩她喜欢的游戏活动，如拼搭积木，阅读绘本，看动画片，户外运动等。不要因为孩子入园哭闹而让自己的焦虑和忧心影响孩子。在家里还应增强孩子自理能力的培养，让孩子学会自己独立穿衣服、进餐、如厕等。经过这次交流后萱萱爸爸十分认可我的教育理念，也乐意支持班级教师的教育工作，并愿意尝试尽量以平和的心态接纳孩子入园的焦虑情绪。

幼儿园的集体生活是幼儿从家庭迈入社会的第一步，因此老师要十分重视新入园孩子的焦虑情绪，帮助他们尽快适应集体生活。每个幼儿会表现出不同的特点。因此，教师要因材施教，促其健康成长。在教师与家长的共同配合下，幼儿会慢慢地适应幼儿园生活，喜欢幼儿园。让我们一起静待花开吧！

家园牵手，共促幼儿发展

空军工程大学中心校区幼儿园　冯　帆

【案例描述】

“冯老师，皓皓抢我的积木，我不要跟他一起玩儿。”“冯老师，皓皓又抢我的积木了。”在建构区活动时，乐乐不停告状，我走过去，只见乐乐一脸不高兴地说：“皓皓抢我的积木。”一旁的皓皓不甘示弱：“我没有抢他的积木！”

户外活动时，小朋友们在三楼平台玩大型碳化积木，小朋友三三两两在一起，玩得很开心！突然听到瑞瑞大哭的声音，我赶紧跑到瑞瑞身边，问她：“怎么啦？”瑞瑞委屈地说：“冯老师，皓皓打我。”一旁的皓皓说：“我没有打她，没有打她。”

一连几天，大家都在告皓皓的状。

【案例分析】

我们班是小班，入园以来，大部分幼儿的适应力较差，但是皓皓入园以来比同龄人适应力强，很快就融入了集体生活，从没有哭闹过。但是在参与游戏的过程中，规则意识较差，排队时喜欢推搡、插队。

现在的孩子大部分是独生子女，家长大多溺爱孩子，放纵孩子。皓皓也是独生子，家里以他为中心。平日里喜欢探索冒险，喜欢参加各种运动，还参与了体能训练，父母经常带他到户外游玩儿。皓皓妈妈认为男孩儿应该坚强勇敢，因此对他的教育比较松散，没有过多的限制。

小班幼儿独自踏入幼儿园这个“小社会”，由于年龄小，不具备社会交往能力，同伴之间发生争执属于正常的现象。如果家长放纵幼儿，对幼儿的任何行为不分时间、场所、性质，都不加控制，那么孩子到了幼儿园就容易不遵守规矩、随意攻击别人。

皓皓回家告诉妈妈，他不是故意打小朋友，他想和小朋友一起玩游戏，但小朋友不理他，他着急才动手的。小班幼儿刚刚走过婴儿期，处于直觉行动到具体形象思维的过渡阶段，他们的动作发展优于语言发展，因此，与同伴沟通时，很大程度上要依赖行动，常常通过自己的行动表达需求。同时，情绪对小班幼儿的支配作用很大。他们容易激动，易受外界事物和自己的情绪支配，乐于模仿，如他会将看到的某个场景运用到与同伴的交往中。对成人有强烈的依恋。

【教育措施】

一、家庭方面

家长应该营造良好的家庭氛围，对幼儿不应仅仅是提供生活上的照顾，更应该多与幼儿交流，对幼儿产生的问题进行深入思考，让幼儿对自己的不正确行为有正确认知。家长可以在家让幼儿做一些较为安静的活动，进行亲子阅读，陪伴孩子画画，还可以饲养一只小动物，培养他们的爱心。家长虽然有丰富的社会阅历和经验，但是在幼儿心理与教育方面需要教师引领。因此，作为教师应多站在家长的角度理解他们，可以充分利用“三个主动”，即主动向家长介绍幼儿在园情况，主动与家长沟通如何消除幼儿之间相处的矛盾，主动与家长沟通如何读懂幼儿行为。

二、幼儿园方面

在平日的角色游戏中，身为教师可以尝试转变思路，如请具有攻击性的小朋友扮演弱者“小鸡”，请能力较弱容易被攻击的小朋友扮演“大灰狼”，尝试换位体验，这样有助于促进同伴之间的情感，减少攻击性行为。教师要不断地学习提升自己，掌握专业知识，不断提高自身的专业素养，才能有针对性、妥善地解决幼儿之间发生的问题，为家长宣传一些科学育儿知识，对家长的疑虑进行释疑。当幼儿出现攻击性行为时，能合理进行调解处理。幼儿攻击性行为早发现可以早改正，如果教师和家长没能及时处理，可能会造成严重的后果。

三、耐心、爱心、责任心

从进入幼教这一行那天起，就要明白身上所担负的责任，教师要坚守自己的职业道德，端正自己的职业态度，身为施教者，向幼儿、家长传播正能量。每个幼儿都是特别的，教师真心付出，与幼儿进行情感上的交流，才能与幼儿产生共鸣。与幼儿相处，会发现每个幼儿都是“金子”，闪闪发亮。

作为一名新时代的教师，与家长携手，共同努力，一定能为幼儿创造美好未来！

争抢之下的幼儿物权意识

空军工程大学中心校区幼儿园　解婧垚

【案例描述】

独生子女的现状，使很多孩子从小就是家里的“小公主”“小霸王”，所有家长的爱都集中在一个孩子身上，家长的百依百顺更是让孩子变得以自我为中心，认为“所见即所得”，什么都是自己的，不会分享和谦让。面对这样的情况，老师要长期耐心地指导，帮助幼儿学会分享。

场景一：

晨间活动刚刚结束，乐乐就来向我告状了：“老师，可乐抢我的椅子！”“这个是我的椅子！是我刚才搬来的！”两个人都拉着椅子不肯放手，眼看就要动手打起来了。

场景二：

红豆正在沙坑里玩铲沙玩具，后加入的天天一把抓起红豆手里的铲子想要据为己有，红豆赶忙上前大叫：“我的！我的！老师，他抢我的铲子！”天天却理直气壮地说：“这是我的！我想玩！”红豆哇哇大哭，天天也噘着小嘴很生气。

【案例分析】

上述两个案例中的幼儿都是小班的，只有三四岁，虽然自我意识已经有了一定的发展，认识到了自己是独立的个体，但是常常认为看到的东西都是自己的，仍处在“自我意识”形成的关键时期，“占有欲”就是这个阶段最明显的发育特征之一。成人往往会在这时一味地告诉孩子要分享，这样的教育方式反而会让孩子觉得分享就是把自己的东西送给别人，从而使孩子对“分享”产生厌恶，甚至将负面情绪积压在心中。但是，像可乐和天天的这种行为如果不加制止，便会导致孩子的攻击性变强，甚至产生暴力倾向。我们要做的就是合理引导，不要过度干预。

小班幼儿初涉“社会”，不懂分享是很正常的。他们喜欢平行游戏，不善于合作，所以老师在投放游戏材料时应尽量将同一材料的数量投放够。

【教育措施】

一、帮助幼儿树立正确的物权意识

心理学研究表明，幼儿在两岁时就会进入物权意识的敏感期，开始产生“我的”这样的概念，所以会认为自己的东西别人不能拿走。当幼儿感觉自己的物权受到侵犯时，便会哭闹。幼儿之间对椅子、玩具的抢夺，都是物权意识作用下的现象。老师需要让孩子理解“自己的”“别人的”“公用的”这三个概念。

告诉幼儿，如果是在自己家中，那么幼儿对自己的玩具就具有支配权，可以自己决定是否分享；如果是在别人家中，那就要征求玩具主人的同意才可以玩。当红豆和天天因为铲沙工具的使用权发生争抢时，就需要老师告诉他们，他们应该遵守规则，先到先得，轮流玩耍，并且鼓励红豆大胆地说：“等我玩完我会分享给你。”帮助两名幼儿树立正确的规则意识与物权意识。

二、关注幼儿的感受，进行合理的引导

当幼儿之前因为争抢发生了摩擦时，老师应该着重关注幼儿的感受，不要严厉训斥幼儿还回去，更不要引导幼儿抢回来。

除了要培养幼儿的物权意识，最重要的就是提高幼儿在面对问题时的解决能力。在幼儿的眼中，自己手上的东西就是自己的，因此，成人需要清楚地告诉幼儿，“抢”这个行为是不对的，为幼儿树立规则意识，并且引导幼儿寻找更好的解决方法，“你们可以试着交换一下？”“你问问小朋友愿不愿意和你一起玩？”给出幼儿解决方案，并且不能纵容幼儿的“争抢”行为，让幼儿明白：如果玩具的主人不愿意，或者现在别人正在玩这个玩具，那我们就需要等待。在这个过程中，老师不能扮演裁决者的角色，要善于发现教育契机，让幼儿自己去协商解决问题，不要破坏幼儿园的自然生态，让幼儿慢慢去体会和了解社会性的相处原则。

三、善与家长沟通，促进幼儿全面成长

家长的溺爱也是导致幼儿之间争抢玩具的主要原因之一。如果老师在幼儿园耐心地引导幼儿，但回到家的幼儿依旧是那个“小公主”“小皇上”，那老师在幼儿园做再多的努力也是效果不明显的。为了促进幼儿的全面发

展，必须家园联手，双管齐下，老师也要及时加强与幼儿家长的沟通，并且适时告知家长幼儿在园的情况，同时向家长了解幼儿在家的表现，综合分析幼儿出现争抢行为的原因，然后告诉幼儿正确的是非观，帮助幼儿树立规则意识，这样才能更好地帮助幼儿发展。

采摘石榴

空军工程大学中心校区幼儿园　杨　蒙

【案例描述】

孩子们期盼已久的石榴终于成熟了，升旗活动后孩子们激动地聚集到挂满果实的石榴树旁。“老师，这些石榴可以吃吗？”“九九，你猜这棵树上有多少石榴？我们一起数数吧！”“为什么有的石榴会裂开？”“高处的石榴要怎么摘？”……孩子们热烈地探讨着，我对孩子们说：“你们和好朋友们商量了许多摘石榴的好办法，我们行动起来吧！”

话音刚落，孩子们就走到石榴树下，有的举起胳膊，有的踮起脚尖，有的蹲下身子，还有的跳着蹦着，一眨眼的工夫低处的石榴就被摘完了。我心想：这下孩子们又会想到什么样的办法呢？这时，一个小女孩跑到老师跟前说：“老师，你可以把我抱高去摘石榴吗？”乐乐和齐齐小声地说了几句话，两人就跑到了碳化积木区，不一会儿抬来了一个单面小梯子。这时，嘟嘟忽然在人群中大声喊道：“这个梯子不能用，树干太低了支不住，站上去也会被树枝树叶挡住。”事实证明嘟嘟的说法是正确的，这个梯子只帮助大家摘下了一个石榴。

正当孩子们不知所措时，嘟嘟跑来问我：“杨老师，咱们班上次装扮教室用的那个梯子在哪呢？”我说：“那是从保安爷爷那里借来的。”嘟嘟转身跑向了保安爷爷。远远望去，嘟嘟着急地手脚并用跟爷爷诉说着自己的想法。不一会儿，在爷爷的帮助下高高的梯子就被带来了。几个孩子主动上前帮忙，梯子被立好了。孩子们一个个争先恐后想上梯尝试，他们商量着组队采摘，四个小朋友在梯子下面扶着，一个人上梯子摘。不大一会儿，高处的石榴就被放入筐中了。孩子们意犹未尽地收着工具，带着自己采摘的果实回班了。

回班后大家根据刚才的活动提出了问题：“为什么有的石榴那么大，有的那么小？”“石榴的屁股为什么会裂开？”“ 石榴怎么剥呢？”……伴随着孩子们的疑问，教师进行了关于石榴的系列探索活动。

【案例分析】

《指南》科学领域指出：5～6岁的幼儿能用一定的方法验证自己的猜测。5～6岁的幼儿探索性强，观察更具目的性，能注意事物之间的关系，观察也会从表面向全面转变。活动当中，幼儿围绕“高处的石榴怎样摘?”结合自己的生活经验进行了探索与验证，对存有疑问的工具提出自己的观点及解决方法。经过尝试后顺利采摘到了高处的果实，也由此生发了关于石榴的系列活动。教师退居幼儿身后，尊重幼儿的想法，耐心倾听幼儿的讨论，仔细地观察与支持幼儿的活动，最终收获了来自幼儿的惊喜。

【教育措施】

一、让幼儿成为积极学习者

采摘石榴活动中，幼儿成为活动的主人，教师在背后支持和推动活动顺利开展。大自然是本活教材，采摘活动打破了来自成人要求的空间、计划、任务等约束。活动中采摘方法和工具的选择等所有的问题、解决办法都来自幼儿。他们在感兴趣的基础上进行探索求知。在这个过程中，随着问题的增多与深入，他们也成为积极学习者。这远比教师带来的课堂知识有意义，探索过程本身就在学习与成长。

二、尊重与支持

活动中正是因为教师在保证幼儿安全的前提下放手，才看到了幼儿不同的一面，也对自己的教育方式有了反思。小小的采摘活动让老师看到了幼儿的潜力无限，他们不仅是问题的发现者，同时是问题的解决者。他们结合自己的生活经验去尝试、探索，用他们自己的行为方式去解决问题。也许用碳化积木梯、跳着摘等方法以成年人的生活经验看来确实不可行，但幼儿自己去尝试，更是一种经验的获得。在与幼儿相处的过程中，老师总能听到一些关于他们感兴趣的童言童语。老师需要做的是把自己当成孩子，蹲下来去聆听，关注、尊重他们的兴趣点，及时恰当地追问与支持，让幼儿不仅停留在问题的表面，而是具备深入探索的兴趣和能力。

孩子们喜欢的，就是我们所关注的。石榴系列活动只是孩子自主探索的开始，我们也将与孩子开启更多精彩的学习之旅。

用爱心温暖幼苗

空军工程大学中心校区幼儿园　周　静

【案例描述】

每天入园时巧克力都站在活动室门口撕心裂肺地哭着不肯进教室，拉着妈妈的手，死死拽住妈妈的衣服，不让妈妈走，让妈妈陪他一起上幼儿园。看到老师走到他跟前，就躲在妈妈背后。每天早上在教室门口都会和妈妈纠缠好久，直到妈妈最后生气才能离开。孩子入园难，孩子妈妈也很头大，上班都没有好心情。听到家长这样的心声，我感到自己作为一名老师很失败，一周过去了还没能让孩子接受我这个老师、接纳新环境。我常在反思：是自己的爱心还不够，没有让幼儿感受到老师很爱他吗？

当他妈妈离开后，我就很有耐心地对他讲道理，和他一起聊天，试着慢慢走进他的心里，以朋友的方式和他相处，让他先接受我。

有一天早上我发现让他帮小朋友挂衣服，他很积极，而且挂得特别整齐。我就抓住这个教育契机，告诉他："巧克力，你太棒了，帮助小朋友挂衣服，是老师的小帮手！你明天早上能不能来早点帮我啊！"他很开心地答应了："好吧！我明天早上来早点！"第二天早上，他确实来得很早，帮助小朋友挂衣服。有一次早上我上晚班，刚走到教室门口，他就喊："周老师，你今天来晚了，我刚才把小朋友的衣服都挂完了，你还没有来。"我就立即回应："你比周老师来得都早，还给小朋友挂衣服，小朋友有没有谢谢你啊？你在小二班交到新朋友了吗？"他开心地笑着说："肯定有好朋友啊！虫虫就是我的好朋友啊！你看他都给我玩他的手枪陀螺。"

【案例分析】

该幼儿刚进入新班级，面对新环境不愿意上幼儿园，不愿意接纳新的老师、新的小朋友。主要是因为内心比较孤独，不知道用什么方式来和他人沟通，担心自己在新的班级没有好朋友，也不认识老师。对于幼儿来说，集体生活是他们亲社会行为的重要表现，是幼儿学会人际交往的重要途径。集体生活会帮助幼儿建立自信，树立自我成长意识，更是帮助幼儿自我成长的一个重要手段。

该幼儿属于迟缓型的孩子，对新事物适应迟缓。如果坚持和他积极地接触，在没有压力的情况下，他就会对新环境慢慢地产生兴趣，慢慢活跃起来。

【教育措施】

针对该幼儿的这种情况，我采用了以下三种方法加以引导。

一、合理并适时地交流，及时给予肯定

及时和幼儿交流沟通，抓住教育契机，在交流的同时给予适时的肯定。在这种有意识的交流互动中，幼儿会慢慢建立自信，接纳新环境，也会逐渐敞开心扉，愿意接近老师和其他伙伴。该幼儿本身是迟缓型的幼儿，不是不交流，而是需要时间去接纳新环境，所以合理、适时地引导他，抓住教育契机，该幼儿就能逐渐适应新环境，接受新老师、新同学。

二、竞争法

在集体中生活，无论是大人还是幼儿都对竞争充满了兴趣，找到一个适合自己又能给自己正能量的兴趣点和竞争点是幼儿在集体中成长的一个重要标志。老师要捕捉幼儿的兴趣点和优势，如动手能力强、人际交往能力强等，抓住机会让幼儿发挥优势，增强自我认同感，培养积极向上的心态。比如巧克力自理能力强，让他帮助其他小朋友挂衣服增强了他的自信心，让他在新的环境下获得满足感、自我认同感。

三、游戏激励

德国教育家福禄贝尔说过：游戏是儿童内部存在的自我活动的表现。没有孩子不喜欢游戏、不喜欢玩，游戏是适应幼儿内部需要而产生的。伴随幼儿年龄的增长，思维能力和想象能力也会有所提高，他们的独立活动就增加，对活动也会产生兴趣，他们有活动的需要，认识周围世界的需要，操作物体的需要以及反复练习的需要，游戏就由此产生了。在游戏中，让巧克力和其他小朋友多接触，多交流，得到同伴的认同，他也就会很快地接纳新环境、新朋友。

照相馆冲突

空军工程大学航空机务士官学校幼儿园 闵 敏

【案例描述】

大班区域活动中角色游戏开始了，孩子们各自进行着喜欢的游戏。突然听见照相馆里传来隐隐的哭声，我走过去一瞧，只见芹芹眼睛红红的，正在抹眼泪，而大为则拿着一块积木站在一旁。看见我来了，大家七嘴八舌地向我汇报当时的情况。原来大为把这块积木当成手枪，一边做开枪的动作，一边嚷嚷着要进照相馆拍照，遭到摄影师叮当的拒绝后，他便堵在照相馆门口不让别的顾客进入，芹芹想把他拉开，却被大为用积木打了一下。我问大为："是这样的吗?"他竟理直气壮地指着叮当说："谁叫她不让我拍照!"一旁的浩浩插嘴道："你打人，还凶人家，不和你玩了!""对，我们都不和你玩!"大家纷纷附和着。大为却不以为然，满不在乎。

【案例分析】

大为今年5岁，是我们班新转来的小朋友。生活中他是个好动、自我、自控力较弱的小男孩儿。平时他总是喜欢和自己的双胞胎妹妹一起玩，很少和其他小朋友交往，最近总是因为一些琐事与小朋友发生矛盾，大伙儿都不愿意和他一起玩儿。不管班里发生什么事，大家都会把矛头指向大为，而大为对这种状况满不在乎，依旧我行我素。经过和大为父母的沟通，我得知他们是做生意的，平时很忙，孩子一直是由老人带，他们对孩子的陪伴和关注格外少。我分析，大为和小伙伴产生纠纷存在以下原因。

第一，大为缺乏与同伴交往的技巧，遇到问题时不懂得与对方协商解决，也不能用积极的方式方法表达自己的意图让同伴接受。当他想进入照相馆时采用的是拿枪的方式，让同伴感受到了他的不友好。也许他的本意只是想摆一个拿枪的姿势拍张照而已。不能采用正确的方式释放友好信号是他遭拒的原因之一。

第二，大为比较自我，缺乏规则意识，当遭到芹芹的拒绝后，便堵在门口不让别的顾客进入。

第三，大为解决问题的方式单一、粗暴，行为有一定的攻击性。这与家庭成长环境以及父母对他的教育方式有一定的关联。

第四，不论班里发生什么事，大家都会把矛头指向他，说明在这个集体里，大为是不被容纳和接受的。所以加重了他的我行我素，这其实是被排斥后的自我保护。

【教育措施】

为了帮助大为缓解与同伴之间的紧张关系，建立和谐友好的相处模式，能够融入集体且被接纳，我采取了以下措施。

第一，引导大为学会采用友好的方式向同伴表达自己的意愿。我先询问芹芹为什么不让大为进。芹芹说："他拿着枪硬要闯进来，像强盗!""你为什么要拿枪进呢?"我问大为。他低下头小声说："我想照一张像解放军的照片。""解放军叔叔可是很守纪律和礼貌的，不会硬闯哦!"我又转向芹芹问道："如果大为拿枪是想照相能进照相馆吗?""当然能。""如果你能好好地跟管理员说明你的想法，她不会阻拦你的，对吗?"大为点点头。通过此番引导消除了误会，让大为明白通过友好的交流与正确的表达会避免误会和纠纷。

第二，我随后让大为与芹芹互换角色，把刚才发生的事情演一遍，让他通过角色互换感受一下被人侵害的委屈，学会换位思考，培养同理心和共情能力。

第三，在之后的区域活动中我加强了引导，让全班幼儿学会采用协商、交换、轮流等方式解决问题，协商语言多采用"请""行吗""好不好"等字词。并在表演区开设"智多星小评判团"，让幼儿遇到纠纷时到小评判团，大家一起评断纠纷，出主意想办法，用友好智慧的方式解决问题。

第四，大为有一定的攻击性行为与家庭教育有一定的关联，通过与家长沟通我了解到，平时他爸爸觉得他难管教，说不上两句就打孩子。造成孩子把攻击当成解决矛盾的主要方式，所以我帮助其父母意识到这种做法对孩子成长造成的危害，引导他们用积极正确的方式教育孩子，多陪伴孩子，家园合力帮助孩子改正不良行为，培养积极阳光的个性。

第五，大为在班里不被大家接纳，无形中强化了他的不良行为，我利用晨间谈话或饭前活动时间引导幼儿讨论怎样正确看待同伴的优缺点，有缺点不代表是坏孩子，让孩子们明白每个人都有缺点，都会犯错误，应该以包容的态度帮助其改正，而不是排斥他人。

第六，我会请一些阳光开朗、活泼热情的小朋友多和他一起玩。当发现大为有进步时，我会给予他一些为集体服务的任务或让他当小组长，既是对他正面行为的鼓励，强化了他的规则意识，又改变了他在孩子们心中的形象，帮助他被认同，找寻到归属感，从而更好地融入集体。

通过以上措施，一段时间后大为的攻击性行为大大减少了，并且拥有了新朋友。

怡然的行为分析与教育措施

空军工程大学航空机务士官学校幼儿园　高　晶

【案例描述】

今天区域活动时，怡然来到娃娃家，蹲在地上看佳蕊玩娃娃。怡然蹲在地上慢慢地靠近佳蕊，小脸凑得越来越近，噘起小嘴巴开始亲佳蕊。佳蕊往后退了退，怡然又往前凑过去亲，然后抱着佳蕊不松手，也没有表情，就是要去亲她。佳蕊哇哇大哭，怡然看见佳蕊哭了，转身就走了。怡然来到图书区，坐在欣怡的旁边，也不拿书，盯着欣怡看，又慢慢地凑过去亲欣怡，也不说话，抱着欣怡不肯松手，眼睛盯着欣怡看，还露出笑容，欣怡哭得更大声了……

【案例分析】

幼儿生来就渴望与外界沟通，早在婴儿时期就通过注视、触摸、微笑等方式来引起别人对自己的关注，而后伴随着各种亲昵的动作以及相互能懂的语言，很自然地开始与他人交往。随着自我意识的萌芽与发展，幼儿逐渐认清自我和他人的关系，掌握与人交往的基本准则和技巧。然而，很多孩子在交往中或多或少会出现问题。从怡然的这种行为可以看出，她想和小朋友一起玩，但不知道如何与同伴交流，只会用动作而不会用语言来表达自己的意愿，不管别人愿不愿意接受、喜不喜欢，她的交往方式只有那一种。交往既是人的需要，也是现在社会对人的要求。教师要帮助幼儿构建完整的人格，培养幼儿的社会性能力，这种教育才是适合幼儿需求的，也是教育的重点。

【教育措施】

首先，和家长取得联系，家园沟通，查找根本原因。

一是孩子先天发育的影响。通过和怡然姥姥沟通了解到，怡然在妈妈怀孕期间，两个多月的时候才被 B 超检查出来，医生说胎儿发育慢，孩子出生后快两岁才学会走路，才会说一些简单的词语，但是发音不清晰。可以看出怡然在语言和动作方面对于这个年龄段的孩子来说发育比较落后。

二是家庭环境的影响。孩子的个性与同其朝夕相处的家长是有决定性关系的。怡然的父母在西安，基本不带孩子，孩子从小跟着姥姥姥爷，妈妈是美术老师，爸爸是大学教授，过年的时候回来陪孩子一段时间。经过了解知道怡然在家跟姥爷在一起的时间比较多，姥姥负责做家务，姥爷性格内向，不善言语，怡然从幼儿园回家后基本就是自己玩。

三是与同伴交往的时间少。从姥姥那得知，怡然小的时候，姥姥、姥爷很少带她和同龄的小朋友一起玩，因为有几次带怡然出去玩，她总是把别的小朋友惹哭，很多孩子也就不和她玩了，姥姥看见了心疼孩子，怕孩子伤心，于是就很少带她和院里的小朋友玩，经常是怡然自己在家玩，或者姥姥姥爷陪着玩。

其次，制定有针对性的策略，帮助孩子学会如何正确与人交往。

在怡然和小朋友的交往过程中我发现，她不会用语言来和小伙伴交流，所以就采用抱小朋友和亲小朋友的行为，这和她的语言表达能力弱有直接关系，说话不清楚，不愿意表述，就出现了上面案例中所发生的情况。我建议怡然家长首先要根据医学检查判断孩子是不是语言发育迟缓，家长每天都要抽出特定的时间陪孩子练习口语，可以让孩子阅读诗歌、唱歌、阅读故事书等，这是一个长期的过程，需要坚持。让怡然的姥姥姥爷创造愉快的环境，利用任何可能的机会不停地和她说话，用她能听得懂的语言为其讲故事，即便在绝大多数情况下姥姥姥爷“一言堂”也要坚持。每天晚上让怡然的爸爸妈妈多和孩子视频进行语言互动，和孩子说话的时候，爸爸妈妈不妨见机行事，启发、诱导、提问，设法让孩子用语言表达自己的想法。

在幼儿园，作为老师我也会多关注她，抓住时机进行各方面的引导、启发与提问，帮助她一起去找好朋友，告诉她如何和好朋友相处，告诉她要通过语言来表达自己的意愿。如果在幼儿园她能够用支离破碎的语言加上肢体动作和面部表情传达出她的意愿，我就会及时送上正面鼓励，使她得到语言表达的满足感，产生说出个人想法的欲望。告诉怡然的父母，不要在意她说得好不好，也别急于纠正她语言中的毛病，培养起她说话的自信心、使之体验到表达的喜悦比什么都重要。

从这个案例可以看出，幼儿的发展存在着差异性、特殊性，不同幼儿语言表达能力也会参差不齐。但是后天的语言环境是可以改变的，我们应努力为孩子创造条件，扩大孩子的生活范围，使孩子在对生活和社会的认识过程中运用语言去交往，促进孩子社会认识能力和语言表达能力的发展。只要家园密切配合，通过多种形式的活动，怡然就会逐渐克服语言交往的障碍，她的交往能力就会得到强化与提高。

这是我的，你别拿

空军工程大学航空机务士官学校幼儿园　张　杨　聪　璐

【案例描述】

思思小朋友今年4岁，过敏体质导致她很多食物不能吃，妈妈为此把不错的工作辞掉专职带她，她吃的每一顿饭都是妈妈专门做的脱敏食物。思思的爸爸妈妈总因为思思的特殊体质感觉亏欠她，在家都听她的。思思做任何事情都是以自己为中心，妈妈教育她时她也多由着自己的性子来。即使思思有些不当行为妈妈也大多采取纵容态度，很少制止。久而久之，思思任性、霸道、不甘示弱的特点在幼儿园表现得尤为突出。

一天区角活动课上，小朋友们分别选择自己喜欢的活动区开心地玩耍着，有的小声交流，有的互相协作一起玩耍。突然老师听到孩子中间发出一声刺耳的尖叫，原来是思思，只听她大声叫喊着："啊！你走开，这是我的！你别拿我的！"

原来是思思旁边的小女生想和思思一起玩钓鱼游戏，结果被思思大声拒绝了，这个女生不开心地低着头走开了。不一会儿，又过来了一个女生，这个女生没有问思思就直接拿起思思旁边的钓鱼竿玩耍起来。思思见状一边大声叫着一边双手扯着女生的头发，丝毫没有松开的意思。老师急忙上去制止，思思才不情愿地松开了手。

第二天上午，老师带小朋友们出去滑滑梯，孩子们像刚从笼子里飞出的快乐小鸟向滑梯的方向奔去。一趟又一趟，孩子们不停地从滑梯上滑下来。忽然，开心的笑声中发出了一阵阵不和谐的音符，一个女生大哭了起来。老师赶紧过去询问情况，原来这个女生挡住了思思的去路，思思使劲地推了这个女生，导致这个女生差点儿跌落滑梯，女生吓得大哭起来，一边哭一边委屈地说："思思推我了！我要告诉老师！"

【案例分析】

一、家庭原因

一般来说，孩子在成长过程中出现好的或者不好的行为离不开原生家庭的影响，如思思。现在的孩子大多是独生子女，家长都围着孩子转，对于孩子的要求，家长都尽力满足。家长的溺爱导致孩子出现了不良行为。其实，家长也意识到了孩子身上出现的不良行为，却因为没有正确的教育方法和理念，常常采取错误的方式方法教育孩子，导致孩子的错误行为得不到及时有效的纠正，越来越严重。思思由于先天性的全身过敏症状而不能像其他小朋友一样在幼儿园吃饭，如果吃了致敏的食物就会全身过敏，严重时还会休克。她的妈妈总感觉对孩子有所亏欠，觉得她有别于其他孩子，在生活中比较纵容她，逐渐导致了她任性霸道、唯我独尊的性格特点。

二、幼儿园原因

幼儿园虽有幼儿行为教育，却还不全面、不到位，或者是形式化、表面化。教师在每次活动或游戏时都讲究是否达到预定的目标或效果，并没有关注个别幼儿的行为发展，不能使幼儿从内心深处理解其行为的真正意义，做到知之而行。教师自身的理论知识缺乏，没能及时将正确有效的教育理念和方法传达给家长，没有体现出教师队伍的专业性。

三、幼儿自身原因

思思由于自己的特殊体质会产生自卑心理。一般而言，自卑心理会导致两种性格：一种是软弱自卑、胆小怕事，另一种是争强好胜、自尊心极强，不愿与人交往，遇到一点儿不如意立刻报复，性格孤僻。显然，思思属于后者。

【教育措施】

一、做好师幼沟通

教师首先对孩子出现的不当行为及时劝解制止。3～4 岁的幼儿在游戏过程中有时会因为争抢玩具而发生冲突。由于此阶段幼儿尚不具备自我解决问题的能力，在冲突发生时，教师主动劝解起着至关重要的作用。私下里教师找到思思谈话，告诉她："玩游戏时那个女生不问自取是她的不对，但是你动手扯她的头发和大声尖叫是你的不对，她拿了你的钓鱼竿，你如果不愿意可以告诉她这是你的，请她玩其他的玩具。我们可以和她商量，如果她不听你还可以选择告诉老师，你有很多种解决方法，但是打人、扯头发、伤害别人是不可取的方式，我们下次不要用了好吗?”她听后认真地点点头，虽然她没有说话，但是我从她的表情中看出来她听进去了。

二、做好家园沟通

教师及时与思思妈妈取得联系，寻求家长的配合，以理解的态度告知孩子在园的真实情况，帮助思思妈妈分析孩子出现这种行为背后的性格原因，同时也将正确的教育理念传达给思思妈妈。告诉思思妈妈思思的智力和身体发展并不比其他孩子差，家长在给她生活照顾的同时应当时刻关注她的心理发展，良好的个性是幼儿能与同伴友好相处的因素之一，家庭教育会对幼儿的个性产生重要影响，进而影响幼儿的社会性发展。

在和教师沟通后思思妈妈也意识到了自己的放纵对孩子造成的不良影响，对思思进行了批评教育。思思妈妈平时也会鼓励思思和院子里的其他孩子一起玩耍，培养她的人际交往能力。在园里思思不再动手拉扯小朋友，而是能够和其他小朋友愉快地玩耍、快乐有礼貌地交往了。教师和家长都相信，随着年龄的增长，思思更会运用正确的方式与同伴进行交流。

诺诺的行为分析与教育措施

空军工程大学航空机务士官学校幼儿园　赵　杰

【案例描述】

场景一：入园一个月了，诺诺依然每天都要带着他的那个兔子玩偶，连周五晚上去姥姥家也要带着。

场景二：经过小班的集体生活与学习，诺诺的自理能力提高不明显，仍然不会提裤子，不会穿鞋，不会拿勺子吃饭，吃饭挑食严重。集体活动时注意力不集中，有时会突然攻击旁边的小朋友。

场景三：户外活动时，其他小朋友都在滑梯上开开心心地玩，我看到诺诺在草坪上走来走去，嘴里似乎在嚼着什么东西。我走过去蹲下来问他："你嘴里是什么东西呀？"他见我关注到他，立刻不好意思地吐出了一个纸片，飞快地跑去玩滑梯了。午睡时我发现他又把被子角放到嘴巴里咬。

【案例分析】

第一，诺诺的身体发育落后于同龄孩子，奶奶和妈妈对其饮食精益求精，只做他爱吃的饭菜，致使孩子挑食，遇到不爱吃的饭菜就想办法倒掉。怕孩子离开妈妈受委屈、受伤害，所以一直舍不得放手，在爸爸的坚持下才开始幼儿园生活。

第二，妈妈是全职妈妈，爷爷奶奶也溺爱包办，认为孩子长大了就什么都好了，导致孩子自理能力差，没有锻炼的机会。

第三，爸爸工作忙，很少接孩子或陪孩子。夫妻关系紧张，不能很好地交流，家庭氛围压抑，导致孩子胆小，不会与人交往。

第四，家长之间教育观念不统一，导致孩子没有安全感。

【教育措施】

一、与妈妈沟通交流

利用卫生保健知识，从专业的角度为诺诺妈妈解读学龄前儿童膳食营养，让妈妈了解营养摄入不足对孩子的危害。为妈妈讲解幼儿园每周食谱的制定依据和一份成功食谱的各营养素含量，让妈妈转变饮食观念，为孩子以后正常饮食、拥有健康身体做好铺垫。

向妈妈推荐《指南》，让妈妈了解每一阶段孩子的健康发展目标，能根据教育建议从身心状况、动作发展、生活习惯与生活能力等方面加以引导，培养孩子完成目标。与妈妈交流幼儿园一日作息时间及活动，以及每一个活动孩子需要达成的目标，保证孩子身心健康发展。

建议妈妈在孩子已经长大的情况下，走出家庭，步入社会，拥有一个属于自己的小天地，积极对待生活。做一份自己喜欢的工作，分散自己的注意力，减少对孩子的过分关注，更多地去了解当前社会的发展、教育的发展、儿童的发展，与时俱进。多与丈夫交流沟通，为孩子营造一个温馨舒适的家庭环境，培养孩子健全的人格。

二、与爸爸沟通交流

从爸爸的角度了解幼儿家庭生活环境，了解妈妈的教育方法，获得爸爸对我们工作的理解与支持，以便更好地进行家园共育。

向爸爸提出要求，请爸爸做通妈妈和奶奶的工作，在家配合幼儿园的教育计划，对孩子的自理能力进行重点训练。

希望爸爸能多与妈妈沟通交流，互相体谅，为孩子营造一个良好的家庭氛围。

爸爸对孩子一生成长的影响是无法估量的。建议爸爸一定要参与孩子的生活，多与孩子互动，平日里注意自己的言行举止，常带孩子参加户外活动，增强孩子体质。多带孩子与同龄人一起玩耍。

三、家园共育

请妈妈参与幼儿园的活动，观察孩子的活动交流情况，不要低估孩子的适应能力，体会有规律的生活作息习惯和有计划的一日活动对孩子身心发展的影响。

每天将孩子在幼儿园的生活学习情况以短视频或照片的形式发给妈妈，让妈妈了解孩子在幼儿园的表现以及老师、其他小朋友对他的关心和爱护，消除妈妈的焦虑感。

希望妈妈调整心态，多与孩子聊聊幼儿园里发生的有趣事情，把老师每天的视频或照片分享给孩子，还可以把孩子在家里的好表现以影像的形式记录下来发给老师。有了老师的表扬和家长的鼓励，相信孩子会信心倍增，很快适应幼儿园生活。

家人要统一教育观念，在家对孩子要求统一，培养孩子的自理能力，放手让孩子成长。

通过家园配合训练，诺诺各方面都有了一些进步：开始知道自己的事情自己做，跟同伴的交往也多了，同时动作协调性、语言表达能力有所提高。我相信，只要家园继续配合，针对具体情况适时调整教育目标，诺诺一定会越来越好！

幼儿教学活动设计

小班语言活动：贪吃的小猪

空军工程大学航空机务士官学校幼儿园　李嵩玥

【设计意图】

小班阶段是幼儿语言快速发展的时期，通常在成人的引导下能够把故事内容与生活中的相同场景、事物等联系在一起。根据幼儿语言学习的方式和特点，结合小班幼儿的年龄特点，本次活动把绘本情节延伸到实际生活中，为幼儿创设想说、敢说、喜欢说的语言环境，引导幼儿自然而然地学习语言，体验语言学习的乐趣。同时，在阅读中依据画面内容猜测实际生活中对应颜色的食物，不仅培养幼儿的阅读理解能力，还发展幼儿的想象力。

【活动目标】

①愿意与老师一起讲故事，有初步的观察力和想象力。

②理解故事内容，学说“红红的××、黄黄的××、蓝蓝的××、绿绿的××”。

【活动重难点】

重点：①理解故事内容，能根据画面说出图中有什么，发生了什么事等。

②愿意与老师一起交谈。

难点：能在相应的食物前加上合适的颜色叠词，如黄黄的香蕉等。

【活动准备】

经验准备：幼儿会辨识红、黄、蓝、绿四种颜色。

材料准备：故事大读本、自制小猪图 2 幅、四色卡、音乐、气球、布置好的黑板。

【活动过程】

一、谈话导入

师："今天老师请来了一位好朋友（出示图一），小朋友你们好！我叫噜噜，我最喜欢吃东西，有一天我吃了各种各样的东西，结果我的身体发生了奇妙的变化，让我们一起来认真听、仔细看吧！"

二、教师讲述故事，培养幼儿读图的能力

师："有一天噜噜的肚子饿了，它到处寻找好吃的食物，噜噜走进水果店。孩子们，你们想一想水果店里都有什么水果。"

师："你们认识这么多水果，我要考考你们，什么水果是红红的？"

师："我们来看看噜噜吃的红红的是什么水果？原来噜噜吃的是个红红的大苹果，吃完红红的大苹果看看噜噜身体的哪个地方变了？"（引导幼儿观察并回答）

师："噢！脸蛋变得红扑扑的。"

师："噜噜走进蛋糕店，吃了一勺黄黄的甜奶油，看一看噜噜吃完黄黄的奶油后身体哪个地方变了。"

师："咦！肚子变得黄灿灿的。"

师："噜噜走进饼干店，吃了一块蓝蓝的圆饼干，猜一猜这次噜噜的身体哪个地方变了。"

师："嘻！腿儿变得蓝汪汪的。"

师："噜噜走进冷饮店，喝了一杯绿绿的凉饮料，我们再来猜一猜噜噜这次身体哪个地方变了。"（提醒幼儿脸变了、肚子变了、腿变了，这次可能会是哪里变）

师："我们一起来看看，哇！尾巴变得绿莹莹的。"

三、引导幼儿回忆故事情节，学说"红红的××、黄黄的××、蓝蓝的××、绿绿的××"

师："这是刚见面的噜噜，这是身体发生变化后的噜噜（出示图二），孩子们我们一起比比看，想一想噜噜的身体为什么会变成这样呢。"

师："噜噜吃了什么样的苹果脸蛋变得红扑扑？还可以吃红红的什么让脸蛋变得红扑扑？"

引导幼儿学说红红的草莓、红红的西红柿等，依次引导幼儿学说黄黄的香蕉……蓝蓝的糖果……绿绿的黄瓜……

四、带领幼儿感知奇特的故事结尾，引导幼儿不乱吃东西

师："噜噜真是一只贪吃的小猪，吃了这么多东西他的肚子还是有点饿，于是他又来到了一家大超市，嘿！这是什么？把它也吃掉吧！孩子们这个东西是什么颜色的？猜一猜这是什么。"

幼儿回答，提醒幼儿用表示颜色的词，如白白的、黄黄的、蓝蓝的等。

师："我们看看这个'绿绿的'是什么呀。原来是块肥皂，孩子们肥皂能不能吃？"（幼儿回答）

师："是的，噜噜真是太贪吃了，可他已经把绿绿的肥皂吃到肚子里了，猜一猜绿绿的肥皂被贪吃的噜噜吃下去后肚子里会有什么变化。"（幼儿回答）

师："哈哈，噜噜的肚子里全是肥皂泡泡，噜噜一张嘴扑哧、扑哧、扑哧、扑哧肥皂泡泡从嘴巴里冒出来了，红红的、黄黄的、蓝蓝的还有绿绿的。"（边说边出示红、黄、蓝、绿气球粘在布置好的黑板上）

师："孩子们，我们一起把噜噜肚子里的红红的、黄黄的、蓝蓝的、绿绿的肥皂泡泡吹上天，告诉它不要乱吃东西啦！好不好？"

幼儿随音乐把气球吹上天，提醒幼儿边吹边说："我吹了一个红红的泡泡，我吹了一个蓝蓝的泡泡……"

活动自然结束。

【活动反思】

《贪吃的小猪》是能引起小班幼儿产生共鸣的故事。在与教师共读的过程中很容易理解并联想到自己的生活经验。故事一开起，幼儿的兴趣就很高，对于一开始教师提的几个问题，大部分幼儿能回答，但大都是重复的回答。幼儿对于故事，基本能体会出其中的诙谐、幽默，特别是小猪的肚子变得黄灿灿后，幼儿对每一次不同的变化都会哈哈笑，对于教师的问题，幼儿在回答中渐渐地能加上相应的颜色叠词。前半段教师主要采用提问的方式引导幼儿理解故事内容，在活动后半段，保留了故事结尾，激发幼儿的想象，幼儿可以依据自己的生活经验大胆猜测，重复回答的减少了许多。在"吹泡泡"的游戏中结束活动，幼儿意犹未尽，结束后还在讨论自己吹的是"红红的泡泡、黄黄的泡泡……"

小班科学活动：小兵的声音武器

空军工程大学中心校区幼儿园　解婧垚

【设计意图】

本次活动的设计来源于小班幼儿对物体发出的声音有着强烈好奇心和探索兴趣。幼儿的科学教育是科学启蒙教育，重在激发幼儿的认识兴趣和探究欲望。使幼儿能用多种感官或动作去探索物体，关注动作所产生的结果，并感知物体材料的软硬等特性。本次活动结合我园部队特色，以蓝天小兵制造声音武器拯救动物朋友的情境故事贯穿始终，从用身体发声到借助生活中常见的材料组合发声，以激发幼儿自主探究为主，充分调动了幼儿的积极性，让幼儿在探索中感受各种声音的不同。

【活动目标】

①尝试辨别生活中的不同声音。

②在制造声音武器的过程中，感知声音的不同。

③体验探究声音的乐趣，并乐于帮助他人。

【活动重难点】

重点：让幼儿在制造声音武器的过程中，感受声音的不同。

难点：声音武器制作过程中对声音强弱与发声物体之间关系的感知。

【活动准备】

经验准备：幼儿对声音的好奇以及知道自然界中有各种各样的声音。

物质准备：PPT、矿泉水瓶、黄豆、手工毛绒球。

【活动过程】

一、游戏“逛森林”——提供水声、动物声激发幼儿对声音产生兴趣

①播放 PPT 故事导入，“小朋友们，今天老师要带你们去森林里玩哦！”

②依次播放各种动物的音频，提问：请你猜一猜这是什么小动物？

③小动物消失巫婆出现，提问：小朋友们，你们要不要和老师一起去把动物朋友解救出来？（激发幼儿的同情心及自主探索的欲望）教师提供线索导入制作声音武器。

二、游戏“做武器”——探究如何用瓶子发出不同的声音

①幼儿非常渴望制作声音武器拯救小动物。提问：你们想想办法，瓶子怎样才能发出声音呢？

②幼儿自由探索瓶子发出声音的方法。幼儿通过尝试发现，敲一敲、捏一捏、打一打等都可以发出声音，教师操控 PPT 上的巫婆使其逐渐变小，增强幼儿的自信心。

③提问：如果给瓶子里加些“子弹”会怎么样？

④幼儿分组操作，尝试自由选择将不同的材料放入瓶中，感受声音是否相同。

⑤通过摇晃瓶子感受声音的不同，探究声音的大小变化，尝试探究为什么。

三、游戏“声音武器”——感受声音的奇妙

①小朋友们把武器做好了，然后一起尝试能不能赶走巫婆。

②巫婆消失，幼儿庆祝，播放音乐《我是勇敢小兵兵》，带领幼儿跟随音乐律动，摇晃瓶子发出声音。

【活动延伸】

鼓励幼儿探索还有哪些东西可以发出声音，寻找生活中更多的声音。

【活动反思】

本次活动课重在抛砖引玉，将活动延伸至幼儿生活，进一步激发幼儿探索不同材料在瓶子里发出的声音和生活中能听到的更多声音，乐于探索体会声音的神奇多变，让幼儿真切地体会到“科学并不遥远，科学就在身边”，从而激发幼儿的深度学习。

在艺术活动中幼儿应大胆表现并能使用多种材料、工具或不同的表现手法表达自己的感受和想象。

小班科学活动：锡纸雕塑

空军工程大学中心校区幼儿园　宋　蓓

【设计意图】

2021 年西安承办了中华人民共和国第十四届运动会（以下简称“十四运”）。在承办的过程中，我园也开展了有关“十四运”的活动（我爱运动我健康、小兵运动会等），通过活动幼儿对“十四运”有了一定的了解。在日常的生活中运动无处不在，运动使我们健康、运动使我们快乐。故此次我以运动为契机，开展了以“十四运”为主题的美工活动。

艺术是幼儿感受美、表现美、创造美的重要形式，也是幼儿表达自己对事物认识和情绪的方式。《指南》指出：要为幼儿创造接触多种艺术形式和作品的机会。美术活动作为我园的特色持续开展，幼儿对美术活动充满兴趣，会使用多种材料及不同的表现手法独立表达自己的感受和想象。在艺术欣赏的过程中常常通过动作、表情、语言等多种感官方式表达自己的理解，并向他人介绍自己的所思所想。

【活动目标】

①喜欢运动，能积极、独立地创作运动雕塑。

②感受“十四运”，了解一些常见的运动项目。

③体验立体雕塑的制作。

【活动重难点】

重点：利用电线、锡纸表现运动的人物动态。

难点：选择其他辅助材料协同主材呈现完整作品并大胆讲述作品。

【活动准备】

经验准备：知道“十四运”的基本知识，了解一些常见标志。

物质准备：PPT、铝丝、锡箔纸、木托、泡泡泥、水彩笔、双面胶、彩色卡纸、剪刀、材料架。

【活动过程】

一、导入

①观看“十四运”宣传片，引出会徽（剪辑内容主要呈现会徽的部分及纹饰的解读内容）。

师：“你看这是什么？讲讲标志的含义”（包含：中心部分、环形部分和色彩部分。中心部分是：宝塔山、延河水、五孔窑洞红色精神和陕西地域特色；环形部分玉璧，玉是大自然的精华，璧是致敬上天的礼器。寓意人们最好的精神面貌。玉璧的花纹变成了田径、球类、游泳三项运动项目。色彩部分以五种颜色为主色调，其中黄色象征黄土高坡，红色象征革命精神、绿色象征生态文明、蓝色象征现代科技、紫色象征文化魅力。）

②师：“你都参与过哪些体育运动？知道哪些体育项目？”

小兵运动会的活动包括：障碍跑、爬、钻、跳、拍篮球、骑自行车等。

介绍举重、竞走、游泳、长跑、短跑、射击、乒乓球、排球、篮球、足球、拳击、击剑、自行车、滑雪、帆船、跆拳道、体操、花样游泳、冰上芭蕾等体育运动项目。

二、游戏

（一）“看图猜项目”

幼儿观察图片，根据图片上所显示的动作及物品，联系出相应的体育运动项目，本环节是帮助幼儿将具象的事物转化成抽象图片的辅助过程。

（二）“我来比画你来猜”

通过肢体的配合帮助幼儿理解认识各个项目的不同动态，在表现的过程中形成一个初步的表达，有利于幼儿在制作过程中完成具象的造型。

三、幼儿介绍材料、探索制作方法

①展示所提供的材料，教师介绍新材料（锡箔纸及铝丝）并展示其特性。

②请幼儿介绍一些常见材料并说一说自己想用哪些材料进行制作。

③鼓励幼儿自选材料并大胆尝试创作喜欢的运动项目——立体人物雕塑。

教师观察幼儿的制作过程，幼儿相互之间可进行交流，如需帮助教师当适时介入指导。

四、讲述作品故事

请幼儿将制作好的雕塑作品进行简短介绍，启发出不同的想法，使下次体验时能更加大胆地进行表达与创作。

【活动反思】

本次活动开展得基本顺利，幼儿能主动参与活动，虽然对新材料的使用还有待探索，但总体作品呈现得较好，能体现幼儿独立思考的成果。表现的过程中，幼儿能形成相互学习借鉴的氛围，同伴间有合作意识，值得肯定。教师能提供丰富的材料供幼儿选择，个别幼儿利用纸笔将作品所表达的运动用图文的形式表现，我们可以看到美术课程的内容与其余领域间相互融合的部分，这也体现了大班幼儿的书写意识及前书写的一些痕迹。

幼儿的前期经验可再丰富一些，在户外游戏、集体活动及区域活动中开展相应的主题，帮助幼儿积累更丰富的经验，这样作品将更加丰富。

小班科学活动：幸运大转盘

空军工程大学航空工程学院幼儿园　许馨元

【设计意图】

图形在生活中的运用是非常广泛的，它们的存在给我们带来了极大的方便。在《纲要》中提道：善于发现幼儿感兴趣的事物中所隐含的教育价值，把握时机，积极引导。小班幼儿能从生活和游戏中学习物品的形状，因此我根据本班孩子的年龄特点设计了本次活动，让孩子们在玩中学习了解图形，提高他们参与活动的积极性。

【活动目标】

①体验游戏带来的快乐。

②在游戏中巩固对三角形、正方形、圆形的认识。

③能用简单的语言描述对三角形、正方形、圆形的认识。

【活动重难点】

重点：在游戏中巩固对三角形、正方形、圆形的认识。

难点：能用简单的语言描述对三角形、正方形、圆形的认识。

【活动准备】

教具准备：课件PPT、音乐、小猪手偶、绳子、盒子三个。

学具准备：礼物卡片、三角形、正方形、圆形若干。

知识准备：幼儿对图形已经有了一定的认识。

【活动过程】

一、故事导入

①出示小猪手偶。

师："小朋友们，今天我们班来了一位小客人，我们来看看它是谁。"（小猪）我们来和它打个招呼吧。（小猪你好啊）新年快到了，小猪给自己盖了一座新房子，出示 PPT 图片："哇，好漂亮的房子啊，我们一起来看看吧！"

②师："小猪的房子和你们住的房子一样吗？在这个房子里你们看到了哪些图形？"（正方形、三角形、圆形）。

③找图形，说特征。

师："小猪想邀请小朋友们去它家里做客，就偷偷地把邀请卡放在小朋友的凳子下面了，现在请小朋友们找一找，看看小猪都邀请了谁。原来你们每个人都被邀请啦，现在请小朋友们仔细观察手中的邀请卡，请几位小朋友上来展示。"

师："你认识你的邀请卡吗？这个图形叫什么名字？它有什么特征？我们一起来看看吧。"

拿着和这个邀请卡相同的小朋友朝我挥挥手。

小朋友，你们都太棒了，要记住自己邀请卡的样子，好好保管它。

二、游戏：巩固认识图形

师："刚才小猪对我说，去它家的路上藏着一只大灰狼，可能会偷走小朋友的邀请卡，你们害怕吗？老师告诉你们，不要怕，小猪说只要在大灰狼来的时候躲在和你手中的形状相同的草丛里大灰狼就看不到你了。"

师："我们来看一下草丛都是什么形状的。（播放音乐）跟着音乐我们一起去小猪家吧！"（游戏进行 3 次巩固幼儿对图形的认识）

三、送礼物

师："我们终于到小猪的家了，在小猪的家里找一个位子坐下来吧。"

小猪说："谢谢小朋友来我家做客，我们来玩个好玩的游戏吧，叫作新年幸运大转盘，我还准备了礼物给小朋友们。"

①出示 PPT。

②发放礼物。

四、动手操作

师："小猪送给小朋友们礼物，小朋友想不想也给小猪送个礼物呢？这是老师用三角形、正方形、圆形给小猪拼的礼物，请小朋友们轻轻回到座位，也给小猪拼个礼物吧！"

老师询问幼儿要拼一个什么样的图案送给小猪，图案是由哪些图形组成的。

五、活动结束

小猪："谢谢小朋友们给我拼的礼物。"

【活动反思】

活动中幼儿情景带入快，图形认识到位，兴趣点高，并且突破了重重难点，教师导入自然，也抓住了幼儿的兴趣点，让幼儿在玩中学习图形。

区角活动建议：将图形放在益智区供幼儿在区域活动时拼一拼，拼出更多图案。

小班数学活动：好饿的小蛇

空军工程大学信息与导航学院幼儿园　李　艳

【设计意图】

故事《好饿的小蛇》内容较为简单，画面形象，生动有趣，小蛇滑稽搞笑的画面能深深地吸引孩子们。数学活动对于小班幼儿来讲枯燥、抽象、不容易理解，因此，根据小班幼儿直观、形象的思维方式和年龄特点，我巧妙地将两者结合在一起设计了活动"好饿的小蛇"，同时结合《指南》精神，让幼儿感知和发现周围物体的形状是多种多样的，并对不同的形状感兴趣，通过观察小蛇肚子形状的变化，让幼儿在轻松愉快的游戏中感知常见图形之间的转变，激发幼儿的探索欲望。

【活动目标】

①愿意与同伴一起游戏，体验形状变化带来的快乐。
②尝试运用三角形、正方形、半圆形组合变化出新的图形。
③了解形状的外形特征，并大胆猜想相似的物品。

【活动重难点】

重点：了解形状的外形特征，并大胆猜想相似的物品。
难点：尝试利用图形组合变化出新的图形。

【活动准备】

PPT 课件《好饿的小蛇》（绘本故事，以图片的形式展现）；小蛇肚子变化成不同形状的图片；三角形、正方形、半圆形的饼干图片若干（足够小朋友使用）；每人一张小蛇图纸。

【活动过程】

一、猜谜语引出绘本《好饿的小蛇》，激发幼儿的兴趣

①教师说谜语请幼儿猜一猜，并模仿小蛇散步的样子。

②请幼儿猜想小蛇肚子饿的时候想做什么事情。

二、看图形轮廓大胆猜想对应的物品，初步感受图形的组合变化

①教师播放 PPT，引导幼儿描述苹果的外形特征，并大胆猜想小蛇吃掉苹果后肚子会变成什么形状。

②继续播放 PPT，让幼儿调用已有经验，根据小蛇肚子形状猜想小蛇可能吃了什么东西。

师："第二天，好饿的小蛇扭来扭去地去散步，你们瞧瞧它的肚子变成了什么形状，猜一猜它吃了什么东西肚子会变成这个形状。"

③观察小蛇肚子变化的不同形状，了解图形之间的变化。

师："第三天，好饿的小蛇扭来扭去地去散步，你们瞧瞧它的肚子变成了什么形状，猜一猜它吃了什么东西肚子才会变成这个形状。"

④小结：原来图形也是可以不断变化的，原本切好的西瓜是三角形的，可是被小朋友吃掉之后西瓜皮就变成了弯弯的月牙形了。

三、游戏"喂小蛇"，进一步体验图形组合的乐趣

①请幼儿根据小蛇肚子的形状，找到相应形状的饼干图片喂给小蛇，进一步体验图形组合的变化。

②尝试了解两个半圆形可以组成一个圆形，两个正方形可以组成一个长方形等。

③游戏"喂小蛇"，教师给每名幼儿一张小蛇图片，请幼儿发挥想象力和创造力，运用不同的图形在小蛇肚子上组合出新的图形。

④作品分享：邀请幼儿说一说自己给小蛇喂了什么形状的饼干，将小蛇的肚子变成了什么形状。

【活动延伸】

结合生活，请幼儿说一说还想喂小蛇吃什么食物，吃了之后小蛇的肚子会变成什么形状。

【活动反思】

以《好饿的小蛇》贯穿活动始终，充分激发了幼儿的兴趣。在第一个环节中，我根据故事情节的发展，让幼儿直观、形象地看到小蛇肚子的变化，从而了解圆形、三角形等形状的特征。为了进一步加深幼儿对形状的认知，我将生活中的物体和形状结合在一起，让幼儿大胆猜测和联想，同时感知和发现周围物体的形状也是多种多样的，对不同的形状感兴趣，无形中将数学和生活紧密地联系起来，实现了活动的重点目标。最后，我利用小班幼儿拟人化的特点和小蛇肚子的变化，让幼儿大胆尝试和探索图形之间的组合，这也是本次活动的一个难点。为了让幼儿更好地理解，我从组合两个较直观的图形逐步过渡到组合两个更具有挑战的、较为抽象的图形，从而了解到两个半圆可以组成一个圆形，两个正方形可以组成一个长方形，为幼儿在已有经验上建构了新的经验认知。同时也充分发挥了幼儿的想象力和创造力，体验图形组合的乐趣。

小班艺术活动：音乐游戏“小老鼠上灯台”

空军工程大学航空机务士官学校幼儿园　王　冬

【设计意图】

“小老鼠上灯台”这个音乐游戏的灵感来自幼儿，幼儿喜欢玩猫抓老鼠的游戏，结合小班幼儿年龄特点和兴趣设计了这个游戏活动，通过欣赏与感受，让幼儿扮演角色融入游戏，用肢体动作表现猫与老鼠，并留给幼儿充分的空间和时间去表达与创造，通过游戏大胆地表达自己的情感与体验。

【活动目标】

①在会唱《小老鼠上灯台》歌曲的基础上，通过反复感受进一步理解歌曲内容和游戏规则。

②掌握歌曲中角色的关系，能表现出“猫来了”和“逃回家”的不同情绪，会用动作表现偷油吃和滚下来。

③积极参与游戏，体验游戏的快乐。

【活动重难点】

重点：在会唱《小老鼠上灯台》歌曲的基础上，通过反复感受进一步理解歌曲内容和游戏规则。

难点：掌握歌曲中角色的关系，能表现出“猫来了”和“逃回家”的不同情绪，会用动作表现偷油吃和滚下来。

【活动准备】

老鼠和猫的头饰、《小老鼠上灯台》音乐、情境导入律动音乐、老鼠和猫手偶、灯台道具。

【活动过程】

一、情境导入，引出主题

韵律活动“小老鼠去郊游”，一位老师扮演老鼠妈妈，幼儿扮演老鼠宝宝，另一位老师扮演大花猫，进行律动表演，激发幼儿兴趣。

师：“鼠宝宝们，妈妈带你们去找吃的！”

幼儿随着音乐与老师一起律动。

二、情境表演“小老鼠上灯台”，熟悉歌曲旋律和歌词内容

①幼儿边看老师的手偶表演边听歌曲《小老鼠上灯台》，帮助幼儿理解歌曲内容、熟悉情节。

②引导幼儿说说歌曲所表达的故事内容。

师：“歌曲里唱的有谁呢？”“小老鼠爬到哪里偷油吃？后来谁来了？最后小老鼠是怎样从灯台上下来的？”

三、引导幼儿根据歌曲故事情节创编动作

①运用道具灯台启发幼儿创编小老鼠上灯台偷油吃的肢体动作。

师：“鼠宝宝们我们也去尝尝香油的味道吧，灯台那么高，我们怎么上去呢？”

教师对幼儿述说爬、跳、踮脚尖等动作，操作道具灯台进行演示，启发幼儿创编各种上灯台的动作。

②启发幼儿创编偷油吃的动作。

师：“怎么吃油呢？可以用什么动作表现？”

幼儿自由表现吃油动作，教师请动作创编有特点的幼儿给大家展示，发散幼儿思维，启发幼儿创编出不同动作。

③启发幼儿创编猫来了小老鼠叽里咕噜滚下来的动作。

师：“猫来了，小老鼠是什么心情？怎么下来的？”

幼儿自由表演。

④幼儿跟着音乐完整地表演，鼓励创编与别人不同的动作，大胆用肢体动作来表现老鼠上灯台偷油吃和滚下来的动作。

四、师幼互动，角色扮演做游戏

①教师与幼儿一起讨论游戏规则。

师：“我们怎样做才能不被大花猫抓住？”

听音乐，让幼儿知道猫出来叫三声“喵喵喵”之后，就要抓老鼠了。

师："猫出来后你们怎么办？"

让幼儿用动作表现躲、跑、藏。

②大家根据一起商定的游戏规则进行游戏，发现问题解决问题。

有老鼠被抓住，教师提问："这只小老鼠为什么会被大花猫抓住呢？"师生讨论躲避猫的方法。

五、结束部分

师："鼠宝宝们真机灵，现在大花猫一只小老鼠也抓不着了。我们可以结束游戏出去玩了。"幼儿跟随老师到户外玩。

【活动反思】

整个活动，留给了幼儿充分的空间（允许他们在活动场地的任何一个角落游戏）、时间（游戏时间充足，根据幼儿的兴趣多次游戏）和表达机会（鼓励幼儿大胆地说、做、模仿、创造），并使每个幼儿在音乐的氛围中跟随音乐的节奏游戏，幼儿在活动中没有压力，感觉轻松自如，留给了幼儿愉快的情绪体验，达到了我预期的教学效果。

中班健康活动：病毒大作战

空军工程大学中心校区幼儿园　王　霞

【设计意图】

新型冠状病毒肺炎疫情，引发了各界对个人防护的高度重视。本次活动源于幼儿的生活，我发现大部分幼儿的自我保护意识较弱，虽然知道病毒会传播，也懂得一些预防措施，但是在生活中依然缺乏个人防护意识。我以疫情防控为出发点激发幼儿在日常生活中对自己身体健康的保护意识，通过亲身感知促进幼儿养成良好的生活卫生习惯。

【活动目标】

①激发对医务工作者的尊敬之情。
②通过实验操作了解病毒的传播途径。
③能用正确的方法预防病毒传播。

【活动重难点】

重点：了解病毒的传播途径。
难点：掌握基本的预防病毒的方法。

【活动准备】

会喷水的小猴子手偶。

【活动过程】

一、谈话活动

师：“今年发生了什么事情，为什么假期这么久？”
幼：“有好多人得病了，他们感染病毒了，有人得了新冠……”

二、了解病毒的传播途径

师："今天有一位动物朋友来到了我们班"（出示小猴子手偶）。"小朋友们好！——阿嚏，阿嚏……"小猴子连打了几个喷嚏（水雾喷撒到小朋友身上、地面上等），幼儿直观地感受到飞沫传播。小猴子大声说："你们被我的喷嚏喷到了！哈哈，哈哈……"

师："刚才发生了什么？"

幼："'小猴子'冲我们打了好几个喷嚏，把'喷嚏'喷到了我的手上、胳膊上、腿上……"

师："你觉得打喷嚏喷出来的有什么呢？如果你是小猴子你会怎么做？"

幼："喷嚏里会有病毒；不能冲着别人打喷嚏，这样不礼貌；打喷嚏时要用手或胳膊遮挡口鼻……"

师："刚才小猴子把喷嚏都喷到你什么地方了？喷到你时，你是怎么做的？"

幼："我用手把脸挡住了……"

师："你觉得喷嚏还会喷到哪里？"（幼儿与同伴猜想、讨论，请个别幼儿说说自己的发现，引导幼儿观察周围的环境，发现幼儿手上、衣服上、头上、椅子上、地上都有好多"病毒"。）

师："'病毒'还可能传播到什么地方呢？"（积木、水杯、图书……）

教师小结：打喷嚏时会引起飞沫传播；当我们用手揉搓口鼻时，也有可能会被病毒传染。如果不洗手去拿玩具、水杯等物品，这些物品也会被污染；如果病毒落在地上，我们踩到后，也会把病毒传播到别的地方。

三、预防新型冠状病毒的措施

师："听说现在很多人都生病了，我们应该怎么做才不会感染新冠病毒呢？"

幼："勤洗手，戴口罩，不去人多的地方，锻炼身体，用酒精、消毒液消毒……"

教师小结：小朋友的办法可真多，原来戴口罩、勤洗手，尽量不去人多的地方是保护自己的好办法。虽然病毒很可怕，但是有许多医务工作者保护我们，相信病毒会被赶走的。除此之外，我们还要加强锻炼身体，好好吃饭，让身体棒棒的，做个健康的孩子。

四、激发幼儿对医务工作者的感恩之情

师："图片中的人是谁？"

幼："医生、护士。"

师："他们怎么了？"

幼："他们坐在椅子上睡着了，这个阿姨的脸都被磨破了……"

师："他们为什么会这样？"

幼："他们为了抢救病人，他们跟病毒作战累了。"

师："丫丫的爸爸也是一名医生，我们来请她说说爸爸平时是怎么工作的。"

丫丫："经常值夜班，很少有时间陪我出去玩……"

师："你们看完这些图片有什么感想？"

幼："医生很辛苦，医生很伟大，他们是天使……"

师："你会对他们说些什么呢？"

幼："谢谢医生保护我们，你们太棒了，把病毒打败了，你们是英雄……"

【活动延伸】

师："想一想平时在家里，爸爸妈妈是怎么预防病毒的？你们想用什么方法帮助爸爸妈妈赶走病毒呢？"

【活动反思】

本次活动的设计素材源于幼儿的生活，中班幼儿对病毒的了解还处于似懂非懂的阶段，我将抽象的科学概念以小动物为媒介，激发幼儿的共情，让幼儿在情景中具体感知和亲身体验病毒带来的危害，并运用具体的肢体动作表现自我保护的方法。为了使幼儿进一步掌握对新冠病毒的防护措施，通过讨论、交流获得经验的提升，同时让幼儿体验医务工作者与病毒战斗的辛苦，激发幼儿对医务工作者的感激之情。

中班科学活动：磁力小火车

空军工程大学航空机务士官学校幼儿园　白丽英

【设计意图】

幼儿在区角活动中对磁铁非常感兴趣。幼儿在玩的过程中发现了磁铁的秘密，但对磁铁两极的同极相斥、异极吸引还是不太理解，于是，我设计了这次科学活动“磁力小火车”。

【活动目标】

①发现磁铁有两极。初步感知同极相斥、异极吸引的现象。

②感受团队合作意识和竞赛意识。

【活动重难点】

重点：幼儿通过操作充分感知磁铁能够吸住铁制品的特性。

难点：能够用记录、言语的方式表述探索的结果。

【活动准备】

磁力小火车、动物头饰、圆片（红、黄）若干、箭头（4 个）、4 个队的比赛表格、红旗、口哨。

【活动过程】

一、开始部分

（一）导入

师：“今天，森林王国召开运动会，老师请来了 4 位运动员，我们一起看一看是谁来了。（出示 4 位小动物）它们邀请我们一起去参加运动会，小朋友们，愿不愿意一起去呀？”

（二）分组

将幼儿分成：虎队、羊队、猫队、兔队。

二、基本部分

师："我们要去森林王国，怎么去呀？（引出小火车）4 位小动物跟我说小火车里有秘密。看谁最先发现小火车的秘密并告诉我们大家。"

（一）观察小火车

师："我们的火车出了点故障，现在请 4 队的小朋友帮忙把火车连接起来。我们来比一比，看看哪队连接得最快，而且，火车不能断开！"

（二）幼儿操作：感受磁铁的特性

师："请小朋友们说一说你是怎样把火车连接在一起的。"

幼："把红颜色的一头和黄颜色的一头连在一起。"

教师将孩子说的用图（红○→←○黄）表示出来。

师："请小朋友们试一试，相同颜色的火车两头能不能连在一起。把你的发现告诉大家。"

幼："不能。"（红○←→○红　黄○←→○黄）

（三）小结

师："小朋友真棒，找到了小火车的秘密。这个秘密就是磁铁是有两极的，当它们接触时，相同颜色的相排斥，不同颜色的相吸引，即同极相斥、异极吸引。"

（四）比赛：游戏"推小车"

师："小朋友，我们到大森林干什么来了？"

幼："参加运动会。"

师："想不想知道今天的比赛项目推小车？"

教师讲解游戏规则：根据磁铁同极相斥的原理进行推车比赛，哪队先把车推过终点线，哪队获胜。每队选出一名选手参加比赛。

三、结束游戏："开火车"

师："运动会结束了，我们开火车回家吧！（每人拿红、黄两个圆片，根据颜色连接成火车）呜——火车开动了，自然结束。"

【活动反思】

作为老师，我们要为孩子准备丰富的材料，营造宽松的环境，让幼儿在做中学，在操作中探究科学奥秘。

幼儿在活动中能够发现同极相斥、异极吸引的现象，但幼儿的记录结果不够完善，仍需要进一步提高。由于时间限制，幼儿的探索不够深入，需要在区角活动中继续进行。

中班美术活动：完美发型

空军工程大学航空工程学院幼儿园　王馨怡

【设计意图】

使用自然材料进行创意美术活动一直是我园研究和探索的一个小课题。我在多年的美术教学工作中也确实体会到了自然材料的使用让孩子的美术活动更加有趣，让孩子的美术作品更加有灵气和美感。春天是一个百花盛开的季节，我们幼儿园开满了各式各样的鲜花，完美发型是我设计的自然材料系列课程，春季我们会用鲜花来设计发型，秋冬季我们会用树叶、树枝、果实来设计发型。无论使用什么样的自然材料，都是把大自然搬进幼儿园教育过程中，也是利用大自然的千变万化给孩子们带来更多的创作灵感。

【活动目标】

①培养幼儿热爱美术活动，在活动中大胆想象、大胆创作。

②能够从审美的角度观察、欣赏各种各样的发型，知道人们的发型可以有丰富的造型。

③能够运用各种自然材料来创作，并讲述自己的设计构思。

【活动重难点】

用自然材料来表达自己的设计意图，并尝试讲述出来。

【活动准备】

彩色卡纸每人一张，白色绘画纸每人一张，各种发型的图片 PPT。

每人一把鲜花，绿色植物叶子少许。

胶枪，胶棒，双面胶带。

【活动过程】

一、导入活动

①教师和幼儿一起进行《头发肩膀膝盖脚》的律动。开心的游戏后教师引出活动主题：小朋友们今天的发型是怎样的？谁能讲一讲自己的发型？

②教师和幼儿讨论各自的发型，鼓励幼儿比较同伴之间发型的不同。

二、基本部分

①教师和幼儿讨论：你见过的不同的发型是什么样的？

②教师请幼儿欣赏相关图片，拓展孩子的眼界，看一看生活中有哪些漂亮的、奇特的发型。

③教师一一讲解每一个发型的特点，给孩子的创作提供基础的造型构图参考。

④汇总发型的动画图片，边分析边讲解发型不一样给人的感觉就不一样，可以通过发型表达一些想法和情感。

⑤教师介绍活动材料是鲜花和绿植。引导幼儿大胆使用材料，给自己的娃娃设计一个新的发型。鼓励幼儿设计的时候思考自己的设计有什么意义和所要表达的想法。

⑥幼儿操作，教师指导。

三、结束部分

教师和幼儿一起欣赏每一个小朋友的作品。请小朋友在集体面前讲述自己的作品，说一说自己是怎样构思的、怎样设计的。

【活动反思】

活动中教师利用大量的图片让幼儿欣赏各种各样的发型，使幼儿充分感受发型的美，然后提供自然材料让幼儿进行创作，他们在已经画好的人物背景上进行添画。由于幼儿已经充分观察了，所以在创作的时候比较大胆，能够注意多种材料的搭配，而且每个孩子都有自己的设计，充分体现了中班幼儿自我意识增强的特点。活动中教师对个别非常有想法但是不能通过操作表现出造型来的幼儿，给予了具体的指导和建议。能够看出中班幼儿对自然材料的使用还是非常感兴趣的，自然材料的使用大大地提高了孩子的创作空间能力，增强了其创作的专注力。

大班健康活动：勇敢的小兵

空军工程大学信息与导航学院幼儿园　雷瑞妮

【设计意图】

本班大部分幼儿是军人的子女，从小就对军人和军队生活充满了憧憬和向往。作为蓝星小小兵，孩子们骨子里都有不服输、勇敢不屈的精神。因此，结合本班幼儿兴趣及年龄特点，创设本次以打仗为主线的游戏活动，旨在帮幼儿学习手膝着地匍匐爬的动作，提升肩上投掷能力，发展动作的协调性和敏捷性；做一名勇敢的小兵，挑战多种力所能及的运动项目，提升身体素质。

【活动目标】

①喜欢和同伴合作游戏，体验成功打败敌方后的喜悦心情。

②遵守游戏规则，能与同伴合作，友好地进行游戏活动。

③练习手膝着地匍匐爬的动作，发展动作的协调性和敏捷性。

【活动重难点】

重点：练习手膝着地匍匐爬的动作，发展动作的协调性和敏捷性。

难点：能遵守游戏规则，与同伴合作游戏。

【活动准备】

橄榄球、垫子、平衡木、庆祝胜利的音乐、五米长的绳子、大纸箱、红旗、勇敢小兵徽章。

【活动过程】

一、小兵听指挥，练本领

教师带领幼儿做热身活动，教师扮演指挥员，幼儿扮演小兵，练习本领。

瞄准射击——转手腕，前后摆臂；装弹开炮——弓步，扎马步；望远瞭望——体转运动；骑马——原地转。

二、学习手膝着地匍匐爬，复习肩上投掷的动作

①情境设置：今天我们接到任务，要炸掉敌人的军火库。

师："我们怎么用手榴弹炸掉敌人的军火库呢？一起复习肩上投掷吧！"

师："敌人的军火库四周铺设了电网，炸掉它之前，要先顺利通过电网，可以怎么做呢？"

②幼儿分别尝试以各种爬的方式通过电网。

师："怎样爬才不会碰到电网顺利通过呢？"

③再次请幼儿尝试。

教师边示范边小结：两手着地匍匐前进，注意双腿贴着地面交替向前移动。

④幼儿自由分组练习，教师指导需要帮助的幼儿顺利通过。

⑤游戏"勇敢的小兵"：师幼一起游戏，教师讲解游戏玩法和规则。

游戏玩法（教师示范）：从起跑线出发，走过独木桥，跨过30厘米的墙，匍匐前进通过电网，用手榴弹击中军火库，炸掉军火库后把红旗插上去，一起庆祝胜利，随音乐跳、甩手、转圈、拍手等。

游戏规则：注意安全，一个跟着一个；投掷时勿伤到同伴。

三、颁发徽章

教师总结游戏情况，为幼儿颁发勇敢小兵徽章。

小结：今天我们的小兵真勇敢，克服困难完成了任务，真了不起，继续加油吧！

【活动延伸】

户外活动时，鼓励幼儿再次复习匍匐前进，感受勇敢小兵，不怕苦、不怕累的精神。

【活动反思】

本次活动以幼儿喜欢的打仗游戏为情境。幼儿扮演小兵进行锻炼，复习肩上投掷，学习新的匍匐前进的本领；幼儿能积极参与打仗游戏，过程中遵守游戏规则并与同伴合作，齐心协力完成任务；本次活动帮助幼儿提升平衡能力、动作协调性和敏捷性，同时也让他们体会到军旅生活的不易，学习解放军不怕苦、不怕累的精神。

本次活动的不足之处在于：教师在指导幼儿练习手膝着地匍匐前进时，对个别幼儿动作准确性的要求需要提升。在延伸活动中，可以借此情境创设更多相关情境，鼓励幼儿勇敢挑战军体区其他项目，积极参与活动，提高身体素质。

大班健康活动：中国功夫

空军工程大学信息与导航学院幼儿园　殷　越

【设计意图】

根据大班幼儿好玩好动、思维活跃的年龄特点以及对中国功夫浓厚的兴趣，设计了关于中国功夫的这一主题活动。引导幼儿感知中国功夫的魅力，了解中国功夫的定、力、韵，萌发对中国功夫的喜爱之情。

【活动目标】

①感受中国功夫的魅力，体验动作模仿的乐趣。
②学习简单的武术组合动作，进行力量练习。
③了解中国功夫的文化理念。

【活动重难点】

重点：掌握简单的武术组合动作。
难点：能够与同伴合作完成力量练习。

【活动准备】

图片、报纸、视频、音乐《中国功夫》。

【活动过程】

一、情境导入，引出主题

教师通过故事情境渲染，引出关于中国功夫的“武林秘籍”。
师：“小朋友们，你们见过中国功夫吗？在哪里见的？”
师：“谁可以来给大家演示一下什么是中国功夫？”

二、模仿动作，大胆联想

①教师出示“武林秘籍”中的相关动作，引导幼儿进行模仿。

师："小朋友们觉得第一个动作像什么？"

师："学习了这么多的功夫动作，你最喜欢哪个动作？为什么？"

师："你发现'武林秘籍'中的功夫动作有哪些相同的特点呢？"

②教师引导幼儿了解千奇百怪的动物拳。

师："人们在创设功夫动作时为什么要模仿动物呢？"

师："人们学习功夫的目的是什么？"

师："中国功夫除了千变万化的动作外，还需要什么？"

三、感受中国功夫力量的重要

①播放视频，直观感受中国功夫的魅力，引导幼儿两两一组进行力量练习。

师："请小朋友们用自己刚刚学习的动作，'击破'对方手中的报纸，看一看谁是力气最大的功夫王，但请注意，这是力量练习，不要误伤到你的搭档哟！"

②小组合作设计"武林秘籍"。

师："请小朋友们5人一组，将'武林秘籍'进行重新设计和排序，看看哪个小组能成为今天的武林盟主呢。"

③播放音乐《中国功夫》，各个小组自由创编。

四、教师播放音乐，小组展示

【活动延伸】

①教师引导幼儿谈感受，创编更多的功夫动作。

②鼓励幼儿去生活中发现更多与中国功夫相关的动作。

【活动反思】

在实施过程中调整动作，由易到难，使动作之间更有联动性。

大班健康活动：勇敢的小兵

空军工程大学航空机务士官学校幼儿园　冯杜闯

【设计意图】

本次活动设计以幼儿常见的物品——桌子为活动器械。打破传统的体育运动器械的局限，发挥、挖掘身边物品的体育运动价值，让幼儿可以利用简单的物品进行一物多玩。同时在雨雪天气时可以利用其开展室内体育活动，让幼儿不受天气的影响随时进行高质量的锻炼，更好地促进身体素质的发展。

【活动目标】

①通过自主探索，尝试用不同的方法通过障碍。

②锻炼、提高幼儿的攀爬能力及身体协调能力。

③体验不怕困难、敢于探索、勇于挑战的精神。

【活动重难点】

重点：攀爬。

难点：攀爬过有一定坡度和高度的障碍。

【活动准备】

音乐、桌子20张、小红旗1面。

【活动过程】

一、开始部分

（一）以《我是小小兵》的音乐入场

师："小朋友，今天我们要学解放军叔叔进行一次军事训练，小小兵们，我们出发吧！"

（二）热身运动

师："小小兵的本领可多了，我们一起跟着音乐开始跑步热身吧。"（播放音乐《向前冲》）

拉伸活动：幼儿站在桌子旁边，利用桌子做身体拉伸活动。压肩（双手臂搭在桌子上，向下压）、侧身运动、压腿（分别将左右腿搭在桌子上，腰背挺直，双手摸脚尖）、活动膝关节与脚踝等。

二、基本部分

师："马上要开始训练啦，如果训练过程中你觉得有困难，可以先到我们的观察区域观察，想好方法后再去尝试。安全通过的小兵也要到观察区域，观察你们队谁的方法好、速度快、动作灵活，我们请他当队长，进行最后的比赛。我们的活动有一定的危险性，在活动时要注意安全，同时我们也要坚强勇敢地完成挑战。"

（一）训练科目一："过断桥"

师："下面开始进行第一个训练科目，这里有一座断桥，下面是湍急的河水，小兵们千万不能掉下去，开动你们的小脑筋想方法通过吧。"

场景一：将桌子摆成一竖排（每张桌子之间间隔 40～60 厘米），分三组，幼儿自由尝试用不同的方法通过。进行两次，第一次自由尝试，第二次尝试用总结认为更高效的方法。在这个环节中幼儿通过探索、尝试，用跨跳、手脚/手膝爬、双脚跳等方法通过断桥。

场景二：将桌子加高一层，幼儿自由选择从桌子上面或者中间通过。

师："看，这里又有一座双层桥，可以怎样通过呢？大胆、勇敢地去试一试吧。没有想好方法的小兵可以先到观察区观察，然后再通过。"

引导幼儿利用第一个场景的探索经验进行第二关的挑战。

（二）训练科目二："翻山越岭"

场景一：幼儿爬上桌子，尝试用不同方法攀越中间立起来的两张桌子到达对面。（进行两次，第一次中间立起来的桌子倾斜着摆放。第二次呈 90°立起来）

师："刚才小兵们真厉害，顺利地完成了科目一的训练，现在是第二个科目'翻山越岭'，看一看、想一想，应该怎么完成呢？"

场景二：幼儿爬上桌子，攀越斜架在桌子上的两张桌子到达对面。

师："小兵们请看，这一个障碍应该怎么过呢？完成之后你们就可以成为一名合格的勇敢的小兵啦。没有准备好的小兵可以先到观察区观察其他小兵是如何做的，等自己准备好了再进行挑战，如果同伴遇到了困难，我们要及时给予帮助哦，出发吧。”

（三）综合大比拼，播放音乐《向前冲》

游戏方法：将科目一和科目二综合起来提高难度，两队幼儿协商、讨论，分别选出本队最强小兵进行比拼，先抢到小红旗者的队伍获胜。

师：“游戏开始时我让小兵们在观察区观察，选出你们队方法好、速度快、动作灵活的小兵，现在请你们把他选出来代表你们队进行最后的大比拼吧。”

三、结束部分

①总结、点评小兵们的表现。

②带领幼儿跟随音乐做身体放松活动。

【活动反思】

此次活动以“勇敢的小兵进行军事训练”为故事情境，以桌子为器械，通过不同的摆放方式形成不同的训练科目，让幼儿进行探索闯关。幼儿在活动中能够很快进入小兵角色，在不同的训练科目中尝试、探索不同的方法通过障碍，如钻、匍匐爬、跨、跳、攀等，在通过难度大的障碍时，幼儿之间也有合作，如帮忙扶桌子，相互加油鼓劲，给同伴出主意等。在此次活动中，幼儿的积极性高，不断地动脑筋、想办法，挑战自己，不仅动作技能得到了发展，思维能力得到了提升，心理素质也得到了锻炼，达到了活动设计的目标。

大班健康活动：玩具总动员

空军工程大学航空机务士官学校幼儿园　冯　娟

【设计意图】

玩具是孩子们在日常生活中常见的物品，很多孩子和家长只知道玩具固有的玩法，很少有家长会想到用玩具带孩子做一些创新的亲子活动，体会其中的教育价值。很多家长认为教育是在课堂中进行的，却忽视了生活中蕴含的教育价值以及亲子关系对孩子的影响。事实上，教育无处不在，教育从一点一滴开始，教育体现在一言一行之中，这也是我们想要向家长传递的一种教育观念。

【活动目标】

①孩子和家长在已有经验的基础上探索玩具的多种玩法，通过活动感受愉快的亲子时光，增进家人之间的情感。

②幼儿在游戏中锻炼身体协调性、灵活性和力量、耐力、平衡、蹦跳等能力。

③进一步让家长了解先进的、科学的教育理念——生活即课堂，在我们的身边处处都有微教育，鼓励更多家长参与亲子活动，知道陪伴是对孩子最好的教育形式。

【活动重难点】

重点：孩子和家长一起探索玩具的多种玩法；提升家长的教育理念。

难点：根据幼儿已有的生活、游戏经验，创新游戏玩法，增加游戏的趣味性。

【活动准备】

毛绒玩具、球、小汽车等玩具若干，眼罩、筐、小凳子、羽毛球拍等辅助物品。

【活动过程】

一、热身运动

孩子和家长一起准备活动需要的各种玩具和辅助物品，孩子和家长随着音乐活动身体，做好身体的准备工作。

二、家长带孩子利用玩具体验几种玩法

（一）我来指挥你来走

把各种玩具作为障碍物随意摆放在地板上，一人用眼罩蒙上眼睛，另一人只能用语言进行指挥，让蒙着眼睛的人从一端走到另一端，脚不能踩到玩具。家长和孩子各蒙一次眼睛进行游戏。

（二）保护小动物

把各种玩具作为障碍物间隔摆放在地板上，两个人背对背或面对面夹着毛绒玩具绕障碍物进行 S 形跑，两人的双手都不能触摸到毛绒玩具。

（三）推着小车收玩具

场地中心放一个筐，离筐 50 厘米摆放一圈玩具，家长抓住孩子的脚踝提起双脚做推小车状，孩子双手着地在地板上爬，孩子拿到玩具以后把玩具抛进筐里。

（四）小脚丫真厉害

孩子和家长面对面坐在地板上，两人中间摆放各种玩具，两人猜拳，谁赢了谁就用脚夹起玩具放进自己身边的筐里，谁筐里的玩具多谁获胜。

（五）小袋鼠夹球

把各种玩具作为障碍物间隔摆放在地板上，摆成两排，两人各站在起点处用腿夹球并且双脚跳过障碍物，先跳到终点者获胜。

（六）你抛我接乐哈哈

一人站在起点背对着终点拿毛绒玩具（或者其他安全的玩具）向终点抛，另一人站在终点用筐接玩具，两人可互换进行游戏。

三、孩子提出玩具玩法的建议，孩子和家长一起探索游戏

（一）接力抛接小动物回家

家长把玩具抛给孩子，孩子接到玩具以后再把玩具抛进筐里。

（二）背小动物过河

①把离地面 20 厘米左右的小凳子间隔摆成一排，孩子弯着腰背上背着

毛绒玩具，脚踩着小凳子通过。

②把离地面 20 厘米左右的小凳子间隔摆成一排，家长弯着腰背上背着孩子，孩子的背上背着毛绒玩具，家长脚踩着小凳子通过。

（三）翻山越岭送小动物回家

地面上摆放一排高低不同的障碍物，孩子和家长把毛绒玩具放在一个平板上共同抬起来，同时孩子双脚要跨过障碍物前进。

（四）蹦蹦跳跳送小动物回家

家长把羽毛球拍平放在高于孩子头顶的合适位置上，球拍上放毛绒玩具，孩子双脚跳起来把毛绒玩具拍下来并且抛进筐里。

四、孩子和家长一起整理游戏场地，收拾好玩具

【活动反思】

《指南》健康领域中提出：幼儿阶段是儿童身体发育和机能发展极为迅速的时期，也是形成安全感和乐观态度的重要阶段。以家庭中常见的各种玩具为游戏材料，在幼儿已有经验的基础上开展走、跳、抛接、平衡等多种游戏形式，激发幼儿参加体育活动的兴趣。在亲子互动过程中，使幼儿充分感受到亲情和关爱，形成积极稳定的情绪、情感，有效促进幼儿身心健康发展。

在游戏中我们可以感受到家长和孩子游戏时的愉快心情，通过做游戏锻炼了孩子的动作能力，发展了孩子的语言能力，培养了孩子的好习惯，拓展了孩子的想象思维。一个小活动不仅让家长改变了教育观念，更让孩子的各方面能力得到了提高，增进了家长和孩子之间的情感。在活动中让孩子感受父母浓浓的爱意，孩子在这样的环境中成长将会获得满满的安全感和幸福感。

亲子游戏不仅有益于亲子之间的感情交流，使亲子关系更加密切，促进儿童健康发展，对于儿童的实物游戏和伙伴游戏也具有重要的促进和影响作用。儿童在亲子游戏中获得的对待物体的态度、方式方法以及人际交往的态度、方法会迁移到儿童的实物游戏和伙伴游戏中去。反过来，儿童在实物游戏和伙伴游戏中获得的经验又会进一步丰富亲子游戏的内容。亲子活动也是对孩子的重要陪伴，让孩子吸收充分的心理营养，有助于孩子心理健康成长。

大班社会活动：独一无二的我

空军工程大学信息与导航学院幼儿园　朱　丽

【设计意图】

3～6岁是儿童自我意识形成和发展的重要时期，在这个时期，儿童的自我意识总体上呈现快速发展的形势，但个体差异也相当显著，并受到家庭、幼儿园、同伴等各方面的影响，对于即将步入小学群体生活的大班幼儿来说更是如此。为了帮助幼儿更好地适应小学生活，让幼儿更深入地了解自己，发现自己与众不同的地方，建立自信心，我设计了本次社会活动“独一无二的我”，引导幼儿形成积极的自我意识，具有自尊自信的表现。

【活动目标】

①感受每个人都是与众不同的，并为自己的独一无二感到骄傲。

②认识自我，理解独一无二的含义。

③能够大胆自信地在集体面前展示自己的独一无二。

【活动重难点】

重点：理解独一无二的含义，知道自己独一无二的一面。

难点：能够大胆自信地在集体面前表现自己。

【活动准备】

绘本《我》、录音、视频、提前画好的自画像。

【活动过程】

一、《猜猜我是谁》，感知外在特征的不一样

①展示幼儿提前画好的自画像，引导幼儿观察并猜测。

②他人猜测之后幼儿揭晓答案，并大胆在集体面前描述自画像里自己的

独特之处。

③教师引导幼儿发现每个人都有外在独特的地方，细致观察并大胆说出更多的外在特征（单眼皮、双眼皮，黄皮肤、白皮肤，长头发、短头发等）。

二、听录音、看视频，感知内外特征的不一样

①教师播放班级幼儿的录音，幼儿根据声音猜猜他是谁。

②教师播放幼儿跳舞、画画的背影视频，幼儿猜猜他是谁。

③小结：每个人除了外在特征不一样，兴趣爱好也不一样，都有与众不同的地方。

三、欣赏绘本《我》，了解独一无二的含义并知道自己是独一无二的

①教师引导幼儿欣赏绘本，理解绘本内容。

②总结：世界上有各种各样的人，每个人都有自己的特点，可能是长相不同，也可能是兴趣爱好或本领不同，所以说每个人在这个世界上都是独一无二的，就是指世界上没有第二个自己了，没有和自己完全相同的人，自己很特殊，很珍贵，所以我们要学会发现自己的独一无二之处，学会欣赏自己、爱自己，这样一定会让更多的人认识自己、喜欢自己，会有更多的人愿意和自己做朋友。

四、才艺小擂台，大胆表现自己的独一无二之处

①鼓励幼儿根据自己喜欢的方式在集体面前大胆展示自己。

②请幼儿用一句响亮的话把自己觉得最与众不同的地方告诉大家。如我是一个喜欢跳舞的小女孩，我就是我，我是独一无二的。

【活动反思】

本次社会活动与幼儿的生活息息相关，幼儿在看、听、说的亲身体验过程中充分感受到每个人都是独一无二的。教师给予每名幼儿大胆表达自己独一无二的机会。幼儿不但在集体活动中感知同伴间彼此独特的地方，而且学会了观察自己与他人，建立了一定的自信心，为幼小衔接奠定了良好的基础。

大班社会活动：老人的心愿我知道

空军工程大学信息与导航学院幼儿园　林　静

【设计意图】

当今社会，由于孩子的父母工作都很忙，所以大部分接送孩子的任务就落在了爷爷奶奶身上。我经常看到有些孩子对待爷爷奶奶非常无理，书包老人背着，不走路让老人背着，有些过分的还会对爷爷奶奶无理取闹。老人对孩子的付出是无怨无悔的，不求回报的。若问起孩子最爱的人是谁，孩子一般会说爸爸妈妈，对于爷爷奶奶的付出，很少有孩子能体会到，更别提珍惜了。《指南》指出：幼儿要能关注别人的情绪和需要，并能给予力所能及的帮助。为了让孩子在生活中关注并关爱老人，我设计并组织了这次活动，目的是让孩子将视线转移到和自己生活很近但自己并不了解的老人身上，将我们中华民族尊老、爱老的传统美德延续下去。

【活动目标】

①产生尊敬老人、关爱老人的情感。

②在生活中能用自己的方式表达对老人的关爱。

③了解老人的日常生活和情感需要。

【活动重难点】

重点：了解老人的日常生活及情感需要。

难点：在生活中能用自己的方式表达对老人的关爱。

【活动准备】

自拍的采访录像，制作七色花所需的花瓣、吸管及胶棒等，记录表，邀请幼儿的爷爷奶奶或姥姥姥爷参加活动。

【活动过程】

一、通过重阳节引出老人（爷爷奶奶）

师：“你爱你的爷爷奶奶吗？（请幼儿都去拥抱自己的爷爷奶奶或姥姥姥爷）说说拥抱爷爷奶奶或姥姥姥爷后他们有什么样的表情？为什么？”

师：“爷爷奶奶爱你吗？你从哪里感觉到的？你知道爷爷奶奶每天都做些什么吗？知道他们有什么心愿吗？”

二、观看自拍录像，了解老人日常生活及情感需要

师：“你听了爷爷奶奶或姥姥姥爷说的话心里有什么感觉呢？”

师：“爷爷奶奶或姥姥姥爷的心愿是什么呢？”

小结：爷爷奶奶或姥姥姥爷辛苦养育了小朋友们的爸爸妈妈，为国家贡献了自己的力量，现在他们年纪大了，还要照顾小朋友们，其实他们也有需要别人关爱和帮助他们的时候。

三、讨论：我帮爷爷奶奶或姥姥姥爷做事情

师：“小朋友们，你们可以为爷爷奶奶或姥姥姥爷做哪些事情让他们觉得幸福开心呢？”

幼儿讨论回答，教师记录在记录表上，并进行展示分享。

四、七色花的祝愿

①请幼儿说说自己对爷爷奶奶或姥姥姥爷有什么美好的祝愿，七色花可以帮助你们实现这些心愿。

②幼儿和爷爷奶奶或姥姥姥爷一起制作七色花，将做好的七色花送给爷爷奶奶或姥姥姥爷并送上自己的祝福，活动结束。

【活动反思】

这次活动的准备时间还是挺长的，在拍采访录像时老人们既认真、兴奋又显得有些紧张。活动邀请了所有小朋友的爷爷奶奶或姥姥姥爷参与。活动当天，当孩子们张开双臂拥抱爷爷奶奶或姥姥姥爷的时候，班上气氛很温暖。我看到有些老人的眼睛湿润了，我也很感动。我在采访录像里设计了孩子们很少关注的一些问题，如“你最喜欢做的事情是什么？你以前是做什么工作的？你白天都做哪些事情呢？你最爱的人是谁？你有什么心愿吗？”等。所有的孩子都看得很认真，这些普通回答让孩子真实地了解了爷爷奶奶或姥姥姥爷的生活。由于孩子们平时并不太在意爷爷奶奶或姥姥姥爷，所以当让孩子们说我能为爷爷奶奶或姥姥姥爷做的事情时，孩子们说得比较有限。制作七色花的过程将活动推向了一个高潮。整个活动充满了温情，但一次体验是不够的，今后我会将这一活动延伸下去，让孩子们在生活中真正做到尊敬、关爱老人。

大班社会活动：食育“枣花馍”

空军工程大学航空机务士官学校幼儿园　闵　敏

【设计意图】

此节课是我园开设的食育课程中元月的教学内容。选材目的在于通过元月快过春节的氛围，让幼儿更好地了解我国传统的春节美食文化，激发幼儿对我国传统美食的喜爱。此节课让幼儿通过深入了解常见的食物红枣，结合自己的生活经验了解红枣的营养及在饮食中的广泛运用，进而引出传统美食枣花馍，了解它的吉祥寓意从而扩展到对传统饮食风俗文化的认识。通过让幼儿欣赏枣花馍多样的花式，培养幼儿欣赏美、感受美与塑造美的能力。幼儿通过亲手制作美食体验分享、自我服务带来的快乐。课上采取多媒体教学，通过枣花馍的风俗及制作视频、图片促进教学目标的达成。结合数学等分的方法，帮助幼儿攻克制作中的难点。此节课体现了生活化与艺术化的融合，知识丰富性与常识性的兼容，及幼儿动手能力的综合培养。

【活动目标】

①了解红枣的生长过程、营养价值及红枣制作的各种美食，知道枣花馍是喜庆日子里的传统美食。

②学习制作枣花馍。

③锻炼欣赏美、塑造美的能力。

④体验自我服务的乐趣，感受中国传统美食。

【活动重难点】

重点：让幼儿通过深入了解常见的食物红枣，结合自己的生活经验了解红枣的营养及在饮食中的广泛运用。了解枣花馍的吉祥寓意，认识传统饮食风俗文化。欣赏枣花馍多样的花式，培养幼儿欣赏美、感受美与塑造美的能力。亲手制作美食，分享美食，感受春节喜庆的节日氛围。

难点：制作不同花样时掌握不同的技法，如卷、剪、夹、造型等。制作花朵枣花馍时，均匀地剪花瓣。

【活动准备】

有关枣花馍的民俗视频、枣花馍制作视频、图片，红枣、红豆、擀面杖、剪刀、筷子、每人一个小面团。

【活动过程】

一、幼儿认识、了解红枣

①请每个幼儿各品尝一个红枣，请幼儿从外形、味道、成长过程说说自己对红枣的认识以及红枣的营养价值。

②出示红枣阶段性成长的图片并请幼儿排序。

③观看视频了解红枣成长的过程。

二、幼儿说说自己吃过的用红枣制作的美食

师："你们吃过红枣做的哪些美食？哪些美食里有红枣呢？"

三、幼儿欣赏多样的枣花馍的图片与风俗的视频，了解枣花馍的寓意

①幼儿欣赏枣花馍图片，说说看到了什么样的枣花馍。

②幼儿观看枣花馍的风俗视频，了解枣花馍的寓意。

师："枣花馍是中国北方地区的传统美食，是在春节、结婚等喜庆的日子里吃的美食，它花样繁多，特别漂亮。红枣圆圆代表生活美满，大红的颜色代表日子过得红红火火，有吉祥如意的寓意。"

四、观看枣花馍的制作视频，了解枣花馍的三种做法

①提问幼儿制作枣花馍的步骤与重难点。

师："你看到的枣花馍是怎么制作的？长条面团你想怎样卷？你想创作什么样的枣花馍？"

②幼儿讨论制作花朵枣花馍时均匀剪花瓣的方法。

师："怎样把面片均匀地剪 6 刀或 8 刀？剪几刀？"

幼："6 刀。"

师："4 刀、6 刀、8 刀都行，怎样能剪得比较均匀呢？"

教师请几名幼儿用剪纸的方式演示刚讨论出的等分方法。

总结："刚才小朋友剪得很好，我们可以用画钟表整点的方法或 4 等分、6 等分的方法，先在最上面 12 点和对面 6 点的方向各剪 1 刀，两边再分别各剪 1 刀或 2 刀。”

五、幼儿操作，教师分组指导

师：“今天我们每人制作一个枣花馍，先想一想要做什么样子的，然后给面团塑形，再使用筷子、剪刀等工具。”

六、清理操作台，收操作垫，洗手，摆椅子

七、幼儿品尝、分享自己制作的美食

晚间开饭时，枣花馍蒸好后，幼儿品尝自己亲手制作的美食，饭后离园时光分享自己制作、品尝美食的感受。

【活动反思】

此节课幼儿前期的知识经验与技能经验储备稍有不足，比较单一。知识经验方面可提前和班里老师沟通结合每月的主题活动收集和春节相关的美食、风俗，增强幼儿对春节民俗文化的兴趣。技能方面可在区角活动中设置相关类型的花朵手工制作。在知识经验与技能经验有储备的情况下会使幼儿制作的作品多样化，增强幼儿的创造力和塑造美的能力。

大班社会活动：与病毒做斗争

空军工程大学航空机务士官学校幼儿园　沈　萌

【设计意图】

这是一个不一样的春节，一个叫“新型冠状病毒”的坏家伙给喜庆的日子蒙上了阴影。在疫情防控过程中，全国的医护人员争当志愿者，参与到与病毒的抗争中。

《指南》针对社会领域给出教育建议：运用幼儿喜闻乐见和能够理解的方式激发幼儿爱家乡、爱祖国的情感。同样，在这次疫情防控中，幼儿也需要培养出一定的责任感。大班孩子在这次疫情中深深感受到了疫情的厉害，知道要每天测体温、要勤洗手、外出要戴口罩等事项，我结合大班幼儿年龄特点，设计了本次社会活动“与病毒做斗争”，引导幼儿在看一看、聊一聊、戴一戴、说说做做的过程中了解新型冠状病毒的知识，知道基本的预防方法，同时表达对医护人员的感激之情与敬意。

【活动目标】

①了解新型冠状病毒的知识，知道如何预防。

②观看视频，尝试进行正确佩戴口罩的练习。

③激发对医护人员的感激之情与敬意。

【活动重难点】

重点：①了解新型冠状病毒的知识，知道如何预防。

②观看视频，尝试进行正确佩戴口罩的练习。

难点：激发对医护人员的感激之情与敬意。

【活动准备】

①幼儿对新型冠状病毒有一定的认识。

②视频（病毒知识、口罩的正确佩戴）、逆行者图片、每人一个口罩、歌曲《感恩的心》。

【活动过程】

一、看一看，了解新型冠状病毒

师："孩子们，2020 年的春节与以往的春节都不一样，你们知道是什么原因吗？"（幼儿回答）

师："是的，有一种病毒——新型冠状病毒在我们当中传开了，使得许多人生病了。这个春节我们就在家里进行居家隔离了。那你们知道什么是新型冠状病毒吗？"

师："老师这里有一个视频，请你们看一看，看完你们就知道什么是新型冠状病毒了。"（师幼共同观看视频）

师："谁来告诉我，你看到了什么？"

师："它的形状像小皇冠一样，靠飞沫传播。这是多么可怕的病毒呀！要是病毒找上你们，你们害怕吗？"（如果有幼儿说不害怕，就问一下原因，为什么不害怕）

师："是的，当我们都感到害怕的时候，却有这么一群人，他们主动申请前往病毒感染地区，去拯救病人。他们是谁呢？"（幼儿回答）

师："你们说得很对，是医院里的叔叔阿姨们，这些医护工作人员冲在了前线，去治疗那些感染了病毒的人。瞧，他们是这样的！"（再次观看视频：医护人员）

师："孩子们，你们看到了吗？在这个疫情防控的紧要关头，许多医护工作人员全力以赴，前往病毒感染区，用他们的方法隔断病毒传播，保护我们。他们厉害吗？"

师："他们很厉害！是他们不顾个人安危保卫着我们的健康。在这个非常时期里，还有许多称号送给他们。你们知道有哪些吗？"（爱心天使、白衣天使、逆行者……）

师："新闻里对他们称呼最多的是逆行者！当我们都在家里隔离时，他们却冲向病毒区，他们是最美逆行者！"

二、聊一聊，知道如何预防病毒

师："当这些逆行者在前线和病毒抗争的时候，我们小朋友能做些什么事情呢？"

师："那我们待在家，可以为他们做些什么事情呢？"

请4~5名幼儿交流。（保护自己、外出戴口罩、家里勤通风、定期消毒、在家多锻炼身体等）

师："是的，这些都是'保卫战'的好方法哦！"

三、戴一戴，尝试正确佩戴口罩

师："对了，刚才有小朋友说到外出要戴口罩，是这种口罩吗？"（出示口罩）

师："为什么要佩戴口罩呢？有什么用处？"（请2~3名幼儿说一说）

师："是的，口罩可以帮我们有效隔离病毒，防止飞沫传播。"

师："那你们会正确佩戴口罩吗？"

师："老师这里有一个视频，里面有医生叔叔录制的佩戴口罩的方法，让他把佩戴口罩的正确方法教给大家，好吗？"（幼儿观看视频）

师："孩子们，学会没有？会正确戴口罩了吗？那就来戴给老师看一看吧！"

师："孩子们真棒！一下子就学会了正确佩戴口罩。"（师幼戴好口罩继续活动）

师："孩子们，不要把口罩拿下来，我们戴着口罩继续上课哦！"

师："你们知道吗，医护人员要穿好防护服，戴好口罩，不管是白天还是晚上睡觉，都要戴好，不能脱下来。戴很久是什么感受呀？你们现在感觉怎么样？"

请4~5名幼儿说说感受。（突出闷气、难受）

师："口罩会帮助我们隔离病毒，但是戴很久，也会很难受，耳朵后面会疼。孩子们，现在请你们把口罩拿下来，放到小椅子下面的篮子里吧。"

师："刚才呀，你们说口罩戴久了会感觉闷，不舒服、耳朵疼。你们知道吗？我们的医护人员在医院里汗流浃背，需要戴好几层口罩呢（出示图片）。他们更加难受，但是他们坚持下来了！"

师："医护人员遇到困难努力克服，永不放弃的精神深深地感动着我们。请小朋友们说一说你们在日常生活中遇到困难是如何做的。"

请4~5名幼儿说一说。

四、说说做做，感谢逆行者

师："最后，让我们用自己的方式一起来感谢最美的逆行者，是他们为了我们的健康和病毒做斗争！"

师："如果让你们跟逆行者们说一句话，你们会说什么呢？你们可以想一想，然后跟我说一说，不要怕难为情哦！"（幼儿发言）

师："我相信，逆行者们听到你们感谢的话会更加勇敢！"

师："让我们的小手一起来学一学吧！"

师："还记得这首歌曲吗？孩子们，来吧！让我们一起来表演吧！"（表演手语歌曲《感恩的心》）

（在手语表演中结束本次活动）

【活动反思】

根据大班幼儿的心理发展特点创设了本次主题活动方案。引导班级幼儿讨论疫情暴发后生活、心理等方面的变化，知道新型冠状病毒的传播方式、如何自我保护等。引导幼儿学习正确佩戴口罩，知道不聚集不扎堆，注意个人卫生，打喷嚏用手肘捂住口鼻等。通过佩戴口罩亲身感受医护人员抗疫的不易，让孩子们懂得逆行者的伟大，懂得要有责任心、同理心，在需要自己的时候能献出自己的一份力量。

大班语言活动：田字格旅馆

空军工程大学信息与导航学院幼儿园　崔　佳

【设计意图】

大班幼儿即将毕业走进小学，孩子们也对小学生活充满了渴望。为了让孩子们进一步了解小学生活，我设计了“田字格旅馆”“文件盒里有什么”“我的课程表”等一系列幼小衔接活动。田字格本是小学生必要的学习工具，让幼儿初步了解田字格有助于他们进入小学后的学习。这节“田字格旅馆”采用故事和游戏的手法，引发幼儿积极探索。因为一年级的很多老师反映幼儿有在田字格里把字临摹反的现象，所以我将活动的重心放在田字格的方位感知及探索表达上，让幼儿在说说、玩玩中初步认识田字格，为书写做好前期准备。

【活动目标】

①大胆尝试在田字格里书写自己的名字。
②能把小动物放进相对应的田字格房间里。
③感知田字格中的空间方位，初步认识田字格。

【活动重难点】

重点：感知田字格中的空间方位，初步认识田字格。
难点：能把小动物放进相对应的田字格房间里。

【活动准备】

大田字格旅馆一张、小田字格若干张、动物图片。

【活动过程】

一、故事导入：猴子妈妈的田字格旅馆

师：“猴子妈妈开了一个旅馆，如何让四只小猫住进房间？”“四只小猫分别住进哪间房子？”

小结：房间分为左上间、左下间、右上间和右下间。

二、田字格房间游戏

游戏一：“躲猫猫”

游戏玩法：找到躲在田字格房间里的小猫。

师：“小猫躲在了哪间房子？”

游戏二：“住房间”

玩法一：一名幼儿给小动物安排房间，另一名幼儿说出房间的位置。

玩法二：一名幼儿说出给小动物安排的房间位置，另一名幼儿把小动物放进相对应的房间位置上。

师：“长颈鹿很高，住了几间房子？哪几间？”

师：“大象很大，住了哪几间房子？”

师：“把鳄鱼安排在左上间和右上间里应该怎么放？”

游戏三：“真正的客人”

游戏玩法：找到和图片一致的小动物图片，并把它放在和图片一致的房间里。

师：“哪只乌龟住进了旅馆？这只乌龟占了几间房子？”

师：“这三只火烈鸟有什么不同？如何像图片一样安排房间呢？”

师：“这只牛，头的方向朝向哪里？如何像图片一样安排房间呢？”

小结：要想安排好房间，得看清楚四个房间的位置。

【活动延伸】

初步认识田字格，并尝试在田字格里写自己的名字。

①出示田字格，猜一猜小学生用田字格来做什么？（小学生学习写字需要用田字格本）认识左上格、左下格、右上格、右下格及横中线、竖中线。

②欣赏小学生的书写作业。提供写有每个幼儿名字的田字格纸张，让幼儿尝试在田字格中书写自己的姓名（教师需关注幼儿的握笔姿势、书写笔顺等）。

【活动反思】

本节活动以“田字格旅馆”为主题，在活动中每只小动物所在的位置以及所占的格数不同，循序渐进地使幼儿理解田字格中的空间方位。同时进一步出示较为复杂的动物线条图形，幼儿需要细致观察，自己动笔试一试、画一画帮小动物们安排房间，激发幼儿对前书写的兴趣。

活动中，让幼儿观察的画面难度需要循序渐进，注意活动中的个体差异，对写不好自己名字的幼儿可以降低难度，并鼓励幼儿多尝试。活动后，可利用“跳房子”游戏进一步巩固幼儿对田字格中空间方位的理解。

大班语言活动：有趣的象形文字

空军工程大学信息与导航学院幼儿园　李　歌

【设计意图】

活动设计源于大班幼儿到了识字敏感期，对文字产生了浓厚兴趣。“老师，这是什么字?”“老师，字是怎么来的?”在阅读或观察周边环境时经常有幼儿这么问我。准确把握幼儿的兴趣点，关注他们对文字的敏感性，并帮助他们获得语言学习发展中的前识字核心经验，促使我尝试设计一节专门性的前识字活动，希望能激发幼儿对文字的兴趣，通过多种方式树立幼儿学习文字的信心。后来我看到了一本关于象形文字的绘本《三十六个字》。象形文字生动形象，既像画又像字，是非常好的早期阅读素材。幼儿能通过对象形文字特征的初步感知，激发对文字的兴趣，更好地了解汉字起源，为前识字奠定基础。于是我以绘本节选内容为素材，设计了本次活动“有趣的象形文字”。

【活动目标】

①感受汉字之美，对文字产生兴趣。

②了解汉字的演变过程及象形文字的特点，认识象形文字“马、鱼、门、石、子、女”。

③能仔细观察象形文字图片，发现象形文字和实物之间的联系。

【活动重难点】

重点：了解汉字的演变过程及象形文字的特点。

难点：认识象形文字“马、鱼、门、石、子、女”。

【活动准备】

截取绘本《三十六个字》的图片4张及对应动画片的片段、象形文字组合画、对应的现代汉字卡片和实物卡片、PPT 课件、情境画、抒情的配乐。

【活动过程】

一、象形文字的秘密

①出示象形文字组合画的图片，请幼儿观察并讲述自己看到了什么。

师："这幅画的秘密是什么？"（引出象形文字）

②了解象形文字的由来。

师："知道象形文字是怎么来的吗？"（幼儿自由阐述对象形文字的了解）

教师在幼儿回答的基础上通过 PPT 讲解象形文字的由来。

二、游戏：象形文字捉迷藏，感知象形文字的特点

①玩法：四张桌子，每张桌子上都有一幅情境画，里面隐藏着一些象形文字，请几个小朋友为一组，将这幅图画里藏着的所有象形文字都找出来，然后每组一个幼儿代表或共同合作用一句话把画上的内容讲述出来。

②幼儿分组游戏。

③各组分享各自的画面内容，其他幼儿补充，进一步感受象形文字的趣味性。

三、游戏：象形文字与现代汉字对对碰，感知象形文字和现代汉字的联系

①玩法：幼儿拿着各自凳子下面的实物卡片，找到和自己的卡片对应的象形文字或现代汉字好朋友，找到后一起贴在黑板上。

②幼儿进行游戏。

四、验证游戏结果

①观看动画视频验证两次游戏的结果：情境画中的象形文字是否全都找出来并猜对了其代表的意思？象形文字和现代汉字好朋友是否配对正确？

②出示六个象形文字对应的实物卡片，通过实物、象形文字、现代汉字的对比，感知象形文字和实物的联系，感受汉字的演变过程。

五、提升和延伸

（一）请幼儿根据黑板上的验证过程，尝试总结汉字是怎么来的

教师根据幼儿的回答补充小结：看到一个东西把它画下来形成象形文字，再慢慢简化成现代汉字。我们中国人就是这样用自己的聪明才智创造了独一无二的方块文字。

（二）感受汉字独一无二及文化的传承，产生文化自豪感

师："什么是独一无二？"（就是和别人不一样，只有我们才有的）

虽然其他国家也有它们的文字，但只有中国的汉字是仍在使用的最古老的文字，这是值得我们骄傲和自豪的事情。

（三）延伸：由汉字"咩"感知汉字生动形象的特点，引发幼儿对汉字继续探索的兴趣

汉字还有很多秘密，出示"咩"字，提问：认识它吗？（遮住"羊"）这个字认识吗？（遮住"口"）合在一起，羊嘴巴里发出的声音是什么？所以这个是什么字？

我们中国的汉字就是这么有趣！汉字的秘密还有很多很多，需要你们在接下来的学习和生活中继续去探索、发现！

【活动反思】

从活动中幼儿的反应来看，活动目标基本达成，重点难点也已初步掌握。幼儿在活动过程中参与度很高，第一个环节能积极大胆地阐述自己对于象形文字的了解。第二和第三个游戏环节时能积极探索、体验并和同伴交流讨论。在验证环节看到自己猜对时幼儿都十分兴奋。在最后的提升环节，"咩"字的趣味性让幼儿发出"哇，好神奇"的感叹，激发了幼儿探索的兴趣。整个活动动静交替，幼儿充分地和教师互动、和同伴互动、和材料互动。不足之处是教师的语言可以再精练精准一些，让幼儿去充分表达、总结。

大班语言活动：勇敢的克兰西

空军工程大学信息与导航学院幼儿园　林　静

【设计意图】

幼儿园日常的教学活动中，常常涉及关于勇敢的话题，比较多的是涉及幼儿运动能力和挑战生活中不敢尝试或不愿意做的事情。通常整体发展较好及优点比较突出的幼儿更容易在集体中受到关注和夸赞。事实上，那些容易被忽略的“小透明”应该获得更多的关注。《勇敢的克兰西》就是从独特的视角讲述这部分“孩子”。绘本富有童趣，故事情节不断地发生反转，克兰西优点与不足的神奇转换最终构成了绘本充满大爱的美好结局。绘本使幼儿知道人与人之间差异总是存在的，不好的事情有时候也是会变成好事的，要坦然面对自己的优点和不足，接纳自己，从而更加勇敢，这个勇敢更多的是指内心的“勇敢”。这种能力对于即将进入小学的大班幼儿来讲非常重要，所以我结合此绘本设计了本次语言活动。

【活动目标】

①初步理解绘本所表达的主要内容，能发现克兰西的勇敢和与众不同。

②能进行简单的猜测和想象。

③乐意参与阅读活动，愿意与同伴分享阅读的感受。

【活动重难点】

重点：理解绘本内容并能大胆进行猜测。

难点：能发现克兰西的勇敢和与众不同之处。

【活动准备】

PPT、绘画纸、水彩笔。

【活动过程】

一、谈话导入

以谈话的形式引出勇敢的话题。

师："你觉得你是勇敢的孩子吗？生活中做哪些事情是勇敢的表现？"

师："观察封面上的两头牛，哪头牛是克兰西呢？你从哪里看出来的？"

二、引导幼儿观看图片，分段讲述故事

①教师通过 PPT 播放绘本《勇敢的克兰西》，引导幼儿逐页观察绘本第 1 页至第 2 页。

师："克兰西的爸爸妈妈为什么很失望？不一样的克兰西和同伴在一起会发生什么事情呢？克兰西的心情怎么样？猜猜克兰西会怎么做？它会想什么办法使自己变得和别人一样？"

②幼儿讨论并讲述。

③观察绘本第 3 页至第 7 页。

师："克兰西想的办法和你们想的一样吗？不一样的克兰西还会发生什么事情呢？"

④观察绘本第 5 页，引导幼儿观察并提问：两边的图有什么不一样？为什么红背牛长得这么强壮，白腰牛却长得又瘦又小？

⑤观察绘本第 6 页至第 7 页，讲述故事并提问：每年一次的摔跤比赛谁是胜利者？为什么红背牛总是获胜呢？克兰西为什么没被发现？这时候其他的牛还会觉得克兰西没有白条不好吗？克兰西有什么变化？你从哪里看出来的？你觉得克兰西能取得摔跤比赛的胜利吗？

小结：原来与众不同也是有好处的。

⑥观察绘本第 8 页至第 13 页，提问：克兰西在干什么？为什么白腰牛要对克兰西进行训练？克兰西无数次被摔倒在地上，它放弃了吗？克兰西胜利了吗？这时白腰牛会和克兰西说什么？胜利后白腰牛要干什么？这时候克兰西是怎么做的？我们来看一下，最后发生了什么事情？

⑦请幼儿为故事起名字。

三、猜测结尾，大胆想象，用绘画的形式表现

①观察最后一幅图并提问：与众不同的克兰西和与众不同的海尔佳又会发生什么故事？它们的宝宝会是什么样的呢？

②幼儿大胆猜测并进行绘画活动。

【活动反思】

这个绘本初看浅显，但值得挖掘的教育价值非常大，孩子们对有细微线索的猜测环节非常感兴趣，能按照故事画面的推进进行观察和讲述，对于“勇敢”和“与众不同”都积极发表了自己的理解和想法，对于活动最后环节的猜测更是大胆表达了各种有理有据的说法。整个活动幼儿参与兴趣高，讲述也相对完整、准确，但是由于时间的关系，这个绘本中其他有价值的信息并没有拓展开，所以这个活动可延伸和挖掘的方面还有很多，在后期会进行相关的延伸拓展，把这个绘本的教育价值最大化地挖掘出来。

大班语言活动：诗歌“家”

空军工程大学航空机务士官学校幼儿园　高顺雨

【设计意图】

幼儿诗歌主题单纯、内容浅显、节奏明快、韵律和谐，富有儿童情趣，易于朗读和记忆，是幼儿接触较多的一种文学形式。在诗歌的教学中，教师要采取适当的方法，实施正确的教育，以发展幼儿的创造性思维。在教学中，我借用图片让幼儿清晰地了解诗歌内容，掌握诗歌的句式，为接下来幼儿的创编埋下伏笔。通过师生对读、拍节奏读、唱读的形式，让幼儿体会学习诗歌的乐趣，增强幼儿的审美感受，把幼儿从机械的朗读背诵活动中解放出来。在诗歌仿编的学习过程中，借助图示让幼儿由易到难，层层深入地开展仿编，为幼儿提供了想说、敢说的学习环境和条件。整个活动让幼儿成为学习的主体，包括评价环节的设计也是让幼儿之间相互点评，教师只是起着引导和辅助的作用。最后的结束活动让幼儿回归到生活，将所学知识应用到生活之中。

【活动目标】

①理解诗歌内容，体会学习诗歌的乐趣。
②尝试按照诗歌的句式进行仿编，锻炼想象力和创造力。

【活动重难点】

重点：理解诗歌内容，体会学习诗歌的乐趣。
难点：尝试按照诗歌句式进行仿编。

【活动准备】

背景图，蓝天、草地、大树、河水等事物的图片，背景音乐《我爱我的家》、伴奏音乐《小星星》。

【活动过程】

一、图片导入，引入诗歌

师："老师给大家带来了一幅美丽的图画，从图画中你看到了什么？"（幼儿回答，老师对应贴图片）

师："这些不仅仅是图画里的内容，更是一个个家，它们都是谁家呢？我们一起来听一听。"

二、理解诗歌内容，感受诗歌的画面美和语言美

①教师有感情地朗读诗歌，幼儿欣赏。

师："请小朋友们认真听诗歌，找出它们都是谁的家？"（幼儿回答，老师贴图片）

②教师根据图片讲解形容词"蓝蓝的、密密的、绿绿的、清清的、红红的、快乐的"，引导幼儿说出其他的形容词，以丰富幼儿的词汇。

师："诗歌里提到的是'蓝蓝的天空'，还可以是怎样的天空呢？"

③教师请幼儿边观察图示边轻声跟读。

师："请小朋友们跟着老师的图示，一起来读一读诗歌吧。"

④师生对读。

师："接下来老师带着大家一起玩师生对读的游戏，老师读前面的部分，小朋友们读后面的部分。"（师生调换顺序再次对读）

三、创意阅读诗歌，体会学习诗歌的乐趣

（一）拍节奏读诗歌

师："其实这首诗歌还可以跟我们一起玩拍节奏的游戏呢。"

教师以"蓝蓝的天空是白云的家"为例讲拍的节奏，让幼儿自由拍身体部位，边拍边读。

（二）唱读诗歌

教师引导幼儿填词唱歌，跟着伴奏唱两次。

师："小朋友们，你们会唱《小星星》吗？第一句怎么唱？我们把第一句歌词换成'蓝蓝的天空是白云的家'，跟着音乐节奏一起唱一唱吧。"

四、尝试按照诗歌的句式进行仿编，培养幼儿的想象力和创造力

（一）教师带幼儿玩填词游戏，引导幼儿由简到难进行创编

师："小朋友们，我把这张图片拿走，你能填上其他词语吗？"

逐渐增加难度，引导幼儿按照诗歌的句式进行仿编，并鼓励幼儿大胆地说一说。

（二）诗歌大比拼

教师提出要求：四人一组，一人说一句，连成一首新诗。

幼儿自由结合，四人一组创编新诗歌，然后分组上台展示，并请台下的幼儿当小评委进行点评，说出自己的想法。教师引导小评委说出各组幼儿的表现好在哪里，不好在什么地方，应该怎样修改。

五、结束活动

师："除了小朋友们说到的这些，在我们幼儿园还有很多不一样的家，我们一起去户外找一找吧。"

教师带着幼儿离开教室去户外，活动自然结束。

【活动反思】

本次活动借助图片导入，能够调动幼儿的学习兴趣，在观察与讨论中，让幼儿知道图片内容，进而帮助幼儿理解诗歌的内容和句式。借助各种有趣的形式引导幼儿朗读诗歌，让幼儿体会到学习诗歌的乐趣。在仿编诗歌中，通过由简到难、层层深入的方式，幼儿能够大胆创编，尤其是最后的自由合作环节将本次活动推向高潮。每个孩子都能积极参与，大胆表达自己的想法，按照诗歌句式进行仿编。

大班科学活动：影子大侠

空军工程大学信息与导航学院幼儿园　崔　佳

【设计意图】

《纲要》中指出，教育活动内容要贴近幼儿的生活，选择幼儿感兴趣的事物和问题，有助于拓展幼儿的经验和视野。影子是幼儿几乎每天都能见到的，影子时大时小、时隐时现地出现各种各样的变化，会引起幼儿强烈的好奇心和探究欲望。探索影子秘密的最好方法就是让幼儿亲自去做一做，看一看，玩一玩，所以我设计了“影子大侠”这一活动。

【活动目标】

①积极探索，体验科学探索活动带来的乐趣。

②知道影子的变化与光和物体的位置有关。

③能与同伴合作探索光或物体的位置变化对影子产生的影响。

【活动重难点】

重点：知道影子的变化与光和物体的位置有关。

难点：与同伴合作探索光或物体的位置变化对影子产生的影响。

【活动准备】

手电筒、图形磁力玩具、PPT 课件。

【活动过程】

一、活动导入：创设游戏情境，导入影子的概念

①出示 PPT 小兔影子图片，导出影子的概念。

师：“是谁在求救让小朋友帮帮它？”

师：“你们怎么知道是小兔的？”

②小结：看见了小兔的影子，光出现就会产生影子。

二、影子变身：光或物体的位置变化对影子的大小产生影响

①通过 PPT 提示，个别幼儿站在固定位置上，移动光源的位置观察幼儿影子的变化。

②分组尝试，选出代表演示光源位置不变、幼儿位置变化，让影子变大或变小。

③通过 PPT 动图演示帮助幼儿总结：光或物体的位置变化对影子大小的影响。

三、游戏“营救小兔”

游戏玩法：每组提供不同形状的磁力玩具，引导幼儿组合成钥匙，运用以上经验，通过光或钥匙的位置变化，使钥匙和门锁的形状吻合才可打开门锁，营救小兔。

游戏一：影子门锁的图形比钥匙小，引导幼儿与同伴合作，移动光源或钥匙的位置，门锁和钥匙吻合才可打开门锁。

游戏二：影子门锁的图形比钥匙大，移动光源或钥匙的位置，门锁和钥匙吻合才可打开门锁。

游戏三：难度提升，出示变形的门锁图形，通过光线的斜射或钥匙位置的斜摆，使钥匙和门锁吻合，打开门锁。

游戏小结：成功解救小兔，光或物体的位置变化，影子发生变化。

四、影子变身

成功解救小兔，并将影子大侠的标志投影在自己的身上，变身成影子大侠。

【活动反思】

此活动游戏环节环环相扣、层层递进，活动时孩子们一直沉浸在游戏当中，遇到问题也不放弃，反复试验、不断探索，相互配合并找到解决问题的方法。第一个环节中孩子们首先了解到有光才能产生影子。第二个环节中孩子们通过光源的位置变化让影子变大变小，孩子们对光影的探索产生了极其浓厚的兴趣。第三个环节中孩子们分组合作，通过光或物体的移动来打开影子门锁，解救游戏中的小兔。但是活动中组合钥匙对个别幼儿产生了干扰。活动时间和难度可根据孩子的表现做出相应调整，同时可以把此活动拓展到其他影子大侠故事闯关游戏活动中去，并把光影的关系延伸到生活、户外、家庭中。在此活动中孩子们不仅理解了光与影位置变化的关系，同时和同伴一起动手操作、解决问题，最终通过大家的努力解救了小兔，变身成了影子大侠，获得了成就感和荣誉感。

大班科学活动：能干的指纹

空军工程大学信息与导航学院幼儿园　王　青

【设计意图】

有一天果果跑过来问我："王老师，你的手上有几个螺旋纹，我姥姥说螺旋纹多的人有福气！"其他幼儿在旁边问什么是螺旋纹，并认真观察自己的手指，我看孩子们兴趣很高，就查找了很多指纹的知识，发现内容丰富，探索性很强，适合大班幼儿，于是设计了本次活动。

【活动目标】

①培养观察能力及探索能力。
②了解常见的三种指纹的名称及特点。
③知道指纹具有独特性以及指纹技术在生活中的应用。

【活动重难点】

重点：了解常见指纹的名称及特点。
难点：知道指纹具有独特性。

【活动准备】

PPT、图片、白纸、统计卡。

【活动过程】

一、故事引入，引起幼儿的探索兴趣
热身活动，找出故事中送粮食的小动物。
二、游戏活动：我是小侦探
①出示柯南图片，激发幼儿兴趣。
②讲述案件，引出指纹。
③留下悬念：如何找出凶手？

三、采集自己的指纹并仔细观察

①幼儿分组用印泥将自己的指纹印在纸上并仔细观察，然后和同伴的指纹进行比较。教师巡视并指导幼儿观察指纹形状的不同。

②引导幼儿观察归纳指纹的三种类型。

③出示三种常见指纹的图片和名称，帮助幼儿进行辨认。

④分发统计卡让幼儿统计自己印出来的指纹。

⑤和大家分享统计的结果。

⑥运用所学指纹的有关知识破案，找出故事中拿走宝物的人，并感受指纹的独特性。

四、看图片了解指纹的用途

①启发幼儿想象指纹的妙用。

②观看图片了解指纹在生活中的应用。

师："关于指纹你们还有哪些奇思妙想呢?"（指纹冰箱、指纹钱包、指纹手机、指纹汽车……）

总结：小朋友们想出了这么多的好点子，希望你们能用智慧的钥匙开启科学的大门，为人类的发明创造做出贡献!

【活动反思】

科学学习是在探究具体事物和解决实际问题中，尝试发现事物间的关系的过程。对于大班幼儿来说，亲身体验是教学活动的保证，要通过实践来感知和理解学习内容。

在本次活动中，首先用侦探故事引出主题。其次用破案游戏引起幼儿的学习兴趣，并且游戏贯穿整个活动。幼儿通过采集自己的指纹发现了指纹的秘密，总结出了指纹的三种类型。最后寻找指纹在生活中的用途。整个活动是在启发、引导下让幼儿学会思考、观察与探索。活动中幼儿兴趣浓厚，仔细寻找指纹的秘密。以小组方式总结指纹类型时，孩子们争先恐后地讲述自己的发现。在对比每个指纹后发现了指纹的独特性，找到了最终的凶手，孩子们高兴地欢呼起来，伴随着结案也达成了本次活动的目标。

不足之处是在采集指纹的过程中，因幼儿手指小或拓印方式不正确等，导致指纹拓印不清晰，而教师也没有做过多的提示，影响了指纹的对比。下次活动时我将要求幼儿用大拇指来拓印，印时手指不要动，时间长一些，同时教师在旁边辅助，确保印出来的指纹清晰，以便对比观察。

大班科学活动：溶解的秘密

空军工程大学信息与导航学院幼儿园　张　敏

【设计意图】

水是孩子们在生活中接触较多的物质，孩子们天生爱玩水，对水充满了好奇。在前几天的实践活动中，孩子们对“饮料的制作”产生了浓厚的兴趣，同时也产生了疑问：为什么有些东西混入水中后就消失了，有些东西混入水中后能改变水的颜色或者是有杂质（沉淀物）？由于孩子们对溶解的概念不清楚，同时，为了支持孩子们的新发现，我认为有必要设计一节实验活动课让孩子们了解清楚。希望他们通过在实验中的大胆操作、大胆尝试发现溶解的秘密，培养对科学的探索兴趣。

【活动目标】

①激发对科学实验活动的兴趣，体验活动带来的乐趣。

②尝试通过实验活动了解当水与其他物质混合时，有些物质能溶解，有些物质不能溶解，并了解溶解的基本含义。

③积极思考，大胆操作，能用较连贯的语言讲述、记录自己的实验结果。

【活动重难点】

重点：通过实验活动了解当水与其他物质混合时，有些物质能溶解，有些物质不能溶解。

难点：了解溶解的基本含义，积极思考，大胆操作，能用较连贯的语言讲述、记录自己的实验结果。

【活动准备】

每人一个透明塑料杯、小叉子、抹布、塑料盆、盘子、量杯；清水、热水、记录表和铅笔；分组提供5种不同的实验材料，包括可溶解的（盐、糖、味精）和不可溶解的（沙子、茶叶、油），并附上材料名称标签；有一定的识字量及记录的经验。

【活动过程】

一、引出活动主题，激发幼儿的实验兴趣

师："前几天，小朋友自己动手制作了饮料，知道了水和有些物质混合后能制成饮料，那是什么现象？"（引导幼儿回答完全溶解）

师："有什么东西是不能完全溶解的呢？"（引导幼儿回答"沙子、土、石头等"）

小结：你们说得很对，这些东西都不能溶解。其实还有很多东西也是不能完全溶解的。今天我们来做几个小实验，用水和其他物质混合，相信你们会从实验中发现更多的秘密。

二、观察每组桌子上的材料，启发幼儿用连贯的语言描述实验材料

师："但在做实验之前，请你们仔细观察一下桌子上都有什么实验材料，一会儿我要请小朋友来告诉我。"（幼儿观察材料）

师："通过观察，你们知道它们是什么了吗？"（请幼儿举手回答他们观察到的材料名称）

三、请幼儿试猜各种材料与水混合后是否溶解，并把猜出来的结果记录在试猜记录表上

师："现在你们想不想自己尝试一下做实验？"（激发幼儿的兴趣）

师："老师这儿有一份试猜记录表；上面有很多材料。想请你们先猜一猜哪些东西可以溶解，哪些东西不能溶解，老师帮忙记录。"（幼儿试猜）

师："你们的答案不太一样，一会儿就要请小朋友们自己做实验来证明，看你们猜的答案对不对！"

四、通过实验使幼儿了解溶解的含义、实验的目的和要求

①教师做实验——把盐分别放入清水和热水中，让幼儿仔细观察其中的细微变化。

②教师把盐放入清水中，再用勺子搅一搅，让幼儿仔细看杯子里有什么变化。

幼儿观察发现还有一点点盐没有溶化。

师："那有什么办法能让它溶化得快一些呢？"（引导幼儿说出自己的想

法，如用力搅、加热水等）

按照幼儿说的方法进行操作。

师：“咦！盐没有了，消失了，怎么回事？是因为盐都溶化了。”

小结：盐混入水中后溶化了消失了。事实上，它还在那里，只是我们看不见，但是我们能尝到味道，像盐这样的固体物质与水混合后，好像消失了，我们看不见它原来的形状，这种现象就叫作溶解。

师：“我的实验做完了。你们帮我把它记录在我的实验记录表上吧！”（教幼儿填表）

③请幼儿用桌子上的材料自己尝试，哪些物质可以溶解，哪些不能溶解，还可以用清水和热水分别试试，看有什么不同。提醒幼儿一定要及时把实验结果记录在实验记录表上。

师：“我们做的实验很多，杯子每人只有一个，所以你们不要去尝它的味道，仔细观察就可以了。用热水时要小心。一个实验做完后把水倒入盆中就可以进行下一个实验了。小朋友们可以两人一组做实验，一个小朋友记录，一个小朋友做实验。也可以互相交换。共同完成实验记录表。不懂的可以问老师。”

五、幼儿动手操作，教师巡回指导、观察，并及时引导和帮助个别幼儿操作

①让幼儿尝试动手操作的乐趣，教师尽量不做过多的干扰。

②教师提醒幼儿互换角色再做实验。

六、实验做完后，教师请幼儿把试猜记录表和实验记录表做对比

师：“做完实验的小朋友可以对照着试猜记录表和实验记录表看看自己刚才猜的和实验结果一样吗。”

小结：经过这次实验活动，相信你们懂得了许多关于溶解的知识。还没做完的小朋友可以拿着这张记录表回家和爸爸、妈妈一起完成。做完的小朋友回家也可以看看，还有什么东西可以用来做溶解实验。小朋友们可以把做的实验结果带来告诉大家！

【活动反思】

这次实验活动是由“饮料的制作”生成的。幼儿对溶解的过程很感兴趣，他们不断地尝试。在投放材料上，开始设计时，教师只考虑到材料的不同溶解程度，只设计了一组材料，但在谈话活动中小朋友们提出了许多新的实验材料，这就启发了教师投放更丰富的实验材料，并分组轮流实验，使他们在活动过程中充分体验实验的乐趣，自由交流实验结果。在这次实验中，小朋友们理解了溶解的概念，知道了完全溶解和不完全溶解的区别，在与同伴交流的过程中积极思考，并且发现了许多新的秘密。

大班数学活动：我用格子做游戏

空军工程大学信息与导航学院幼儿园　王　颖

【设计意图】

大班幼儿的创造力与想象力都有了飞跃的发展，他们更喜欢有难度和挑战的游戏。对幼儿来说格子比较常见，本节活动运用格子的特征来做游戏，鼓励幼儿发挥想象力，开动脑筋参与到游戏中来。本班幼儿常常接触棋类游戏，因此有了一定的基础，也对棋类玩具很感兴趣，因此设计了本次活动。

【活动目标】

①体验与同伴一起用格子做游戏的快乐。

②能够在格子旋转后，空间位置发生变化以后描述出所选交叉点的具体位置。

③了解生活中哪些物品是格子状的。

【活动重难点】

重点：了解格子的特征，运用其特点创设有趣的游戏。

难点：能够在空间位置发生变化后说出特定交叉点的准确位置。

【活动准备】

方格子老虎图片、彩色圆形磁铁、便于幼儿操作的 9 宫格与 16 宫格。

【活动过程】

一、导入活动

教师邀请方格子老虎到班上来做客，小老虎给小朋友带来了一份礼物。出示礼物（9 宫格）请幼儿猜测这份礼物可以做什么，怎么玩。

二、出示 PPT，了解生活中呈格子状的物品

①请幼儿说一说自己在生活中见过哪些物品是格子状的。

②出示 PPT 了解生活中更多呈格子状的物品。

③知道格子还可以用来做游戏。

三、认识格子，并用格子做游戏，以 9 宫格、16 宫格为例

①原来小老虎给我们带来的格子是用来做游戏的。在做游戏前我们先来认识一下这些格子吧。出示 9 宫格，请幼儿观察 9 宫格的特征。

②请幼儿说一说这些格子的特征，引出 9 宫格中的横线、竖线和交叉点的概念。教师在其中一个交叉点上放上彩色圆形磁铁。请幼儿说出交叉点的位置（在第几条横线、竖线的交点上。）在此基础上教师增加交叉点的个数请幼儿说出交叉点的位置。

③教师将格子上的交叉点标记出来，幼儿以最快速度在自己的格子上复制出交叉点的位置。

④将 9 宫格的空间位置发生变化（旋转 90 度），请幼儿再次说出所选定的交叉点的位置，感受与旋转之前的变化。

⑤用同样的方法认识 16 宫格。

小结：当我们旋转了 9 宫格后，9 宫格的空间位置发生了变化。我们再次描述所选定的交叉点时，它的空间位置也发生了变化。

四、用格子做游戏

①将幼儿分为三组，在地板上画出 3 个 16 宫格。教师在黑板上标出交叉点的位置，幼儿以最快的速度站在交叉点的位置上看谁找得最快。

②请找得最快的小朋友说一说获胜的方法。

③教师总结方法，请幼儿再次比赛。体会用了这个方法后的感受，看看是否能够快速找到位置。

五、用计时的方式进行比赛，游戏更加具有挑战和趣味性

【活动延伸】

鼓励幼儿想一想还有哪些游戏可以用到格子并尝试玩一玩。

【活动反思】

幼儿在本次活动中了解到生活中有一些物品是格子状的，以及将这些物品做成格子状的原因。幼儿在 9 宫格中寻找指定的交叉点，了解到了方位。一步步延伸为 4 乘以 4 的 16 宫格，难度进一步提升，感受数学游戏的趣味性。

大班数学活动：小金鱼找朋友

空军工程大学信息与导航学院幼儿园　王　颖

【设计意图】

大班幼儿对数字的敏感度有所提升，他们会在生活中寻找数字，也更喜欢有难度和挑战的数学游戏。本班幼儿具有数独游戏的经验，为了鼓励幼儿发挥想象力、开动脑筋参与到游戏中来设计了本次活动。

【活动目标】

①喜欢参与数学活动，获得在游戏中发现数字排列规律的成就和喜悦。

②能够在游戏中发现数字排列的规律，总结出数字推理的方法。

③感知数字排列的规律及特点。

【活动重难点】

重点：感知数字排列的规律及特点。

难点：在游戏中发现数字排列的规律并进行推理。

【活动准备】

PPT 故事《小金鱼找朋友》、数字规律 PPT、操作卡每人一张（按照规律排列数字）、数字头饰（每人一个）。

【活动过程】

一、导入活动

①出示故事 PPT《小金鱼找朋友》，设置情境小金鱼和十个朋友生活在一起，但小伙伴们被施了魔法，被藏了起来找不到了。小伙伴们被藏在了一些数字方格的后面，只有猜对了数字才能解除魔法救出小伙伴。

②问号的后面藏着小金鱼的好朋友，只有猜对数字才能救出小金鱼的

朋友。鼓励幼儿发现规律，大胆尝试。设置情境激发兴趣，引出规律。

二、发现规律，救出小金鱼的朋友

①出示魔法格子，请幼儿仔细观察每行的数字，猜测问号后的数字，救出小金鱼的朋友。

1	2	3
1	3	2
2	1	3
2	?	?

②提问：每行的三个数字一样吗？

如果后面出现与已知的数字排列一样的数字排列，可以救出小金鱼的朋友吗？我们试一试。（数字后没有小鱼）看来如果数字排列重复了是救不出小金鱼的朋友的。你发现了什么规律？如果我们重新写数字，并且不能与已知的数字排列相同，也不能和该行已知的数字相同，看一看能否救出小金鱼的朋友。（显示数字后的小鱼）

③我们救出了小金鱼的两个朋友。我们再来试一试能不能救出更多小金鱼的朋友。

④再次找对问号后的数字，救出小金鱼的朋友。

4	5	6
4	6	5
?	?	?
5	6	4

小结：原来我们判断数字时要对比上面和下面的数字来看，每行的数字都不能出现两个一样的，每行之间不能相同。

⑤幼儿运用总结出的方法救出更多的小金鱼的朋友。

1	2	3
3	4	5
5	6	7
?	?	?

2	3	4	1
3	4	1	2
?	?	?	?

⑥播放 PPT，出示所有方格和小鱼，请幼儿说一说救出所有小金鱼的朋友的方法。

三、完成操作卡后幼儿站在格子中游戏，进一步感知数字的排列规律和游戏的乐趣

①幼儿自主结成团队，在操作卡上按规律摆出数字排列。

②每名幼儿头戴有数字的头饰，比赛哪组用最短的时间按照规律站好，并说出数字规律。

【活动延伸】

鼓励幼儿尝试更多形式的逻辑思维推理游戏。

【活动反思】

本节活动中幼儿学习数字推理的方法，从简单数字的推理游戏到延伸为 4 个数字的推理，难度有所提升，增加了游戏的趣味性和挑战性，幼儿在游戏中理解数字推理，更加喜欢数学游戏。在游戏的过程中理解并感受数学知识的趣味。

大班数学活动：有趣的项链

空军工程大学信息与导航学院幼儿园　杨　敏

【设计意图】

在与孩子分享故事《小刺猬的项链》时发现故事中出现了“模式”的内容，后借助绘本故事中生动有趣的童话情境让幼儿在欣赏故事的同时，观察不同动物项链颜色的排列顺序，发现不同项链的排列规律，再将所发现的规律迁移到教学中。准备幼儿感兴趣的操作材料——串珠。幼儿在动手操作中，发现项链不但可以按颜色进行排列，而且可以按大小、形状等排列。本节课是以串项链的游戏来巩固模式的复制、扩展与填充，一方面锻炼幼儿的手眼协调性，使数学活动和生活紧密结合变得更有趣，另一方面使幼儿掌握模式的核心经验——识别模式和模式的创造与转换。

【活动目标】

①发现生活中各种有趣的规律。

②发现故事中项链的排列规律，并积极尝试自己动手串项链。

③尝试创造出新的排列规律。

【活动重难点】

重点：幼儿在动手操作中习得经验，理解模式的多样性，而不仅仅是颜色的复制。

难点：幼儿在教师的引导下知道生活中随处可见的各种模式（如听觉、视觉方面的），引导幼儿跳出视觉形式的模式，鼓励幼儿大胆创造听觉形式的模式。能一起合作讨论、创造并进行展示。

【活动准备】

《小刺猬的项链》故事 PPT、珠子若干（一盒有红、黄、绿三色的珠子；一盒有各种形状、大小不一的珠子）。

【活动过程】

一、欣赏绘本故事

①师："今天老师给大家带来了一个故事。在欣赏故事之前，我要给大家说一个谜语，请小朋友猜一猜是哪个小动物。"

圆眼睛，嘴巴尖，浑身是刺儿到处钻。（刺猬）

②根据故事情节展示相应的 PPT 图片。

师："小刺猬生活在美丽的大森林里。它是一个活泼、善良、喜欢交朋友的小刺猬。可是，有一件事情总是让它非常烦恼：森林里的小动物们总是害怕被他身上的刺扎伤，所以经常离它远远的。每天，小刺猬只能孤孤单单地去果园里摘果子，一个人在家里安安静静地用晚餐。小刺猬的日子过得好孤单呀，因为没有朋友的陪伴。有一天，它去果园里找来了许多小豆子。你们看看，这些豆子长得什么样呢？这些豆子有什么不一样呢？项链中藏着什么秘密呢？"

二、操作活动

①教师出示串了一半的项链，引导幼儿发现项链的排列规律，邀请幼儿填充剩余部分的项链。

②教师提供大小、颜色、形状不同的珠子，幼儿分组，尝试创造出不同模式的项链。

③鼓励幼儿说出自己创编项链的规律。

三、扩展活动

（一）想一想、说一说

师："小朋友们，还知道哪些不同的规律呢？大家可以说一说声音、动作、季节、图案等方面的规律。"

（二）用身体做游戏

师："咱们来挑战一下用身体做游戏，现在大家分成三组，各组成员一起商量用自己的身体动作尝试创造不同的模式。"

【活动反思】

①有的幼儿在串珠子之前没有打结，所以频频撒落，操作前一定要提醒幼儿。

②在扩展活动时多引导幼儿思考，生活中有很多是有规律的，如季节、星期等，帮助幼儿积累经验。

大班艺术活动：舞蹈创编“洗衣乐”

空军工程大学航空机务士官学校幼儿园　周志英

【设计意图】

生活中有许多现代化工具给我们带来了便捷，孩子们有一定的生活经验。本课的设计灵感来自孩子们在户外模仿洗衣机的自主游戏，大班的幼儿有一定的想象力和表现力。《纲要》指出：“提供自由表现的机会，鼓励幼儿用不同艺术形式大胆地表达自己的情感、理解和想象，尊重每个幼儿的想法和创造，肯定和接纳他们独特的审美感受和表现方式，分享他们创造的快乐。”在本次活动中孩子们自由地想象、创造、表现，提升了他们感受美、表现美、创造美的能力。

【活动目标】

①初步尝试用动作表现洗衣机洗衣服的情景。

②能积极探索，大胆尝试，发展想象力、创造力、表现力，增强自信心，体验成功的喜悦。

③体验劳动过程带来的乐趣。

【活动重难点】

重点：引导幼儿创编洗衣机“洗衣服”和“甩干”环节的动作。

难点：幼儿在创编洗衣机“洗衣服”和“甩干”环节的动作时手脚配合，动作节奏和音乐配合。

【活动准备】

①一段洗衣机洗衣服的视频。

②洗衣机洗衣服流程图（图一：放衣服；图二：放水后，衣服飘起来了；图三：洗衣服；图四：甩干）。

③各种衣服样式图片。

④“洁净洗衣店”背景图一幅。

⑤音乐、粉笔。

【活动过程】

一、师生做韵律舞“我爱洗澡”引入主题

师：“我们洗完澡了，换下来的脏衣服用什么洗既省时又省力呢？”

二、幼儿自由探索创编

①播放洗衣机洗衣服的视频，引导幼儿回忆洗衣服的流程。

师：“洗衣机是怎样洗衣服的呢？”（幼儿自由发言）

师：“老师这有一段洗衣机洗衣服的视频，让我们一起来看一看。”

②教师逐一出示洗衣服的流程图，让幼儿尝试创编相应的动作，重点引导幼儿创编洗衣机“洗衣服”和“甩干”环节的动作。

师：“洗衣机在洗衣服时要把衣服左转转、右转转，还要上下翻滚，假如你是件衣服，可以用哪些动作来表现呢？”

师：“如果再加上脚的动作，就好像衣服真的在洗衣机里转动一样，自己来试一试？”（鼓励幼儿手脚动作配合）

师：“洗衣机在甩干衣服时是怎样的？快速转动时可以用什么样的动作来表现呢？”（提醒幼儿注意速度与手脚的配合）

③幼儿随音乐自由创编洗衣机“洗衣服”舞蹈。

④请个别幼儿展示有创意的动作。

⑤幼儿随音乐再次自由创编洗衣机“洗衣服”舞蹈。（提醒手脚动作要有配合）

⑥请个别幼儿完整展示有创意的舞蹈。（幼儿展示后，教师点评幼儿有创意的动作）

⑦教师展示自己创编的舞蹈。

⑧幼儿再次随音乐自由创编舞蹈。

三、开洁净洗衣店，进一步进行创编

①出示各种衣服样式图片，幼儿用各种动作模仿各种衣服样式。

师：“小朋友，你们都见过什么款式的衣服呢？”（教师根据幼儿的回答出示各种衣服图片）

师：“小朋友，想一想，怎样用动作来表现各种衣服呢？”（教师逐图

指导）

幼儿自由做各种衣服样式动作，教师猜是什么衣服。

②幼儿随音乐自由创编“洗衣服”“晒衣服”舞蹈动作。

师：“看着一件件脏衣服变成了干净的衣服，你们心里感觉怎么样？是呀，劳动是快乐的，我们从小要做个爱劳动的好孩子。”

师：“我们这里有这么多衣服（教师指着各种衣服样式图片），就让我们开一家‘洁净洗衣店’吧，把它们都洗干净好不好？洗完衣服要晾衣服的，到时候你们摆出各种衣服样式的动作，让我猜一猜你们洗的是什么衣服，好吗？”

教师出示洁净洗衣店背景图，布置相应的场景（在地面上画出相连的两个圆圈代表双缸洗衣机，大、小不同的圆圈代表大小不同的全自动洗衣机），幼儿随音乐在相应的洗衣机里自由创编舞蹈。

音乐停时，幼儿摆出各种造型，让教师猜猜看。

③随音乐自由出场去晒衣服。

师：“现在我们一起到太阳下晒衣服吧！”

【活动反思】

本次活动很好地体现了《纲要》《指南》的精神，选题贴近幼儿生活，幼儿有一定的生活经验，活动的设计游戏化、情境化。教学目标明确具体，层次清晰。教学方法得当，采取层层递进法，让幼儿在观察中、尝试中、探讨中进行自主学习。幼儿的学习既有独立自主的探索学习，又有同伴间的相互学习，还有师生互动学习。师生互动自然，组织有序，幼儿兴趣盎然，积极投入，充分发挥了幼儿参与活动的积极性和主动性，很好地达成目标。重难点的解决采取观看视频、观察图片、语言启发、图例法、幼儿相互学习等由易到难、层层递进的方法，教学效果良好。在幼儿自主表达创作过程中，教师不做过多干预或把自己的意愿强加给幼儿，在幼儿需要时再给予具体的帮助，充分尊重幼儿。本次活动是幼儿独自创编舞蹈，幼儿相互合作的创编少，在第二课时可在此基础上尝试让幼儿进行两人乃至多人的小组创编活动。

大班艺术活动：有趣的纸版画

空军工程大学航空机务士官学校幼儿园　王　颖

【设计意图】

我园一直以创意美术作为主要特色，我们的孩子也从小班开始就接触各种各样的美术形式。《指南》艺术领域感受与欣赏目标 2 的教育建议中指出：创造条件让幼儿接触多种艺术形式和作品。所以当我发现幼儿在中班时期特别喜欢使用剪刀来进行剪贴画的创作时，便思考如何让幼儿在熟悉剪贴画的基础上进一步了解美术的多种形式。于是我大胆地进行实践，将剪贴画与拓印相结合来制作纸版画。我根据幼儿的年龄特点和接受水平，提供了不同层次的操作材料让幼儿自主选择，让孩子们在操作中尽情发挥想象力，享受创作的过程，从而进一步感受不同艺术形式所带来的乐趣。

【活动目标】

①认识纸版画并了解纸版画的制作过程。
②体验制作纸版画带来的乐趣。

【活动重难点】

重点：了解纸板画的制作过程。
难点：掌握拓印的方法。

【活动准备】

展示作品三幅，制版一张，大卡纸和彩纸人手一张，小卡纸若干，滚刷人手一支。

【活动过程】

一、展示纸版画，激发幼儿兴趣

师："今天王老师带来了一张特别神奇的画，我们一起来看一看。"（出

示作品）

师：“这张画画的是什么呢?”（小女孩）

师：“你们觉得是怎么画出来的?”（引发幼儿讨论并提问从哪里看出来的）

二、介绍纸版画

师：“刚刚说了这是一张神奇的画，那它到底神奇在哪里呢？你们和我一起说：变变变，看看会发生什么事。”（打开三张一样的纸版画）

师：“变成几张了?”（三张）

师：“那你们发现这三张画有什么特点呢?”（一样）

师：“诶，怎么是一样的呢？这是怎么画出来的?”（引导幼儿大胆想象并说出原因）

师：“这三张画有一个共同的名字，叫作版画。”

三、引导幼儿了解制作纸版画的三个步骤

师：“那版画是怎么画的呢？第一步叫作制版。”（展示制好的版）

（让幼儿摸一摸，看一看，并进行提问）

师：“你觉得这上面是用什么做的?（彩色卡纸）是怎么做的呢?（粘贴）仔细看一下这个版，和我们平时做的粘贴画一样吗?”

师：“老师也带来了几幅小朋友们以前用卡纸做的粘贴画，这是不是已经制好版了啊？这就是第一步：制版。”

师：“那我们如何把制好的版变成像上面小姑娘那样的版画呢？第二步叫上墨。（出示黑色颜料）这是我们用来做版画的颜料，我们让小滚刷在上面滚一滚，把墨蘸满然后涂在粘好的卡纸上，这就是上墨。谁愿意来试一试?”

师：“第三步叫拓印，老师准备了白纸，请一个小朋友来帮忙进行拓印。拓印技巧：小手轻轻放，上下压一压，左右压一压，轻轻拿下来。”

四、欣赏纸版画作品

播放纸版画的PPT。

师：“哇，小朋友们真聪明，制作出了这么好玩的版画，给你们点个赞，那你们想不想看一看更多好玩的纸版画呢？一起来欣赏一下吧！”

五、幼儿自由作画

师：“看了这么多纸版画，你们最想做一张什么样的纸版画呢?”（请幼儿说一说）

师：“我知道还有很多小朋友想告诉老师，那我们可以把这个小秘密放在心里，等会儿做出来给老师看，好吗？在作画之前我们先来看一看老师准备的都有什么材料。拓完两张后可以把你最喜欢的一张放在黑板上，制好的版放进底版回收站。小朋友们能做到吗？现在先轻轻拿一张大卡纸做底版，我们开始吧！”

六、展示作品，幼儿互相欣赏并介绍自己的画面内容

七、活动延伸

师：“小朋友们今天都学会了好玩的纸版画，那我们回家后把制作纸版画的方法分享给好朋友和爸爸妈妈，好吗？”

【活动反思】

由于幼儿之前较少接触纸版画这种艺术表现形式，所以在活动前期激发幼儿的兴趣很重要。在活动前期教师引导幼儿欣赏、了解纸版画。在操作过程中幼儿创作出自己的作品，感受了不同艺术形式的魅力。本次活动不仅让幼儿对纸版画有了一定的了解，还让幼儿对纸版画这种艺术表现形式产生了浓厚的兴趣，激发了进一步探索的欲望。

大班艺术活动：米莉的帽子变变变

空军工程大学航空机务士官学校幼儿园　吴秀云

【设计意图】

《指南》中指出在生活中萌发幼儿对美的感受和体验，丰富其想象力和创造力，引导幼儿学会用心灵去感受美和发现美，用自己的方式表现和创造美。在一次和孩子阅读绘本的过程中，我发现孩子对神奇的帽子特别感兴趣，听完故事后，孩子始终围绕着神奇的帽子展开无限的想象，由此生成本节活动课。

【活动目标】

①在理解绘本内容的基础上进行想象，创作一顶神奇的帽子。

②能较熟悉地选择和使用美工工具和材料进行创作。

③愿意和同伴分享自己的艺术作品，感受、体验制作过程的乐趣。

【活动重难点】

重点：借助绘本为自己或他人设计帽子。

难点：制作与众不同的帽子。

【活动准备】

经验准备：前期通过 PPT 熟悉绘本内容。

材料准备：记号笔、油画棒、白纸、剪好的人物（动物或植物）贴画、制作好的空白卡纸绘本、固体胶棒。

【活动过程】

一、回顾绘本，讨论米莉的帽子

师："故事里的米莉没有钱买帽子，是谁帮助了她？店员送给她一顶什么样的帽子？为什么说它是顶神奇的帽子？你最喜欢米莉的哪顶帽子？"（通过

对绘本的回顾，让幼儿迁移已有的经验，为下一个环节想象添画启发思路）

师："你喜欢这个店员吗？为什么？"（通过对帽子商店里店员的讨论，在幼儿心中种下帮助别人的种子，为以后的绘画和想象做好情感铺垫）

二、迁移经验，设计神奇的帽子

师："在店员的帮助下，米莉有了一顶神奇的帽子，她的各种梦想都成真啦。小朋友们，你们想不想有一顶神奇的帽子？"（引导幼儿发散思维，创造出自己理想中的帽子，还可以为需要关爱的人或动物设计帽子。以关心、帮助别人为切入点，使幼儿接下来的想象有情感助力，创作更加丰满）

三、想象创作，绘画出神奇的帽子

①引导幼儿观察绘本中的帽子，重点选取绘本中的孔雀帽子、鸟巢帽子，让幼儿观察画面的构图方法。

师："孔雀帽子有什么特点？你们觉得鸟巢帽子和孔雀帽子有什么不一样？"（引导幼儿感受构图方式的不同）

这一环节，教师重点引导幼儿充分观察帽子的独特之处与构图方法，为幼儿的创作打好基础。

②创作要求。

师："想好你要把帽子送给谁，可以是周围的人，也可以是动物、植物。你们根据设想选择相应的图片，并粘贴到画纸上。把帽子的神奇之处大胆地画出来。添画不同背景，使画面丰富。"

四、活动延伸

①将幼儿的作品贴在已经做好的空白卡纸绘本上。

②讲述神奇的帽子。

师："你设计的这顶神奇的帽子会给别人带来什么帮助呢？让我们一起分享一下吧！"（小组讲述，个别幼儿讲述）

讲述的过程也是情感体验的过程，幼儿在大胆讲述自己的作品时，不仅体验到了创作、想象的乐趣，还体会到了帮助别人、快乐自己的情感。

【活动反思】

活动一开始就组织幼儿对店员展开了讨论，并且由此引出情感的主线，然后以关心、帮助别人为切入点，让幼儿的想象带上情感的温度，有灵魂和价值。米莉很幸运，可爱的店员用自己的童心和想象力开启了米莉想象的大门。我们的孩子也很幸运，有这样充满爱的好绘本，当孩子的想象力加入了感恩的成分后，想象变得更有意义了。

主题活动：预防新冠病毒，保护自己

空军工程大学航空机务士官学校幼儿园　张　梅

【设计意图】

今年春节期间新型冠状病毒很猖狂，虽然在全国人民的共同努力下形势有所好转，但我们还是不能放松警惕。小朋友虽然对此次疫情也有所了解，但对怎样预防新冠病毒、怎样才能更好地保护自己以及病菌是通过什么渠道传播的还了解甚少。陶行知先生说过：生活即教育，教育要同实际生活相联系。由此我设计了这次活动，通过活动帮助幼儿进一步了解怎样预防新冠病毒，增强自我防护意识，懂得保护自己的重要性。

【活动目标】

①了解新冠病毒的传播途径，掌握相关的预防知识。

②增强自我防护意识，关注自身健康。

③体验合作交往和创造的乐趣。

【活动重难点】

重点：愿意养成良好的生活习惯。

难点：潜移默化让孩子在生活中掌握预防疾病的有效方法。

【活动准备】

①视频故事（新冠病毒的故事）。

②绘画工具。

【活动过程】

一、导入

师："小朋友，今年的春节和往常有什么不一样？为什么呢？"（幼儿分别回答）

小结："对了，是因为新冠病毒的影响，我们才会都待在家里，迟迟不能开学，那大家知道这个病毒是什么吗？"

二、观察讨论

师："视频里的病毒是什么样子的？这些病毒是怎么传播的？我们如何预防感染病毒？"（幼儿分别回答）

小结："新冠病毒引发的肺炎是一种呼吸道传染病，主要通过飞沫及接触病人传播，传播的速度非常快。虽然新冠病毒容易人传人，但是，如果能养成良好的卫生习惯，就能较好地预防传染。"

三、组织幼儿讨论如何预防新冠病毒

师："在人多拥挤的地方为什么要戴上口罩？医生和护士为什么要穿上厚厚的防护服？那小朋友应该怎样预防新冠病毒保护自己呢？"（幼儿回答勤洗手，少出门，多吃蔬菜，坚持午睡）

小结："尽量减少外出，外出要戴口罩，要注意个人卫生。尤其是在外面玩耍后，不洗手就直接吃东西很容易导致感染病毒。不要随地吐痰。如果大家能够把预防工作做到位，就可以减少感染病毒的可能。"

四、合作探索，幼儿制作宣传图片

师："现在我们已经知道怎样预防新冠病毒了，可是还有人不知道，小朋友想想用什么办法告诉他们呢？"

幼："可以观看预防新冠病毒的图片和录像，还可以制作宣传图片。"

师："今大老师给大家准备了许多材料，请你们用设计广告的方式告诉大家怎样预防新冠病毒，好吗？"

①幼儿分成六组讨论，想一想、说一说想向大家宣传什么。每组分别请一个幼儿说一说自己所在的组如何设计。

②幼儿自由创作，教师巡回指导。

③欣赏作品：将绘画作品展示在黑板上，请幼儿谈一谈自己喜欢哪一组的作品以及为什么。

五、延伸活动

师："现在让我们来做健康小卫士吧，每个小朋友都贴上标志，拿着我们制作的宣传图片去告诉其他班的小朋友吧！"（幼儿拿着宣传图片走出活动室）

【活动反思】

通过图文并茂的方式和老师的细致讲解，让孩子们知道病毒是什么样子的，疫情防控期间小朋友应该怎么做。（少外出，外出一定要戴口罩，外出回家后要用消毒洗手液洗手等）整个活动环环相扣、层层深入，最后让孩子们在自己设计宣传图片和做健康小卫士的活动中结束，让孩子们以积极向上的心态去面对特殊时期。

幼儿教育随笔

老师，我想跟你说句悄悄话

空军工程大学中心校区幼儿园　尹友娥

曾听一位心理学家讲到，男、女兴趣爱好的差异来自远古时期的劳动分工。那时候男人以打猎为生，所以喜欢刀枪棍棒；女人负责采摘野果，枝头上的果实接受阳光的充足照射，果实大而颜色鲜亮，所以女人喜欢美的事物，采摘时需要装果实的容器，所以女人喜欢包。心理学家的一席话初次听起来似乎是一个玩笑，可现实中确实如此，在幼儿阶段就有所体现。女孩子对梳妆打扮感兴趣，男孩子对武器、对“奥特曼”感兴趣。面对孩子们的表现，有些家长却有些担忧，可又不知该如何处理。

大班的淑儿小朋友人如其名，她妈妈认为女孩子就应该漂漂亮亮的，每天把她打扮得就像一个小淑女。漂亮的淑儿在班里人缘也不错，所以每天来园总是快快乐乐的。可是有一天早晨我站在幼儿园大厅门口迎接小朋友入园时，只见穿着旗袍，头上戴着簪子的淑儿从我身边气冲冲地走过去参加班级晨间活动。他们班的小朋友正在玩大型梯子组合玩具，为了安全起见，我让淑儿把簪子取下来我替她保管，往日对我很友好的淑儿却狠狠地甩了一句：“不行！”孩子的情绪如此激动，我只好让步，并对她说：“上梯子时一定要小心，保护好自己哦！”我的关心让孩子的情绪有所缓解，她马上投入游戏中去了。

淑儿奶奶把这一切看在眼里，走过来对我说：“老师，这孩子太爱美了！每天早上她妈妈早早就去上班了，给她准备好了衣服，可她就是不穿，非要挑选自己喜欢的。今天早上非要穿旗袍来上学，我不让穿，她就特别生气。”

淑儿奶奶的一席话道出了老人对管理孩子的无奈。明白原因后，我告诉淑儿奶奶，这件事交给我吧！

晨间活动后，我找到淑儿，我俩开启了一场对话。我笑着对她说：“你今天来园时好像很生气，为什么呀？”淑儿噘起小嘴说：“我奶奶总是不让我穿我喜欢的衣服。”

我：穿上旗袍爬梯子，你觉得方便吗？

淑儿：不方便。

我：那穿什么衣服方便呢？

淑儿：园服，我想跟你说句悄悄话，我想当时装模特！

我：想当时装模特，嗯，挺好的想法！给大家展示漂亮的衣服。我也喜欢时装模特，不过，他们每次表演都是有主题的。除了漂亮的外衣秀，还有内衣秀、泳衣秀、运动装的展示呢！不同场合应该穿不同类型的衣服。去游泳应该穿什么衣服？

淑儿：泳衣。

我：去运动穿什么衣服？

淑儿：运动衣。

我：你了解得真多！明天早上你准备穿什么衣服来幼儿园？

淑儿：园服。你能不能让我妈妈给我买许多我喜欢的漂亮衣服？

我：可以，不过爸爸妈妈挣的钱都给你买了衣服，那吃饭怎么办？你上学没钱怎么办？听你们班王老师说你画画特别好，你能不能当一个时装设计师，把你喜欢的衣服的样子画下来呢？

淑儿：可以！

我：你把自己喜欢的漂亮衣服设计出来，你将来就可以成为时装设计师了！你可以穿上自己设计的衣服，还可以让别人也变得很漂亮。

淑儿：好的！

一场愉快的谈话就这样结束了。我还建议淑儿把簪子留下我来保管，下午离园时给她。淑儿高兴地答应了。下午离园时，我把簪子还给了淑儿，并跟她约定，期待她的时装作品展示。淑儿非常开心地回家了，并答应以后上幼儿园不穿旗袍。我告诉她在家里或者出去参加活动（“生日派对”、婚礼等）的时候可以穿旗袍或其他的美丽衣服。

事后我专门把淑儿的妈妈请来幼儿园，把事情的经过跟她讲了一遍。淑儿妈妈是一位中学教师，我们很快就达成共识：面对孩子的问题时我们应该去疏通，而不是堵。面对孩子不合适的行为，不能随便给孩子贴标签，如“爱臭美”，成人应该予以共情，这样更利于增进亲子、师幼关系。

隔了几天我碰见淑儿，问她：“你的服装设计得怎么样了？”淑儿天真地告诉我：“我跟我妈妈说好了，我长大要当科学家！”孩子的回答虽然让我有些意想不到，但是我了解到淑儿妈妈与淑儿之间的良好沟通起作用了。学龄前孩子的兴趣爱好处于变化的时期。疫情防控期间，我欣喜地看到淑儿在班级微信群展示了自主设计制作的夏装和拖鞋，简洁的设计、合理的颜色搭配，加上漂亮的小模特的那份自信！服装设计是淑儿的最爱！在孩子成长的过程中，有懂她、支持她的老师和家人，孩子该多么幸福呀！

学龄前的孩子对周围的一切充满了兴趣，他们总是选择做自己喜欢并力所能及的事，当获得成功时，会更加喜欢，并持续深入地做下去，这就是我们最希望看到的幼儿的深度学习状态，影响幼儿终身发展的学习品质。

因为喜欢，所以努力；因为喜欢，所以坚持；因为喜欢，所以成功。俗话说得好，三百六十行，行行出状元。让我们做理解、支持孩子的好家长、好老师吧！

赛龙舟

空军工程大学中心校区幼儿园　刘晓凤

端午节就要到了，幼儿园里充满了浓郁的节日气氛，编花绳、挂艾草、做香包，节日活动丰富多彩，小朋友们都沉浸在这美好的传统节日活动之中。

又到了区域游戏时间，小朋友们愉快地选择了自己感兴趣的事情，投入其中，玩得不亦乐乎。建构区里，轩轩和昊昊正在合作拼搭一件有点“奇怪”的作品，我走过去想探个究竟。“快！轩轩，再找一块大的长条形的积木就可以了！”昊昊说。“这两块积木的造型很适合摆在前面，像龙角。龙的头用什么呢?”他俩忙碌着。“这是要用积木搭一条龙吗?”我心里嘀咕着，但是身体部位感觉不太像呀！眼看着他们在身体部位又放了4块长条大积木，哇！这是一艘“龙舟”，“不错的创意！”我对他们竖起了大拇指。“刘老师，我们在电视里看到端午节举行划龙舟比赛，感觉很好玩！所以我们俩就拼了一艘龙舟。”轩轩高兴地说着。

接下来，他们邀请8个小朋友一起登上他们的龙舟，开启了划龙舟的游戏，他们安排钟家辰在船头当鼓手。其他的小朋友被吸引过来了，纷纷要求加入，教室里一片热闹的景象，一艘船大家轮流体验不同角色。我也被邀请参与游戏，当挥旗呐喊的人。有我的加入，大家节奏一致，用力划桨，孩子们玩得更起劲了。“一二，加油！一二，加油！”号子声一声比一声快，划手们一桨比一桨划得急，我宣布终点到了，大家欢呼着“我们赢了！我们赢了！”所有人沉浸在欢快的气氛中。我也融入孩子们的世界里，仿佛亲临赛龙舟的现场，体验着美好的时刻。

活动结束后，孩子们在讲评环节还保持着很高的热情，一个个脸上充满了兴奋激动的表情，他们提议要画赛龙舟的场景。下午我临时改变了活动安排，准备了一张大大的油画布，让孩子们共画“赛龙舟”，作品完成后挂在我们的教室里，孩子们围在作品跟前欣赏着、讨论着，一个个意犹未尽。

游戏是幼儿的基本活动，大班幼儿游戏的自主性强，合作意识和能力也较好，他们会根据游戏的需要结合日常生活经验扩充游戏的内容和形式。教师作为游戏的支持者，要为他们创造各种游戏的环境和条件，观察和了解他们的游戏进展情况，参与到他们的游戏中去，予以适当的支持，让幼儿充分游戏、大胆游戏、快乐游戏，感受到游戏带来的满足感。让他们在游戏中学习、成长，在游戏中体验快乐。

一样的端午节，孩子们在游戏中体验到了别样的感受！

丁丁“充电”记

空军工程大学中心校区幼儿园　王　华

午休时间到了，老师已经把便携式小床摆放整齐，小朋友们准备午休了。丁丁却把自己的床推到了饮水机那里，我好奇地问：“丁丁，为什么把床推到这里呢？饮水机有电会很危险的，咱们还是把床放回原位吧，可以吗？”“不行，我现在没电了，我要充电，我就要睡在这里。”我笑了，小声地问：“咱们人类怎么充电啊？”丁丁一边用动作模仿，一边说：“拿个充电线往腰这儿一插就可以充电了。”我试图说服他，可是他更激动了，反复地说：“我就要充电，我已经没电了。”见此情景，我便拿来一根手机充电线说：“丁丁，老师也觉得电量不足了，咱们一起充电。充电时要保持安静，能做到吗？”“嗯，嗯。”丁丁使劲地点点头。于是我把手机充电线放在他腰部，握着他的手，进入了充电模式，很快丁丁就安静下来，乖乖地睡着了。起床后，我又悄悄地问：“丁丁，电充满了吗？”他笑着说：“人不能充电，会被烧焦的。”“既然你知道不能，今天为什么要充电呢？”“因为我不想睡在以前那里了，就想换个地方睡。”“还有其他原因吗？”“没有啦，就要睡这里。”说着还用双手紧紧地搂住了我的脖子……

丁丁性格执拗，从不考虑事情的可行性，只要自己感到满意，达到目的就行。你指东，他偏要向西，总爱与其他人对着干。“我就要”是他的口头禅。一不顺着他，他就大声哭闹。平时总喜欢自己玩，很难融入集体生活。这着实让我很头疼。

通过与家长沟通，我知道了他爸妈平时工作忙，陪伴孩子的时间较少，对孩子的关注不够，丁丁基本上由姥姥带大，姥姥溺爱他，怕别的小朋友欺负他，所以不常带丁丁与其他小朋友玩，导致丁丁不太会与其他小朋友沟通，家里人又都顺着他。久而久之，丁丁就成了家里的“王”，想干什么就干什么，入园后极度不适应。对待这样的孩子，我们应给予他更多的关爱和引导，多注意他的行为，尝试走进他的内心世界，理解他、包容他、感化他，去发现他身上的闪光点，促使他融入集体生活。

丁丁很爱干活儿，每次户外游戏结束，收器械时他都十分积极，而且能分类收纳。教室里的玩具没有按标识摆放，他很快就能发现并做好调整。他还是个汽车“小达人”，只要是关于汽车方面的问题，基本上难不倒他。我为他创造与同伴沟通的机会，平时让他带领小朋友收玩具，有意提出一些有关汽车方面的问题，让他给小朋友解答。一次，悠悠在拼拼图时遇到了困难来向我寻求帮助，我向她推荐了丁丁，结果丁丁不一会儿就把拼图拼好了。小朋友们都对丁丁赞叹不已，丁丁甚至成了小朋友心目中的偶像。

作为一名幼儿教师，我们要有一双敏锐的眼睛，善于捕捉幼儿身上的闪光点，放大其优点淡化其不足，给予他们满满的正能量。在与孩子共同成长的过程中，他们总是能不断地带给我惊喜，深深地感动我。这也许就是教育工作者的职业幸福感吧！我深深地享受着这种幸福！

发现生活里的教育

空军工程大学中心校区幼儿园　曹　可

经过一段时间的相处，我发现自己班里的小朋友们对生活中的小事物充满兴趣，如会好奇一张纸为什么会吸在衣服上；会好奇蚕是怎么长大的；会好奇自己的小植物为什么变得不一样了……

初冬时，孩子们在植物角里种下了几颗蚕豆，每天他们都会主动去看看自己种的蚕豆，给它们喝点水，让它们晒晒太阳，看看它们有没有变化。慢慢地，蚕豆长出了小苗，又慢慢开出了花，孩子们见了高兴极了，讨论着开了花以后会怎样。时间一天天过去了，孩子们终于发现在蚕豆靠近根部的地方长出了一颗小小的豆荚，而且发现了豆荚一般长在靠近根部的地方，蹲下并侧着身体才能看见。

看过了蚕豆的生长过程，班里的孩子们对植物的生长产生了浓厚的兴趣。第二天，笑笑小朋友带来了很多青菜种子，想把它们种在植物角里。孩子们看着这些小小的种子，非常好奇，他们小心翼翼地把种子撒到了泥土里，并且一起议论着它们什么时候会长出小芽。

每天，他们会早早地给种子浇水，一有时间就抱着画笔坐到植物角旁边记录青菜种子的变化，还会和同伴一起交流自己的想法，比如：浇多少水才会长得更快；能不能每天浇水；需不需要施肥；等等。看着看着，青菜种子的小苗终于从泥土里钻出来了，孩子们别提多高兴了。随着小苗逐渐长大，孩子们看到青菜叶子上出现了一个个小洞洞，他们心疼极了，该怎么办呢？大家积极想办法，门房爷爷告诉他们用柴火灰，总算将虫子清理干净了。种植青菜的过程，让孩子们体会到了农民伯伯耕种的艰辛，吃饭时也一改往日的习惯，每次都将盛到碗里的饭菜吃完，挑食现象也有了明显的好转。

陶行知先生说过：生活教育是以生活为中心之教育，是生活便是教育。通过种植活动，作为一名教师我也深刻感受到生活是宝贵的教育资源，不需要去编造、想象。我珍视从当下的生活中选取素材开展最真实的活动，活动中一颗种子、一个瓶子、一块手绢，甚至是一张图片、一本书都足以让他们玩得开心，并在玩中获得新的知识经验。

喝水的故事

空军工程大学中心校区幼儿园　冯　帆

每天早上接孩子入园时，常常听到家长们说一句话："老师，孩子有点儿咳嗽，麻烦你今天让他多喝点儿水。"即使家长不提醒，老师也会每天固定时间组织孩子们喝水，每日根据天气、运动量及个别幼儿的身体情况，调整孩子们的喝水次数。

小班幼儿入园不久，正处于入园生活适应期，我经常观察孩子们喝水的情况：有的孩子只喝两三口水润润嗓子；有的孩子喝半杯水；有的孩子喝一杯水；有的孩子喝完一杯水后还会让老师再给他倒水；还有的孩子故意把水洒到桌子上玩水。

小班幼儿处于适应阶段，很多孩子在喝水环节很不情愿。为了让孩子们喝足量的水，我想了很多办法：先是让幼儿自己喝，外加老师的督促，效果不太理想；于是我又尝试榜样激励法，表扬喝水多的幼儿，其他幼儿也想得到老师的表扬，于是快快地把水喝完，有所见效；后来，我给孩子们看了一个视频，他们感触颇深。

我在网上找到了我国西北干旱地区的视频给孩子们观看，看完后洛伊提出了问题："为什么那里的小朋友没有水喝？"图图说："因为那里天气很糟糕，不下雨。"一一说："那里的水龙头流不出水来，那里没有湖。"我总结了孩子们的答案，他们有所体会，知道了那里环境很干燥，常年不下雨，缺乏地下水资源，干旱地区水源很珍贵，喝水这么平常的一件小事在那里却非常困难，生活中常常缺少水。听到这里，萌萌果的表情很凝重。我问："萌萌果，你怎么了？"她说："那里的小朋友没有水喝，很可怜，我心里很难受。"一旁的康康平日里喝水总是不太情愿，他突然跑去水杯架拿起自己的水杯说道："老师，快给我倒水，我要喝，我要喝！"康康的举动使得其他小朋友一窝蜂地涌了过来，都说要喝水，我和班里的生活老师不由得笑了，孩子们的举动真是可爱。糖豆突然提出了问题："那有什么办法可以帮助那里的小朋友呢？"囡囡说："我们给他们送些水吧！""我要让他们生活的地方多下点雨。”小花说。我告诉孩子们已经有很多叔叔阿姨在帮助那里的小朋友，那里会建造很多水窖，储存许多干净的水。我说：“喝水的时候应该怎么喝?”“我们要大口大口地喝水。”“不倒水，把杯子里的水喝完。”

一片欢笑声中诺诺却说：“老师，我们也要节约用水，不浪费。”顺着这个话题，我说：“那你们有什么节约用水的好方法吗?”有小朋友说：“洗手打香皂的时候先把水龙头关上。”“把水龙头开小一点。”“在家的时候爸爸妈妈用洗菜水浇花。”澄澄说。

陶行知先生说过生活即教育，小班孩子的生活经验如此丰富让我惊讶不已，在之后的日常活动中，我更加坚定地多观察孩子，引导孩子们成为生活中的留心人。

水是生命的源泉，是维持生命必不可少的物质。教育不能脱离生活，生活与教育必须一致。喝水这件小事引发了孩子们的思考，更牵动着许多家长们的心。所以在幼儿园，针对孩子的喝水问题，老师要不断去反思、实践，以求找到较好的解决办法。

成长路上，有爱相伴

空军工程大学中心校区幼儿园　刘　梅

从家庭到幼儿园，是孩子们迈向社会的第一步。但这一步对孩子来说，就像是一场战争，意味着他们要离开自己的家人，来到一个陌生的地方，和陌生的老师与小朋友度过漫长的一天。每天走进幼儿园，迎接这群宝贝时总会听到此起彼伏的哭声，这哭声像是在控诉父母："你们为什么要把我送到幼儿园？"又像是在控诉老师："我想回家，你为什么不让我回家？"面对这群小宝贝，老师既是朋友又是妈妈，用爱陪着孩子们成长。

在我们班里，小女孩澄澄不太爱说话，总是独自一人安静地待着。看着她在幼儿园不说话、不玩游戏的样子，我很是心疼。我知道，她对现在的环境没有安全感，非常不适应。同时我也下定决心，一定要多关注澄澄，多与她交流，让她逐渐适应幼儿园的生活。

每天来园时，我都热情地跟她打招呼："澄澄宝贝，早上好！来，抱一抱！"最开始，我们的拥抱总伴随着一个声音："我想回家。"我总是蹲下身子，轻轻地抱住她，用温柔的声音说着："当然可以呀，我们一起玩一玩，到了下午吃完饭就回家，好不好？"澄澄听后，用不确定的眼神看着我说："下午吃完饭就回家吗？"我望着她，温柔而坚定地说道："是的！"每天这段对话都要上演好几次，每一次我都耐心地回应她。渐渐地，"我想回家"这句话出现的频率越来越低了，有时候，甚至一天都没有听到，我感到十分欣喜。

区域游戏时，孩子们兴高采烈地拿着进区卡进入了自己喜欢的区域，只有澄澄独自一人待在座位上，默默地低着头不说话。我拿来了一盒杨小球走到她的身边，说道："澄澄，我想送你个礼物，你来看看我会用杨小球变出什么礼物。"我取出了几个杨小球，将它们平铺在地上，一个一个连起来。我问道："澄澄，你觉得这像什么？"她小声地回答："像毛毛虫。""太棒啦！你猜对了，就是毛毛虫，你真是太厉害了！"我连忙给她鼓掌，并说道："这个毛毛虫可神奇了，还会变魔术，你想不想看看它是怎么变的？"

在澄澄期待的眼神中，我将毛毛虫的首尾连接，毛毛虫就变成了一个手链，我将手链戴到了澄澄的手上，说道："这是送你的礼物，毛毛虫变成的小手链！喜欢这个礼物吗?"她小声地说了句："喜欢，谢谢老师!"随后，澄澄也拿了几个杨小球，认真专注地摆弄着，拼成了一条小毛毛虫后开心地笑了。看着澄澄玩玩具的身影，我感到十分开心，她有了自己想玩的玩具，想做的事情，在活动室里感受到了成功的喜悦。

现在的澄澄，能够自己玩玩具，愿意跟着老师学舞蹈，吃饭的时候会说："老师，我还想要一些菜。""老师，我想喝汤。"有时候还会问我："老师，这是我姥姥给我买的新鞋子，好看吗?"澄澄在幼儿园变得开朗了，愿意向我表达自己的想法和需求，我也温柔耐心地回应她的话，不断鼓励她，及时称赞她的进步，用语言和行动温暖着她。

作为教师，面对一些不善表达、适应慢的孩子，要给他们适度的关爱、真诚的怀抱和毫不吝啬的赞美，同时也要抓住教育时机引导他们，用爱、尊重、信任与鼓励温暖他们。我相信，伴随着老师浓浓的爱，孩子们的成长之旅一定会充满阳光!

闪亮的一颗星

空军工程大学中心校区幼儿园　刘　梅

去年九月，我们迎来了幼儿园里第二批托班小朋友，这些孩子们就像是天空中的星星一样，各自闪着独特的光芒。其中，有这样一颗“星星”——宇轩，他总是精力充沛，经常横冲直撞，给班里带来了不一样的色彩。

还记得刚开学的时候，他总是喜欢爬到桌子上，围着活动室绕圈圈，眼里闪着光芒，发出兴奋的声音，每当我们视线交汇时，他总是迅速地扭头，好像要躲得远远的。排队进行户外活动时，他总是跑得飞快，留给我的只有他奔跑的背影。宇轩不太爱说话，只知道自己叫“宝宝”，经常说的词语是“不要”。我知道，他没有完全接受幼儿园的生活，他有自己的世界，有自己的想法。

当我意识到他有自己的运行轨迹，需要更多的关怀时，我便尽我的所能去走近他，关注他。当他兴奋地爬上桌子时，我没有大声训斥他激化他的情绪，而是耐心地告诉他：“宝宝，桌子是吃饭的地方，爬上桌子太危险了，你要保护好自己哦。”当他独自跑开时，我的心里既紧张又无奈，但我还是平静、笑着、温和地对他说：“宝宝，等等老师，我们一起！”有一天，他自己一个人跑去玩滑梯，而其他小朋友们都要回班吃饭了，于是我说：“宝宝，其他小朋友们都回去吃饭了，那你再玩最后一次，滑下来我们就回去吧，我等你，我们一起。”我以为我的沟通是无效的，令我大吃一惊的是，滑下来之后，他就真的跟我手牵手往回走。他的转变，让我欣喜，让我感动，也让我明白，我们之间的交流，需要我更多的耐心与温柔，“再玩最后一次，我等你，我们一起”也成为我最常说的一句话了。

改变一颗“星星”的状态并不容易，但也不是绝无可能。很长一段时间，我与主班老师都在进行沟通，交流着宇轩不同寻常的反应，在集体面前鼓励他，称赞他的进步。有一天，我开完会回到活动室，宇轩是第一个看到我的，他兴奋地说着：“老师！老师！”然后笑着跑过来，撞进我的怀里，这是他第一次主动拥抱我，看到他的眼神里少了分胆怯，多了分信任，我心里满满的都是感动与欣慰。

作为教师，我们要用爱心、耐心、责任心对待幼儿。每一位幼儿都是独一无二的，我们不能对“特殊儿童”另眼相待，要尊重每一位幼儿的人格，对每一位幼儿的发展负责，给予他们真诚的关怀，培养他们树立正确的世界观、人生观和价值观。爱是双向的，教师对幼儿的爱能在教师和幼儿之间形成一种依恋性的情感体验，使得幼儿愿意信任教师，乐意与教师交往。只要我们全身心地去爱他们，他们也会给我们带来感动，星星般的孩子是星空送来的奇迹。

雅斯贝尔斯曾说：“教育本身就意味着一棵树摇动另一棵树，一朵云推动另一朵云，一个灵魂唤醒另一个灵魂。”作为教师，我能做的就是接纳每一位独一无二的孩子，给他们更多的耐心和爱心，用最适合的方法与他们沟通。我相信，在他们独特的时间节奏与运行轨迹中，他们终将慢慢长大，散发光芒。

我和宝宝躲猫猫

空军工程大学中心校区幼儿园　王　霞

宝宝在我们班里年龄最小，一不高兴就会躺到地上，闭上眼睛，任凭你跟他说什么他都不会理睬，直到自己不生气了才会起来。有时候在集体教学活动中他会趴到地上玩，叫他坐到小椅子上他会发脾气；在午睡起床时，如果他自己不想起，就算老师帮他把衣服穿好，他也会把衣服全部脱掉扔到地上。

一次户外活动结束后，该回活动室了，小朋友们在老师的指令下有序排好队，宝宝却依然在玩滑梯，而且沉浸在滑梯的世界中，不跟小朋友回班。“宝宝，马上到午餐时间了，咱们回教室了。”“宝宝，来跟小朋友们比一比看谁排得最整齐。”不管我怎么说他都不搭理我，依然自己一个人玩得很开心。所有的小朋友都在等他一个人，于是我就到滑梯上把他抱了下来，他嘟起嘴巴，闭上眼睛，一骨碌躺到了地上。

“宝宝，躺在地上会生病的”；“宝宝，小朋友们等你一起回教室呢”；等等。任由我说什么他都躺在地上不起来。宝宝扭过脸，大声说道：“我要回家，再也不上幼儿园了。”“宝宝，咱们先回去吃午饭，下午再出来玩儿。”“我不要，我就是要回家！”宝宝边哭边说。我就把他抱了起来，准备抱回班，这时宝宝对我拳打脚踢，使劲儿挣扎。

我把他抱到幼儿园大厅，实在撑不住了，就把他放了下来，他又躺到了地上。这时，我已累得满头大汗，我长舒了一口气，想了想对他说：“你看，咱们班小朋友都走远了，咱们俩比赛看谁先追上他们吧。”他还是哭着说：“我不，我再也不上幼儿园了，我要回家。”我心想：“看来这个方法对他不起作用。”这时我看到楼梯拐角处，灵机一动，跟他说：“宝宝，咱们来玩躲猫猫吧！我找个地方藏起来，看你能不能找到我。”顿时他不哭了，眼睛睁得大大的看着我。看来他对躲猫猫感兴趣。我就躲到了楼梯拐角处，还特意露出了半个身体。他爬起来跑过来抱住了我。“呀！宝宝一下子就找到我了，看来这次没有藏好，被你发现了，我再去藏起来，看看你还能不能找到我。”就这样一路藏一路找，把他带回了教室里。

作为一名幼儿教师，既要用爱心、耐心去呵护每一位幼儿，还要学会倾听他们的心声，学会尊重他们，更要根据幼儿的年龄特点，找到适合他们的教育方法，让幼儿在我们的陪伴下自由快乐地成长。

破裂的小镜子

空军工程大学中心校区幼儿园　徐　萌

“牙齿咔咔咔”是小朋友们特别喜欢的主题活动。一天早晨，小朋友们入园时看见越越拿着小镜子在看自己的牙齿，争先恐后地说“明天我也要带小镜子”。第二天区域活动结束后，小朋友们都拿着自己带的小镜子看牙齿。越越拿着镜子左右照的时候，在镜子里面看见同同在看她，扭头问道：“同同，你的小镜子呢？你怎么总是看我的？”“我忘记带了。”说完，同同苦恼地低下了头。“昨天妈妈给我装了两面小镜子，我把另一面镜子借给你。”越越快步走向书包，左翻右找，把带有小动物图案的镜子给了同同。顿时，同同的脸上从失落转为喜悦。

同同照镜子的时候，“啪嗒！”一声，镜子摔在了地上，出现了裂缝。越越看到地上的镜子，强忍着眼中的泪水。

过了一会儿，越越来找我，伤心地对我说同同把她的镜子摔裂了，这是妈妈才给她的一个很漂亮的镜子，她很生气。但是想到老师说过小朋友之间要互相帮助，就原谅了她。听了越越的话，我把同同叫了过来，问道：“镜子摔裂了，我们应该怎么办呢？”两个小朋友都默不作声。我说：“越越，我们可以给它贴个笑脸，这个建议你能接受吗？”两个小朋友笑着点头，手牵着手去美工区找笑脸贴，然后把笑脸贴贴在了裂缝处。

越越悄悄地对我说：“老师，我还以为我把镜子借给小朋友，你会表扬我呢。”于是我表扬了越越乐于助人的精神。越越很高兴地说：“如果有小朋友忘记带东西，我还会借的。”

越越的行为属于亲社会行为，它是人与人之间建立和维持良好关系的重要基础。越越发现同同对镜子有需求时，立刻产生了帮助同伴的想法，并实施了行动，将镜子借给了同同。在进行亲社会行为的过程中，发生了小小的插曲，同同不小心摔裂了镜子，虽然越越心里有些许不高兴，但是她还是及时调整自己的心态，原谅了同同。我的一些正面强化，促进了越越亲社会行为的发展。

亲社会行为与幼儿对人际互动的社会规范的认知有着密切的联系。不同的幼儿表达的亲社会行为是不同的。教师要关注幼儿的身心发展，注重幼儿亲社会行为的差异性，促进幼儿的社会性发展。

阅读相伴

空军工程大学中心校区幼儿园　周　静

班里有一位叫囡囡的小朋友，她是一位孤独症幼儿，每天入园后都不愿意参加集体活动，也从不与教师和小朋友交流，最喜欢在活动室里自己玩耍，要么拿一盒玩具在区角玩，要么自己一个人去建筑区搭积木，一玩就是一上午。不管是集体活动还是游戏，我想尽各种办法邀请她参与，她都不理睬老师。我很担忧囡囡的发展。因此，对她我就多观察，在观察的过程中，我发现囡囡除了喜欢在教室里自己玩玩具，有时还会在图书区。但是她在图书区常常会把书架上的所有书拿到垫子上，我就会主动对囡囡提一些常规要求。我对囡囡说："囡囡，你能把不看的书放到书架上吗？要不然这些书全都躺在地上，没有回到自己的家，就像囡囡一样找不到家了会不会难过啊？"然后我发现她貌似听懂了我的话，把书一本一本地放回书架上了。偶尔也会拿起其中一本翻一翻。我意识到这也许是引导囡囡的教育契机。

有一天，我拿着绘本《和爸爸一样》故意坐到她身边阅读。不一会儿，我感到她向我投来了好奇的目光，我便举起书转向囡囡："囡囡，你看过这本书吗？"她摇摇头。我连忙说："那你想看吗？我们一起读这本书好吗？"囡囡立刻回应我说："好。"这是囡囡第一次认真地回应我，想和我一起看书。那天，我和囡囡一起读完了这本绘本，我发现囡囡还是乐意和我沟通的。只要老师正确引导，囡囡还是乐意接受老师的。

从此以后，我经常找机会和囡囡一起看书。我发现囡囡常选择那些内容幽默、色彩鲜艳、视觉冲击力强的绘本，所以我经常会在图书区投放一些她喜欢的图书，还和她家长联系，将囡囡在家喜欢看的书籍也带到幼儿园来，去激发囡囡在图书区阅读的兴趣。我除了陪她一起阅读，还会就书中的内容与她做些简单的交流。开始时她的话很少，但我还是很有耐心地与她交流，只要她和我互动，哪怕只是一个眼神、一个肢体动作，我都会及时回应、给予鼓励。渐渐地，她看的图书越来越多，和我的交流也多了起来，有时她还会主动问我一些问题。再后来，我就引导囡囡与小朋友一起阅读。就这样，囡囡和小朋友慢慢地开始交流了，而且也愿意和小朋友一起游戏了。她在班级里也认识了好几位好朋友，还把自己的玩具分享给她的好朋友。

阅读相伴，孤独症幼儿囡囡打开了心扉，愿意向我倾诉自己的想法，愿意与小伙伴们分享自己的感受，逐渐建立了与老师、与小朋友交流的能力，有时候还能融入集体活动。这就是我和囡囡相伴阅读的故事，没有激动人心的场面，没有跌宕起伏的情节，却有着我陪伴囡囡的成长记忆。

垒高楼

空军工程大学中心校区幼儿园　周　云

区域活动时，桃桃像往常一样走进了自己喜欢的建构区。从积木柜里拿出大小不同、形状各异的积木摆在地垫上，他选择了两个比较大且相同的积木依次摆在了地垫上，然后选择了两个相对小的进行第二层搭建，紧接着选择比第二层稍微小一点的积木进行了第三层搭建。他的手轻轻地、专心地搭建，一直搭到第十层。突然，积木倒塌了！桃桃露出了惊讶的表情，疑惑地说道："为什么会倒塌呢？"他停下来思索了一会儿，把倒塌的积木放在一旁。然后他又选择了同样的积木和方法进行了第二次搭建，搭到第七层时积木又倒塌了，他的脸上出现了失落的表情，不想再继续搭建游戏了。看着他失落的样子，我连忙走上前问："你刚才搭建的是什么呢？"他回答说："我在搭建高楼，可是我搭了两次都是还没搭好就倒了。"我询问他："你认为你的高楼为什么会倒塌呢？有什么方法可以让你的高楼更稳固，积木不会倒吗？"他思考了一会儿，便开始了新一次的搭建。这一次他又找来了一些积木，垒好第一层积木，当作高楼的底部，然后在积木旁边加固了一些积木，将高楼的底部加宽，继续搭建……一直搭到第十层，高楼依然稳稳地立着，桃桃非常高兴并且数了数高楼的层数，然后兴奋地对旁边的小朋友说："你们快看，我的高楼搭建成功了！"

桃桃经过三次搭建，初步培养了良好的学习品质，他能够在遇到困难时认真总结、思考，再次尝试，最终成功建成了自己的高楼，并在同伴面前大胆介绍了自己搭建的作品。在教师的适时介入下，他能够直面困难，不断探索尝试，获得了平铺和加宽的新建构技能，增强了游戏的自信心，感受到了搭建的乐趣。慢慢地，他在建构区活动的身影变多了。

在建构游戏中，我常常作为孩子的游戏同伴，与孩子一起深入展开讨论，切磋搭建小技巧。我们怎样可以让垒高的积木不容易倒塌呢？在垫子上和在地上搭建哪种更稳固呢？你还有什么好办法？将幼儿想出的好办法记录整理出来，张贴在建构区供幼儿学习。提供搭建技巧图示，引导幼儿学习围合、连接、延长、组合等方法；投放一些辅助材料建构的作品图片，引导幼儿学会观察、欣赏物体，激发幼儿的想象力和创造力。

幼儿的游戏潜力是无限大的。作为一名幼儿教师，需要养成善观察、勤思考的好习惯，要学会观察孩子，走近孩子，了解孩子的想法，支持和引导孩子做游戏。在以后的工作中，我会深入开展孩子真正感兴趣的游戏，在游戏中运用不同的方式启发幼儿深入思考，让幼儿在玩中学，在做中学，最终积累丰富的经验，实现综合能力的发展。

牵着“蜗牛”慢慢走

空军工程大学中心校区幼儿园　周　云

回首九月，那是孩子和老师最难熬的月份。我要时刻做好准备，成为孩子真正意义上的老师；而孩子们也要离开熟悉的环境，努力适应集体生活。我曾拜读过台湾作家张文亮教授的一篇文章：《牵一只蜗牛去散步》。我深深地体会到：教育孩子就像牵着一只蜗牛在散步，应该慢点儿、悠着点儿。耐心是对老师极大的考验。

我班子墨刚入园时分离焦虑严重，每天来幼儿园时都会大声哭闹，尤其在午睡的时候，表现得更加强烈。我们很是心疼，想抱抱他、哄哄他，可他总是执拗地坐在椅子上，不肯上床睡觉。随着时间的推移，天气也慢慢冷起来了，其他小朋友都能够安静入睡，可他午睡时依旧坐在椅子上。

有一天我试着抱他上床，他紧紧地抱住我，嘴里不停地说：“我不睡觉，我不睡觉！”我蹲在他的床边，一边抚摸着他的脑袋一边对他说：“老师知道你难过，也知道你有点想爸爸妈妈，不过你长大了，要上幼儿园，就像爸爸妈妈要上班一样。”“要不先躺着试试，可以不闭眼睛，我会拉着你的手。老师相信你很棒，我会一直陪着你的。”我抚摸着他的背，他的情绪慢慢稳定了，紧紧拉着我的手闭上眼睛，不一会儿就睡熟了。他睡醒后我连忙走过去问他：“在床上睡觉你觉得舒服吗？”他连忙点头：“舒服。”他还告诉我：“躺在床上睡腿舒服，坐着腿会发麻的。”听着孩子的一席话，我很是心疼！也很庆幸，他接受了我，愿意躺在床上睡觉了。那一天下午，我看到他情绪非常好，精力也充沛了！孩子对我也慢慢地信任了。

离园时我高兴地对子墨妈妈说起他午睡时的表现，并与子墨妈妈约定，回家庆祝子墨第一次在幼儿园独立睡觉。同时也建议家长在家督促孩子养成良好的午睡习惯，如约定午睡时间、给孩子讲睡前小故事等。随着子墨对幼儿园的熟悉和习惯，以及对老师的信任，他的分离焦虑问题逐渐解决了，慢慢走出了午睡的困境，他也能够积极主动地参加班级的每一项活动，在幼儿园里也有了自己的朋友圈。

面对幼儿的分离焦虑期，我们要有耐心，要在情感上认同他们，理解他们。孩子来到幼儿园，独立面对新的环境，和陌生的老师、同伴一起生活、游戏，孩子难以适应是很正常的。我们应该通过丰富多彩的游戏活动吸引孩子，同时在生活环节像妈妈一样关爱和支持他们，适当的身体接触能给孩子带来舒适、温暖和安全的感觉，如坐在孩子的床边轻轻地拍拍背，拉拉小手。使幼儿的情感需要得到满足，一方面有助于减轻孩子的分离焦虑，另一方面能获得孩子的信任和喜爱，让孩子不知不觉把对家人的依恋转移到老师身上，渐渐淡忘想家的事，慢慢地对幼儿园产生归属感和安全感，这很重要。

每一个孩子都是一只小小的、可爱的“蜗牛”，他们需要时间，需要我们慢慢地、一步一步地引导。带着最纯真的爱，牵着“蜗牛”去散步，我们一定能看到小“蜗牛”的成长！

我爱劳动，我是值日生

空军工程大学中心校区幼儿园　吴童童

进入中班后，常能听到孩子们自信的声音："我会做……""让我来……""我帮你……"他们总是积极主动地收拾、整理班级物品。但是，不少幼儿做事仅凭一时兴致，缺少耐心和责任心，常常是虎头蛇尾。怎样变"一时兴起"为"长久习惯"呢？我们班的三位老师一起探讨，决定开展"我爱劳动，我是值日生"活动。

一天，餐后活动时我问道："小朋友们，你们知道什么是值日生吗？值日生的工作是什么呢？"乐乐说："值日生要管理小朋友，提醒小朋友上完厕所及时洗手。"果果说："值日生是为小朋友服务的，要帮大家做事情。"糖豆说："值日生是帮忙收玩具的。"依依说："只有班级里最遵守规则、最能干的小朋友才能做值日生。"麦穗说："遵守规则的小朋友当值日生，懂礼貌讲卫生的小朋友当值日生。"暖暖说："来得早的小朋友当值日生，每个人都可以当值日生。"

大家都同意每个人都可以当值日生。那么问题来了，班级里有31位小朋友，每周5天，每个人都当值日生的话，该怎么安排呢？孩子们说，要安排一个值日生表才好。老师和幼儿交流讨论，孩子们积极踊跃，值日生表新鲜出炉！小朋友们又疑惑了：值日生要具体做哪些事呢？于是，孩子们纷纷表达自己对值日生工作的看法。小丸子说："擦桌子，要从桌子的一头擦到另一头，再把抹布对折用干净的一面继续擦。"嘟嘟说："扫地的时候，手要握紧扫把"……区域活动时，孩子们动手制作值日生牌。孩子们在画画、讲讲、议议中进一步了解了值日生工作的职责。孩子们对当值日生充满了期待，轮到值日那天会早早地来到幼儿园，"持证上岗"。幼儿园里值日生们干劲十足，家庭里值日活动有条不紊！

看得出，幼儿是有能力、有自信的学习者和沟通者，他们有能力通过协调、讨论解决问题，乐意为他人服务。我也常常听到孩子们交流自己当值日生的感受。通过劳动，孩子们收获了为集体服务的快乐。"我爱劳动，我是值日生”的活动开展后，孩子们的私人物品摆放得更有序了，班级物品摆放得更整齐了。陈鹤琴先生说：凡是孩子自己能做的事，让他自己去做；凡是孩子自己能想的，让他自己去想。值日生工作，孩子们在行动中思考，在思考中改进，体验到了劳动的快乐，提高了动手能力，增强了自信心，培养了初步的责任感。

保护蛋宝宝

空军工程大学航空工程学院幼儿园　官　悦

每个幼儿都是一个小小的生命，生命的开始就像是一颗种子在发芽。

今天我们来到了“保护蛋宝宝”的活动现场，嘉宾有蛋宝宝以及我们小班的幼儿。

我们将蛋宝宝放进小气球里面，让每个幼儿都怀揣着一颗蛋宝宝，并且告诉幼儿：“每个小朋友只有一颗蛋宝宝，你就是蛋宝宝的妈妈，必须保护好这一颗蛋宝宝。”让幼儿亲身体验、了解妈妈怀孕的不易，爱自己的妈妈。

在活动开始之前，我的内心非常忐忑，因为对于小班幼儿来说，他们的情感是非常脆弱的，可能会因为蛋宝宝的破裂而变得情绪低落。

活动开始不久，我不想看到的事情发生了。小豆的蛋宝宝破裂了，小豆安安静静地坐在座位上，平时小豆就是一个非常敏感的孩子，情感非常细腻。蛋宝宝破裂的那一刻，他的眼神非常无助，坐着坐着眼眶就湿了。当看到这一幕的时候，我走过去默默地抱住他，他趴在我的肩上放声大哭。我让小豆坐在我的腿上，他不说话，眼眶里一直有眼泪，我就安安静静地抱着他、安慰他。经过考虑以后我告诉小豆，这个蛋宝宝已经离开你了，但是我们这里还有一颗蛋宝宝，可以把这个蛋宝宝交给你，这一次希望你可以保护好它。接下来我将第二颗蛋宝宝给小豆绑在了身上。一是为了平复幼儿的心情；二是为了让幼儿学会如何保护蛋宝宝。

接下来，无论是集体户外活动，还是上厕所或是跑跑跳跳，小豆的手里都捧着那一颗蛋宝宝。

我们带着嘉宾蛋宝宝以及幼儿来到了集体户外活动现场。我发现段锦轩小朋友的蛋宝宝破裂了，因为她在进行户外墙面游戏的时候，蛋宝宝被木盒子顶住了，那一刻我就猜到，蛋宝宝可能破裂了。段锦轩的蛋宝宝破裂后，她站在墙角，静静地摸着自己的蛋宝宝，两个眼睛睁得大大的看着我，我悄悄地告诉聂老师：“段锦轩的蛋宝宝破裂了。”

经过几分钟的观察，聂老师走过去告诉段锦轩，你的蛋宝宝离开了。要将蛋宝宝取下来。她非常不情愿地把蛋宝宝从身上取了下来，聂老师没有将破碎的蛋宝宝直接扔进垃圾桶，而是将蛋宝宝放在了盒子里面，并且告诉段锦轩："如果你不想把它扔进垃圾桶里，那我就把它放进盒子里面，暂时不让它离开你。"

为了能让幼儿自己体会到一个生命的脆弱，在活动后期没有提醒幼儿要保护好自己的蛋宝宝。幼儿天性贪玩，他们很快就忘记了自己还有一个蛋宝宝的存在。孩子们有在地上躺的、地上趴的，还有跪下来的，也有跑来跑去的。

活动结束后，询问幼儿带着蛋宝宝有什么感受。

源源说："带上蛋宝宝太麻烦了，一点儿都不舒服。"

安怡说："带上蛋宝宝，我都不可以玩耍了。"

方俊喆说："带上蛋宝宝一点儿也不舒服，太辛苦了。"

活动后，幼儿的体会是有了蛋宝宝做什么事情都比较麻烦，会阻碍他们玩游戏，幼儿从活动中体会到了妈妈怀孕的不易，小小的生命是如此脆弱。

我们不仅要让幼儿在游戏当中学习，更要让幼儿在生活中学习，在做中学，因为学习源于生活，源于自然。

我的汽车

空军工程大学航空工程学院幼儿园　张　倩

区角活动中岱岱小朋友选择的是建构区的桌面搭建，进区以后，她拿到自己喜欢的原色积木开始今天的搭建活动：拿出两根圆柱体的积木平放在桌子上（两根之间有一些距离），接着拿了一根长方体架在圆柱体上面，最后拿了一根比刚才短一些的长方体放在之前长方体的上面。这时岱岱的脸上带着笑容，说："张老师，这个是汽车的轱辘（用手指着圆柱体），这是汽车头（最上面的长方体），我要开车去三亚玩了（之前她去过三亚）。"还没等我发表建议，她的手碰了一下，车头倒了，岱岱看了看，没有说话，接着重新搭。这一次，岱岱的搭法跟之前的有些不一样——两根圆柱体平放在桌面上，一根长方体架在圆柱体上面，在长方体的两端分别放一块半圆和长方体，在长方体的中间放了一块类似"7"的积木，最后拿一根短一点的圆柱体放在"7"的上面，可刚放上去就掉了下来，放好后拿了一根小一点的积木，拿在手上对我说："这是我的汽车。"我指着一处问："这是什么呀？""这是座位呀！开车的人坐着开。"

托班小朋友大都是进行平行性游戏。这次搭建活动中，第二次的搭建跟第一次的搭建有很大的区别——第二次有了明显的车头、车尾，还增加了座位。在整个搭建活动中岱岱没有像托班小朋友那样出现问题就哭，而是表现得主动、自信，手眼协调，手的精细动作协调，对形状有一定的认知（《指南》中，感知和发现形状是多种多样的，对不同的形状感兴趣），语言表述较清楚，有创造力。拖班幼儿的搭建水平往往是把积木堆成高塔或排成一队，而岱岱的搭建水平远不止于此，她已经有了连接积木的新方法——架空。在区角活动中可以提供一些搭建图片供孩子们参考，期待孩子们在区角活动中的"哇"时刻！

等一朵花开

空军工程大学航空工程学院幼儿园 张晓驰

一、“初遇”——请让我走近你

小菲是一个有点特别的孩子。

今天中午，其他孩子已进入了梦乡，只有小菲还在不断发出怪叫。聂老师正在跟小菲讲道理，小菲突然双眼目视前方出神地说道：“你要听话，人家说什么就是什么，人家让你干什么你就干什么，你不能调皮。”当时我正坐在她俩对面吃饭，小菲话音刚落我怔了一下，那一瞬间我在想：为什么没有人懂这个孩子呢？我走过去将她抱在怀里，紧紧地抱着她一遍一遍地重复“小菲你知道吗？你是个非常好的孩子”。三天前初入园时拒绝我多次的她竟然张开手臂抱住了我，那也是我第一次感受到她的柔软，她小小的身体紧贴着我，那一刻我下定决心，我要帮助这个孩子！

后来我继续吃饭的时候让她和我坐在一起，但她还是频繁发出很大的声音，我只能一次一次地重复：“你不想睡觉小驰老师不强迫你，你可以和我待在一起，但如果你发出声音影响其他小朋友你就得回到自己的床上。”当我背对她时她开始用脚踢我的背，用手抓我的头发、打我、掐我。尽管弄得我有些不舒服，但我明白其实这个孩子是在“测试”我。于是我静静地坐着做自己的事，任凭她胡闹。后来小菲还是太吵闹，我只好又讲了一遍规则然后把她抱回了她的床上。回到自己床上后，小菲的“测试”依旧没有停止，她开始扔所有她能扔的东西，一遍一遍跑开又被我平静地抱回床上，见我始终对她温柔她又开始了“测试”，当我没注意她时她突然开始大笑，任凭我怎么讲道理都没用。小菲的笑持续了十几秒，我把她抱下床抓着她的胳膊严厉地说：“小菲，现在是午睡时间，你可以不睡，但你不能这样笑，你已经吵醒几个小朋友了，我很生气！”说完我转换了语气说道：“安安静静地待着，可以做到吗？可以的话我能不能抱抱你？”接着她不再吵闹，在自己的床上安静地坐了一个小时。谁也不知道这一个小时她都在想什么。两点多巡视的时候我走到小菲跟前，突然她伸手拉住我的裤子将我拉到她跟前，然后，抱住了我的腿，我什么也没说只是配合她静静地待着……

二、小蜗牛——第一次午睡

从上次午睡事件至今已经整整一个月了，之后的一个月里每天的午睡时间小菲就静静地坐在自己床上，一开始还会跑开，到9月底已经能安静地在床上坐整整两个小时了。

国庆假期前小菲从家里带来了一个好伙伴："小蜗牛"。小蜗牛是一个卷起来的小毯子，据小菲奶奶说小蜗牛是她在家里睡觉时的安抚物。小蜗牛的到来让小菲发生了很大的变化，有小蜗牛陪伴的第一天，午睡时小菲已经愿意穿着衣服躺在床上了，但一旦小蜗牛卷散开她立刻就会大哭。假期后奶奶将小蜗牛卷缝在了一起确保不会散开。假后第一天午睡前我问她："你愿意抱着小蜗牛一起钻进被窝里吗？天气太冷了，小蜗牛不进被窝会着凉的。"结果那天的午睡小菲竟然愿意脱掉衣服躺进被窝里。最后，令所有老师都惊喜的是，那天小菲竟然睡着了。假后第二天的午睡小菲睡得很好。我想，能在幼儿园午睡对于小菲而言是里程碑式的胜利。

三、"尖尖的刺"——她与我们曾隔着一整条银河

区域活动时小菲安静地在美工区做蜗牛，她的手很巧，做的蜗牛很漂亮。区域活动结束时其他孩子已经收拾完毕，小菲仍不肯离开，我便允许她再做五分钟。五分钟后我去叫她她仍然不肯离开，当我从她旁边过时，她的凳子把我绊了一下，我赶紧说："对不起，对不起。"可小菲突然哭起来，我解释道："小菲，不是你的错，是小驰老师走路没看把自己绊了一下，你别哭了。"她没有理我一直哭个不停……喝水时小菲坐在凳子上不动，我过去叫她："小菲，去喝水，老师不强迫你，你想喝多少就喝多少。"她突然激动地说："我要喝两杯，我要喝十杯，我要一直喝一直喝。"我说："当然可以，你想喝多少就喝多少。"她仍然重复"喝十杯，一直喝一直喝"，我说："那我们走吧，你得去喝水才能一直喝一直喝。"小菲还是重复着她要"一直喝一直喝"，说着说着就大哭起来……

户外活动时孩子们都在玩墙面游戏。小菲独自一人把所有齿轮放到自己面前开始组装起来，其他孩子也在忙着自己的工作，仿佛岁月静好。可只过

了一会儿，小菲就号啕大哭起来，看到小菲旁边的A手里拿着两个齿轮，我猜到发生了什么，考虑到A语言表达和同伴交往能力都较强，也许能自己解决，我便站在不远处观察，没有急着过去。A大概也明白小菲为什么哭，于是告诉她："这是大家都可以玩的知道吗？"A重复了几次后小菲不但没有停止哭泣反而一屁股坐在地上，哭声更大了，见小菲这个反应A直接拿着齿轮离开了，小菲的哭声更大了。我走过去蹲下来对小菲说："小菲，是你的齿轮被别人拿走了吗？你先停下来听老师说话，是你的齿轮被别人拿走了吗？"小菲停止了哭泣说："是！"我说："我知道这个齿轮是你先拿的，但A不知道你还要用，你可以告诉她这个是你先拿的，而且你还要用，她不能直接拿走，如果她要的话得问问。"说完后小菲思考了一下又号啕大哭起来，于是我又重复了一遍刚才的话，可小菲依旧大哭不止。我便开始给A做工作，我将A叫到跟前说："这些玩具是给所有小朋友玩的，对吗？你当然可以拿，但是小菲先拿到的，如果你想要你得问问她能不能给你。"说完A问小菲："可以给我一个吗？"小菲回她："不可以。"气氛一下变得有些紧张了，我便说："她可能还没有玩完，等她一会儿搭完了你再来看看，好吗？"A说了"好"之后便离开了。大概五分钟之后小菲又一次坐在地上大哭起来，这次是B拿着两个齿轮站在小菲跟前，见小菲哭了，A急忙过来对B说了刚才我对她说的话："如果你想要你得问问她还用不用，请你还给小菲。"说完便直接从B手上抢了一个齿轮递给小菲，这么一来B不干了，她紧紧护住剩下的一个齿轮，说什么都不给小菲，就在我准备过去时A拿了另一个玩具对B说："我们来玩卖手机的游戏吧。"B顿时开心起来，拿着那个齿轮跟着A离开了。两个女孩离开后小菲依旧坐在地上，过了一会儿，她站起来边哭边组装齿轮，似乎缺少一个齿轮并不会影响什么，可小菲依旧哭得停不下来……

午饭时其他孩子都在吃饭，小菲突然把鞋子和袜子都脱了。我对她说："小菲，现在是吃饭的时间，这样子没有礼貌，请你穿上。"她没有理我，一口饭也不吃斜坐在凳子上，出神地望着某个方向，突然一屁股坐在地上大哭起来，嘴上还重复着："小朋友打我，小朋友打我。"我深吸了一口气，过去给她把袜子和鞋穿上，握着她的肩膀说："小菲，没有人打你！"她完全听不进去我讲话，一口饭没吃，又脱了鞋，坐在地上继续哭，直到午睡时才爬起来坐到了自己的床上……

四、“没事没事，老师在呢……”——她最需要的是爱啊

午睡时，小菲躺在床上抱着她的小蜗牛，安静得像个天使，孩子们纷纷进入了梦乡，传来此起彼伏的呼吸声。

突然，小菲哭了，我急忙跑过去叫她：“小菲！小菲！”看到我的一瞬间她像是从噩梦中醒过来了一样，整个人惊了一下，然后立刻停止了哭泣。我摸着她的头轻声说道：“没事没事，老师在呢，做噩梦了是不是？不怕不怕，发生什么事老师都保护你，没事没事……”然后我坐在她床边握着她的手，她发着呆，一只手紧紧地握着我。我看着她，想着刚才她的惊恐眼神心疼不已。

因为觉得对小菲的帮助有限，我甚至怀疑过自己，理论学了那么多，但放在这个孩子身上似乎都行不通，她偶尔的改变像是昙花一现，我始终觉得没有走进她的内心。

我试过很多办法，有时会奏效，但每一天遇到的情况又都不一样。我太希望她能像其他孩子一样，希望她能融入班级，不要显得那么特别，我不断地告诉她：“你和其他孩子是一样的。”但那天午睡时发生的事改变了我的看法，当我紧紧握着她的手坐在她旁边时，我想到，小菲因为家庭的原因，没有得到绝对的爱，当没有得到绝对的接纳时，我们如何要求她遵守规则，要求她和其他孩子一样？我想：要想改变她，得让她感觉到被爱。于是我重新调整了自己的心态，重整旗鼓。

我想，我可以做那个为她托底的人……

五、“我要一直走一直走，永远不停下来”——她的自我疗愈

最近天凉，孩子们吃完饭得在室内散步，绕着睡觉房转够5圈后才能上床睡觉。

这天小菲吃得慢最后才来散步，我说：“小菲，转够5圈就去上床哦。”她没理我直接去转圈了，转着转着不小心把一个孩子的衣服碰掉了，那个孩子生气地说：“小菲！你太过分了！”我说：“小菲，你把别人的衣服碰掉了，请你帮她捡起来。”小菲问我：“为啥？”我说：“因为是你碰掉的，请你捡起来。”我刚说完小菲就哭了，于是我没再强迫她，我捡起衣服，让她继续转圈。那会儿其他的孩子已经躺下了，她穿着皮鞋走路声音很大，而且一直在哭，吵得其他孩子没法睡，我只好一个一个说：“小菲太难过了，让

她哭一会儿，她一会儿就不哭了，你们快睡吧。”她就这样边哭边转，转的速度很快，像是在很着急地赶往某个地方。

过了大概五分钟，我叫住她说：“小菲，别哭了，安静地转吧，其他孩子已经睡着了，把他们吵醒可不好，你可以安静地继续转。”我说完她竟然停止哭泣，安静地继续快速转圈。又过了几分钟，我说：“你想喝水吗？去喝点水再来转圈。”她有点不情愿，哼哼了几声，我拖着她去喝了一杯水，回来后她继续转，又过了几分钟，我说：“我看小朋友的鞋都没摆整齐，你能不能帮他们放整齐，还有小朋友的衣服掉了，你能不能帮帮他们，他们睡着了不知道。”衣服鞋子摆整齐后，我拉住她说：“你准备好上床了吗？”她说：“我要一直走一直走，永远不停下来。”我说：“那这样吧，你这个鞋声音太大了，你去换你的小鳄鱼拖鞋，那个鞋走路没声音，你可以穿着那个鞋转圈。”说完拉着她去换了鞋，回来后小菲又开始转圈。

又过了几分钟，她转圈的速度越来越慢了，我说：“再转5圈就上床，行不行？开始吧，我给你数着，一圈……”她说：“我想再转20圈。”我说：“行，可以。”于是我开始帮她数数，到20圈时她正好走到自己床跟前，我顺势把她抱上床，这一次她没有反抗，我欣喜地说：“哎呀，小菲真是说话算话！说20圈就20圈。来！老师知道你不想睡，我给你把被子靠在身后，舒服一点，如果想喝水了就叫我。”

后来，那天中午小菲始终安静地坐在床上，中途喝了两次水，一直到起床时间情绪都很稳定。

接下来的几周里我们三位老师开始让小菲做一些照顾其他小朋友或者给老师帮忙的工作，这些事情小菲都很乐意做。小菲有时不喜欢吃菜喜欢喝汤，我们就允许她暂时只吃米饭和喝汤。午睡时只要她安静不吵闹老师就会及时表扬她。喝水尽管还是很困难，但大多数时候还是喝了。

六、“流鼻血了会不会死？”——逐渐柔软和打开的心

有一天，小菲突然问我：“为什么会流鼻血？”我说：“有可能是抠鼻子，或者是太干燥了，所以要多喝水，水可以让身体变得湿润。”她又问：“流鼻血会不会死？”我说：“如果留得很多很多可能会死。”过了一会儿她又问：“我奶奶流鼻血了会不会死？”我说：“你得问问你奶奶是抠鼻子了吗，还是水喝得太少了。”

第二天，小菲又来问我：“没有抠鼻子但还是流鼻血了就说明太干燥

了，所以要多喝水对不对？”我说：“是的，所以你要告诉奶奶一定要多喝水。”小菲又说：“那样就不会死了？”我说：“是的，所以我们都要多喝水。”说完顺势拉她去喝了一杯水。

后来的几天里每次到喝水时我就会说：“多喝点水就不会流鼻血了。”喝完水还会问一问：“你奶奶昨天流鼻血了吗？”她说“没有。”我说：“那太好了，肯定是你在家一直提醒奶奶要多喝水，这样就不会流鼻血了。”

七、“水往低处流……”——怎么会有这么好的孩子！

这天，区域活动时小菲拿了一个长软管和一个瓶子在盥洗室接水，她试图通过水管把水接到瓶子里，尝试了很多次都失败了。之后她直接用瓶子接了满满一瓶水，她把管子一头插进瓶子里直接往活动室走，刚走一步水就从管子里流出来了，洒得满地都是。我说：“这是怎么回事？水怎么从管子里流出来了？”小菲说：“因为水往低处流。”我说：“哦，那如果你想把瓶子拿到外边得想想办法了，不能让水流出来。”小菲思考了一下将管子一头塞进瓶子里说：“这样就流不出来了。”

区域活动结束时我把刚拍的照片放在电脑上和孩子们分享了小菲的工作，请小菲给孩子们讲了讲为什么水会从管子里流出来。小菲很清楚地说：“因为瓶子在高处，水管在低处，水是从高往低流。”小菲说完后，孩子们也想到了自己在生活中看到的现象，七嘴八舌地说“在广场的坡上见到水流了下来”“幼儿园门口的路会让水流下来”“下雨的时候水是从天上来的”，等等。最后我说：“小菲知道很多，如果你们有什么问题可以问小菲，她可以帮助你们。”

后来的几天里小菲得到了很多正向的关注，她开始有点依赖我，每天都会问我：“今天是谁值班？”当我值班时会说“我想离你近一点”“我想看看你在干什么”。当我叫她时她很快就会过来，我就会夸张地说：“哇！小菲的小耳朵太灵了，我只叫了一声就过来了，怎么会有这么好的孩子！”当我拥抱她时她就转过身来主动张开双手，我就说：“对嘛，你这样抱我我就觉得你很喜欢我。”有时我还会躺在她的床上故意挤一挤她，小菲和我亲近了很多。

八、“花就要开了”——人类天生追求爱

一天早上，区域活动时，我在美工区做了一个作品，小菲也做了一个作

品想要让我看，她刚走过来我就提醒她："小菲，这是我刚做好的，小心一点，别碰倒了。"她似乎没有听见，直接将她的作品放在我的上面。我又提醒她："小菲，这是我辛辛苦苦做的，请你别给我弄坏了。"这次她听到了，可是我话音刚落她就碰了一下把我的作品弄坏了。

其实，小菲已经有很大的变化了，和我之间也建立了一些信任感，她刚刚有了被需要和被关注的感觉，我实在不忍心破坏，但那天狠了狠心还是试图帮她建立规则意识。

我很生气地抓着她的肩膀说："小菲，我真的很生气，我提醒过你不要碰我的作品，你为什么还要动？既然我讲话你听不到，那从现在开始你讲话我也听不到，请你离开！"说完就将她推开了，她向后趔趄了一下，一屁股坐在了地上。我心想：完了完了，一切又要打回原形了。但这次她没有哭，思考着什么又站了起来，接下来的几分钟里她又是拿东西给我看，又是将东西弄乱，又或是说一些无关紧要的话，希望我能回应，但我始终没有理她。

区域活动结束后孩子们都在分享作品，小菲拿着她的作品站在我的面前不断重复"我也要介绍我的作品""老师你看看我""这是我的作品"之类的话，然而我始终没有理她。这时小菲平静地说："老师，我知道错了，我下次再也不会这样了。"这次我回应了她，说道："小菲，我知道你想给我看你的作品，但是当我说话的时候请你认真听，只有你听我讲话我才会听你讲话。"她说："知道了。"我又说："但你敢于承认错误，老师觉得很感动，我抱抱你。"说完我抱了抱小菲。接着，小菲分享了她的作品。

我们和小菲之间像是双方都在努力攀登一座高山，上山的路困难重重，我们在这头努力，小菲在那头努力。

每个人，包括小菲都天生有对爱的渴望，所以当我们摸索到对的方法时，她也努力地调整和适应，所以短时间内产生了明显的变化。如今，我已经大概找到了和小菲相处的模式。

当得到了包容和接纳之后，小菲逐渐打开了心门，尽管有时还会"历史重演"，但大多数时候总归是向着好的方向在发展。

小菲的故事还没有结束，静待花开……

自然材料打开孩子的想象之门

空军工程大学航空工程学院幼儿园　聂秋歌

陈鹤琴提出“大自然，大社会”是我们的活动材料，运用天然材料开展教育活动，可以让幼儿获得真实感。

《指南》在艺术领域中反复提到要充分利用自然环境，要亲近大自然。因此，我们常常带幼儿到大自然中去寻找美术材料。这些取之不尽的自然材料是孩子们创作的源泉，自我园开展“利用自然材料进行特色美术研究”以来，我们对园本课程进行了深入的探索，努力寻找、挖掘这些独特的自然资源，并将其与我们的美术教育活动相融合，使得我园的美术活动成为具有自己特色的课程。

孩子认识周围事物靠直觉感知，只有让他们直接参与收集材料，才能激发他们的创作灵感。我们经常带他们到大自然去收集大自然中的石头、树叶、泥巴、树枝等。这些随手可得的材料，让孩子们既兴奋又好奇，它们贴近孩子们的生活，易于唤起他们的创作灵感，有助于激发他们对美术活动的兴趣。这一切成为孩子们心爱的创作材料，他们将这些材料做做、玩玩、剪剪、贴贴，发挥着自己的创造力和想象力。陶行知先生说过，要让孩子在“玩中学，学中玩”。孩子们在美术活动中与自然材料进行了较好的互动，并在活动中感受美、体验美和创造美。材料是幼儿开展美术活动的重要媒介，大自然中随处可见的泥、沙、石、树叶等各具特色的自然材料以其独特的魅力吸引着孩子们。孩子们捡回来的树枝不仅能变成大人无法想象的各种艺术品，而且寻找的自然材料丰富了美术活动内容，在寻找材料的过程中孩子们已经在头脑中进行了创作。在研究过程中，我们运用自然材料开展了丰富多彩的美术活动。例如，根据季节利用自然材料进行美术创作，画美丽的雪天，绘制树枝创意画，将叶子变成美丽的头发，或将叶子变成漂亮的裙子，也可以将树叶变成可爱的小动物等。又如，利用不同的种子进行创意画，制作种子粘贴画、种子装饰画……随着美术活动内容的不断丰富，孩子们对自然材料的兴趣越来越浓，并让活动开展得越来越多彩。

选择自然材料，挖掘材料的潜在价值，使其在美术活动中更具生命力。材料本身是普普通通的，我们要根据材料的不同特性，运用不同的表现形式展现材料的价值。孩子们收集了不同颜色、不同形状的树叶进行树叶粘贴画，孩子们在活动中感受到了树叶的不同，搭配出了多种多样的造型。孩子们不满足于粘贴活动，他们将不同形状、不同造型的树叶轮廓画下来，并用线条和颜色进行装饰，制作成精美的书签。教师不断创造和对材料的深入挖掘探索出材料的不同隐性教育功能，让美术活动富有了生命力。我们要让材料通过不同的组合方式，发挥其独特性。运用丰富的自然材料进行美术活动，突破以往材料的限制对材料进行巧妙组合变成可以装饰的艺术品。孩子们用收集来的树枝、木块与树叶组合在一起，有树枝做成的房子、树叶盖的房顶、木块做的小人……丰富的自然材料让美术活动更具艺术性。

教师投放自然材料充实美术活动区材料，每个班级都形成了各具特色的美术活动，孩子们根据自己的想法大胆地表现和创作，并沉浸在游戏之中。自然材料本身无生命力，孩子们的创作赋予材料新的生命力，使材料鲜活、生动。孩子们基于原有的经验在活动中与材料不断互动，引发新的创作灵感，在丰富的美术活动中利用原有的知识、经验来建构新的经验从而获取心得，进而进行更高层次的美术创作活动等。教师通过对自然材料的深入研究和挖掘，充分发挥自然材料的生命力，让美术活动更具创新意义与特色，让有限的材料发挥出无限的价值。

我不够可爱，因为我想要爱

空军工程大学信息与导航学院幼儿园　冯　硕

人们常说孩子是一张白纸，需要我们去涂画、染色；也有人说孩子是一本书，需要我们去阅读、理解、欣赏；而我说孩子就像一个万花筒，你只有靠近他们并且用心观察才能发现他们小小世界中的五彩斑斓。在和孩子们相伴的时光里，我一直用一颗童真的心努力地去靠近、了解他们，用细腻的爱轻轻敲开孩子们的心扉，聆听每一个声音。

最近在区域活动和户外活动的时候，总会传来一些奇怪的声音——持续时间很长的尖叫。我仔细观察了几天，发现每一次声音的来源都是一位小朋友——当当，他捂着自己的耳朵，闭着眼睛，大声地喊叫。

当当的妈妈也来向我"求助"，原来当当在家和弟弟抢玩具或者发生争执的时候，也总是不顾及周围人的感受大声地喊叫。但无论我们怎么询问，当当都不愿意说明原因。大家都说当当这样的行为一点儿也不可爱。

起初我也这样认为，直到我们组织了比比活动的第一单元第三节——妒忌，我才慢慢读懂他不可爱背后的真相。为了让孩子们更好地理解"妒忌"的含义，在组织活动之前我利用谈话时间向孩子们分享了绘本——《我不要妒忌》。绘本中说到，当我妒忌的时候，我好想让别人的所有东西都成为我一个人的，可能是一件玩具，可能是来自他人的赞美……每当我妒忌的时候，我好像变成了一只会发脾气的绿怪物，妒忌让我觉得自己一无所有，这种感觉一点儿也不好受。

在活动中小朋友们利用画笔和画纸将自己妒忌的事情画下来。不一会儿，当当把他的作品拿给我看：画面上有两位小朋友，一位小朋友坐在地上玩玩具，另一位小朋友站在一旁张着大嘴巴，似乎在说什么。我突然觉得这个张着大嘴的小朋友似曾相识，他不就是那个经常发出奇怪声音的当当吗？当当为大家介绍他的作品，他说："我的弟弟总是在家里和我抢玩具，玩具明明是我的，我告诉妈妈，但是妈妈每次都让我把玩具让给弟弟，妈妈只疼爱弟弟，我感到妒忌。就像小白兔看到爸爸妈妈只喜欢弟弟一个人的感觉一样，我的身体里住进了一只小怪兽。所以我就张着嘴巴大声地叫，我想要告诉他们，我不开心，我想让小怪兽赶快走开，我想让妈妈也爱我，告诉弟弟把玩具都让给我玩！”

听完他的分享，我恍然大悟，原来这么长时间以来当当一直在用尖叫表达自己的感受，每当他感到妈妈更爱弟弟，每当他感觉在游戏中失去了自己的好朋友时，他就会尖叫，这种行为看似很不可爱，但他只是在用自己的方式表达他的感受——我的心里不舒服，我想要妈妈更多地关注我，我想要朋友和我一起玩，我想要爱！

于是我问当当：“尖叫之后你心里的小怪兽走了吗？”当当摇了摇头。我又问他：“尖叫之后你的身体感到舒服了吗？”他说只舒服了一点点，还是很难受。于是我请当当去找一位自己信任的小朋友帮他想想办法。当当走到帅帅小朋友的面前问他：“你有什么好的方法可以帮助我吗？”帅帅想了想告诉当当：“你妒忌的时候可以问问妈妈为什么每次都要把玩具让给弟弟，问问妈妈爱不爱你，你可以告诉妈妈你心里很不舒服，希望妈妈更爱你一点。如果在幼儿园有小朋友不和你玩，你可以去找别的小朋友……”

当当歪着小脑瓜认真地听完帅帅小朋友给予的帮助和建议。眨巴眨巴自己的眼睛，又看了看我。我问他：“你觉得小朋友的建议有帮助吗？”当当若有所思地说了一句：“我不知道，不过我可以试试……”

自此之后，每次当当遇到使自己不开心的事情，尤其是那只叫作“妒忌”的小怪兽又出来影响他的心情、扰乱他的思绪时，当当就会努力地让自己记起好朋友的方法，不再是毫不顾忌地大喊大叫，而是和家人、伙伴沟通，告诉他们自己的想法，用合适的方法表达自己的情绪，慢慢地，班上的尖叫声越来越少了……

当当的“尖叫事件”也使我思考良多，孩子进入了大班，正是情绪情感发展的重要时期，情绪情感带有易变换、易冲动、易外露的特点。个别孩子对自己情绪情感的控制还有困难，不知道该怎么表达自己的情绪情感体验，也无法用合适的方法疏导自己的负面情绪。他们大哭、尖叫的行为其实是在“求助”，是在等待我们的理解和关注。因此在教育过程中，我们要理解孩子的行为，理解孩子各种不可爱的行为是在呼唤爱，并引导孩子正确地认识、理解、评价引发情绪情感反应的情境。让孩子学会用语言和非语言的方式表达自己的情绪情感，培养他们控制、调节情绪情感的能力。

我相信，作为一名幼儿教师，只要走近孩子，用心地观察、聆听，带给他们爱和正能量，一定会看到孩子的可爱之处！

蚂蚁的“秘密”

空军工程大学信息与导航学院幼儿园　雷瑞妮

户外活动时间，孩子们“研究”蚂蚁

又到了大家期待的户外活动时间了。孩子们在小院子里绿绿的草坪上自由地奔跑、打滚儿、滑滑梯，玩得不亦乐乎。

不一会儿，只见草地旁边的树下围了一群孩子，像是在认真地寻找些什么。我悄悄地走过去问边上的一个幼儿：“你们在这儿做什么呢？”他认真地告诉我：“我们在看蚂蚁呢。”我借机追问：“蚂蚁在哪儿呢？”“在树上，爬得还挺快的呢！”“那你见到的蚂蚁是什么颜色的？”“黑色。”

看孩子们兴趣正浓，我问道：“那你们知道蚂蚁最爱做什么事情吗？”“搬吃的啊。看，它的头上还有个东西呢！”“那它们怎么知道哪里有吃的东西呀？”“用眼睛看”“用耳朵听”“不对不对，用鼻子闻”……孩子们你一言，我一语地争论不休。“蚂蚁只能看到非常近的东西，远处的可看不到。但它有自己的小秘密，可以借助它找到比较远的地方的东西，还不会迷路。你们想知道是什么秘密吗？”“想！”孩子们异口同声地回答。“那你们回家和爸爸妈妈一起找找答案吧，明天告诉大家，看看蚂蚁的秘密究竟是什么。”“好，我回去就和爸爸妈妈一起找。”

第二天早上吃完饭，小朋友们迫不及待地跑来告诉我他们收集到的关于蚂蚁的知识。“老师，我知道蚂蚁的秘密啦！它们是用触角来找食物的！”席一豪小朋友高兴地说。“对对对，就是这样的。蚂蚁的触角很厉害呢！”其他小朋友也赞同地点着头。

“有时候，蚂蚁找到吃的后找其他伙伴一起搬回家。那它们是怎么告诉小伙伴这个消息的呢？”我借机追问道。“用嘴巴说”“用眼睛看”……孩子们左一句右一句猜测着。本次追问激励幼儿继续探索有关蚂蚁的知识。

本次活动中，老师借助幼儿“看蚂蚁”这一教育契机，及时追问，孩子们经过仔细观察、数数等方法得知了蚂蚁的基本外形特征，包括颜色、大小、几条腿等。并且探究到蚂蚁是怎么寻找食物的，经过探究，孩子们的自信心更强了，兴趣更浓了，从而为今后继续学习关于蚂蚁的各种知识打好了基础。

生活中处处是教育的契机，对蚂蚁秘密的探索不是一次简单的科学活动，在本次活动中老师及时抓住孩子们的兴趣点，对幼儿的及时追问和适宜引导帮助幼儿主动探索，幼儿不仅习得了蚂蚁的相关知识，而且学会了认真观察、比较、猜测、记录等方法，更重要的是养成了在科学活动中不断寻求新的答案的习惯，对周围事物、现象更感兴趣了，有了强烈的好奇心和求知欲，愿意尝试运用各种感官，动手动脑去研究问题；还能用适当的方式来表达、交流探索的过程和结果。在以后的教育教学活动中，他们会带着好奇心继续去探索周围的事物和大自然的奥秘，做个爱想、爱问、爱动手的孩子。

神奇的魔法亲亲

空军工程大学信息与导航学院幼儿园　李秀琴

小班幼儿刚入园时会焦虑、恐惧、不安，仿佛只要离开父母或自己所爱的人，就会失去爱的保障。偏偏小班幼儿对爱的感觉具体又直接，他们必须觉得自己被照顾，才会有被爱的感受。

经过了三周的时间，我们班的小朋友们基本上已经适应了幼儿园的生活，可是丁丁还是会哭着找妈妈，而且比之前哭得更厉害了。刚开始我安慰他说："妈妈下午就会来接丁丁了。"可是我发现这根本没有用，于是我请丁丁妈妈来幼儿园谈话。当我见到她时，我很惊讶，她马上又要生宝宝了。她也很担心，害怕自己去生小宝宝后丁丁的情绪更失落。同时，我还得知丁丁很排斥妈妈肚子里的小宝宝。通过这次谈话，我了解了丁丁哭的主要原因——害怕妈妈把他送进幼儿园，不要他只要肚子里的小宝宝。我想起了一本绘本《魔法亲亲》，里面的小浣熊要上幼儿园了，可是他舍不得妈妈，浣熊妈妈在小浣熊的手掌心亲了一下并告诉他，不管什么时候，如果他需要妈妈的亲亲，只要把手贴在脸上就行了。获得了魔法亲亲的小浣熊勇敢地去上幼儿园了。我将这本书推荐给了丁丁妈妈，希望她也能像浣熊妈妈一样留给丁丁一个魔法亲亲，告诉他"妈妈爱丁丁"。第二天，我在教室门口等丁丁时直接问他："丁丁，收到妈妈送你的魔法亲亲了吗？"他点点头。我拉住他的另一只手亲了一下告诉他："这是老师给你的魔法亲亲，因为我也爱你，希望你在幼儿园能开开心心。"说完这些丁丁点点头去洗手了，我看到他手心捏得紧紧的，对他说："丁丁，你是不是害怕你的魔法亲亲会被水冲走啊？"他点点头。我说："不会的，妈妈的亲亲是有魔力的，你洗完手后把你的亲亲放在脸上试试。"一上午他都紧紧地捏着自己的小拳头。每当他哭着找妈妈时我就会告诉他"想妈妈了就把你的魔法亲亲放在脸上"，他都会照做，而且也不哭了。拥有一星期的魔法亲亲后丁丁慢慢地开始试着跟随其他小朋友一起进区吃饭了。下午妈妈来接他的时候也慢慢地不哭了，愿意和我说再见了。

教师小小的用心，换来了家长的安心、宝贝的真心，让我们多一些魔法亲亲，多一些爱的教育，因为教师的爱就是幼儿心里的阳光。教师也在爱中习得了爱，体验了爱，收获了爱！

蛋糕师的成长

空军工程大学信息与导航学院幼儿园　李　艳

烘焙坊自从开业以来，就一直是我们班的“网红地”，深受孩子们的喜爱，在这里他们可以通过自己的努力制作出香喷喷的美食，并和好朋友一起分享劳动成果，收获成功的喜悦。

今天也不例外，区域活动刚开始，四位小蛋糕师便走进了烘焙坊，他们有的在拿取所需要的食材，有的在准备工具，还有的早早就戴好了厨师帽、小围裙要一显身手了。看到孩子们熟练地操作，我有了新的决定——自己做蛋糕。听到这个消息，虽然他们有很多担心，可还是愿意接受挑战，想要尝试自己独立完成任务。

蛋糕制作开始了，第一步是完成食材的称重。他们对照着食谱先取来了牛奶，辛巴告诉大家：“牛奶需要 45 克，我来负责倒牛奶。”只见他迅速取来了剪刀，剪开牛奶盒，并将牛奶倒进了碗里，因为没有看秤，结果牛奶倒多了。这时霓宝大声说道：“快停下来，你都倒多了。”大家看着秤上显示的数字，说着：“这可怎么办呀。”辛巴见自己犯了错，立刻说道：“没关系，那就把多的让我喝掉吧！”大家你看看我，我看看你，貌似觉得这是一个好办法。可霓宝又说：“不行，我们喝的牛奶都是热的，这是凉的，喝了一定会肚子疼！”大家连忙点头，觉得好像有道理。想了想，决定用勺子慢慢舀出来。眼看数字一点点接近 45 了，大家纷纷露出了笑容。可是秤上的数字突然消失了，大家的笑容也闪电般消失了。“奇怪，称重秤上的数字怎么不见了？我们就差一点点了，这可怎么办呀？”大家嚷嚷着，开始寻找答案。有的说“是秤坏了吗？赶快检查检查。”有的说“是操作出现问题了吗？所以秤上的数字才会消失。”于是他们立刻拿出了秤的操作步骤图仔细研究了一遍，重新按下了启动按钮，称重秤上的数字奇迹般地出现了；“那一定是我们刚刚称量的速度太慢了，所以数字消失了，那再来一次，这次我们一定要快一点完成。”吸取了上一次的经验，孩子们在倒的过程中，目不转睛地盯着秤上的数字，看着它不断地变化，刚显示 45 他们就立刻停了下来，牛奶的称重终于成功了，他们相互鼓掌，笑得特别开心。

我们相信，每一个孩子都是富有潜力的，不管在任何时候，我们的短暂等待可能会换来孩子的意想不到的“哇”时刻。就像今天，蛋糕师不仅学会了称重，而且拥有了坚持、正确面对失败的学习品质。因此，我们要为幼儿创造一个自由、开放的空间，充分尊重幼儿的想法，构建一个属于他们的世界。

我们一起仰望的高高的苹果树

空军工程大学信息与导航学院幼儿园　刘　阳

最近，我们班小朋友在建筑区很喜欢垒高的游戏。今天俊俊、西西、言言、若若小朋友来建筑区游戏。他们尝试把奶粉桶和奶箱结合起来垒高，看看可以垒多高。

游戏一开始，他们就拿来奶粉桶和奶箱，把它们任意地组合在一起垒高。可每次垒到四五层高的时候，就倒塌了。在他们自己的建构认知里，并没有大小不同的物体应该如何摆放才更稳的认知。于是，我让他们一起想一想：为什么总是倒塌？俊俊认为是没有按照大小摆放，所以才会倒塌。若若同意俊俊的观点，并且她觉得大的应该放在下面，上面放小的。经过一番讨论，他们决定试一试。于是，他们把奶箱放在最底层作为地基，再放大一点的奶粉桶……最后把最小的奶粉桶放在上面。这次技术“改革”，果然没有再发生倒塌。他们高兴极了！

可是，在垒高的过程中，他们又遇到了新问题，奶粉桶垒起来的高度超过了他们自己的身高，该怎么办呢？俊俊拿来了迷彩箱站在上面，可还是够不着。言言提议用两块，可是不仅高度不够，站在上面还摇摇晃晃的。西西提出要用小椅子，于是去搬小椅子。拿来椅子后，他们进行了分工，俊俊负责站在椅子上垒高，言言扶着，若若传递奶粉桶，西西负责拿椅子。分工完成后，他们又开始了新的搭建。好不容易垒到最高处时，又有问题出现了。他们想把一棵苹果树放在顶端，但椅子的高度不够。基于刚才的游戏经验，他们很快又搬来了几把椅子。于是，俊俊站在椅子上，要完成今天搭建的最后一步——把苹果树放在顶端。他看上去有些紧张，手有点抖。在小伙伴们的鼓励下，他轻轻地把苹果树放了上去，然后蹑手蹑脚地从椅子上下来。整个区域里从一片安静到集体欢呼，终于成功了！他们站在那里一直仰望着好不容易完成的作品——高高的苹果树。

在今天的搭建游戏中，四名小朋友用坚持和智慧完成了他们自己的作品高高的苹果树。在这一次的游戏中，他们发现问题、独立思考。在解决问题的过程中，学会了合作。知道和老师、同伴进行沟通，大胆表达自己的看法，并付诸实践去验证自己的猜想。在游戏的过程中主动学习，有层次地建构自己的知识。

作为教师，我们应该去倾听幼儿的声音，去发现他们的能力，并创造环境，提供材料去支持幼儿激发自己的潜能。要适当放手，相信幼儿是有意义的建构者。他们有独立的思想，有解决问题的能力，能建构自己的认知与理解世界。我们要充分尊重、信任幼儿，保护好他们对事物的好奇心、探索欲和学习兴趣。在这个过程中，逐步培养他们认真、专注、不畏难、乐于想象和创造、敢于尝试和探索、与他人合作等良好品质。

节约的美德

空军工程大学信息与导航学院幼儿园　张　敏

在“走进纸王国”主题活动中，孩子们了解了各种各样的纸，知道了纸的历史、纸的制作过程等。纸的用途是多种多样的，在生活中纸是不可缺少的，它给我们带来了许多便利，我们要节约用纸。当前，人们的生活水平普遍提高，铺张浪费的情况日益严重。我们的国家是一个人口大国，如果每人每天节约一粒粮食、一滴水、一度电、一分钱、一张纸……那将节省巨大的资源。国家要求各地严格实行垃圾分类，也是为了变废为宝、节约资源。

那么，培养孩子从小节俭是非常有必要的。勤俭节约是中华民族的传统美德，为了继承和发扬这一传统美德，我们开展了主题为“爱惜纸”的教学活动。活动中孩子们了解到，回收纸张能够保护森林，减少森林资源的浪费。A 小朋友说：“以后我流鼻涕了，用手帕擦鼻涕，不用那么多纸了。”B 小朋友说：“下次我吃蛋糕不用纸盘子了，用我家的小盘子吃。”C 小朋友说：“老师，我以后不浪费纸了，用过的纸我不扔，我可以叠飞机。”D 小朋友说：“我擦屁股再也不拿一堆纸了。”E 小朋友说：“老师，我们用过的纸盒子不要扔，可以用它做小汽车。”这句话激发了大家的兴趣，从而展开了“纸盒可以做什么?”的话题。

教师请幼儿发挥他们的想象力，发表自己的言论。有的说“我要做个汽车”，有的说“我要做个机器人”，还有的说“我要做个大雁塔”。我们从纸盒进一步延伸到纸箱、纸筒等。孩子们尝试利用纸箱制作了一只大恐龙，心里十分高兴。接下来还欣赏了其他用纸盒、纸箱制作出来的艺术品。孩子们对原本废旧的纸类物品有了新的认识。

幼儿对纸箱产生了极大的兴趣，兴趣是创造力发展的必要条件，是促使幼儿积极学习的内在动力。在教育提倡“低投入高效益”的今天，纸盒融入区域活动充当游戏材料的方法无疑是环保、低碳的举措。纸箱、纸盒质地轻巧，在商品包装上被广泛应用，在生活中几乎随处可见，但人们基本上将纸箱、纸盒丢弃或卖至资源回收处。殊不知大大小小的纸盒也蕴含着教育的作用，能用于幼儿园教育活动。它具有低成本、易收集、丰富多样等特点。在低碳生活的今天，我们作为教育者应该首先成为环保的使者才能更好地引导教育孩子成为环保小卫士。收集生活中的废旧纸盒进行手工制作也是节约资源的方法之一，旧物利用不仅让资源重复利用，更能美化我们周围的生活环境。幼儿教师需要研究如何让废旧纸板类材料与美工区活动有机地结合起来，充分发挥其教育价值。

为了加强孩子们节约用纸的意识，我鼓励孩子们将家中的废旧纸盒、纸箱类材料带到幼儿园美工区，幼儿可以选用不同的工具和材料按照自己的意愿和兴趣施展自己的才能，享受创造的快乐，获得精神上的满足。

总而言之，为了培养幼儿勤俭节约的良好习惯，教师应该言传身教，并运用多种形式进行教育，家长要以身作则，用日常的节约行为去潜移默化地影响幼儿。

给予孩子独立解决问题的机会

空军工程大学信息与导航学院幼儿园　朱　丽

人类的一项重要生存技能就是独立解决问题的能力，这听起来似乎是成年人的事情，其实，学习独立解决问题应从幼儿阶段开始，因为，他们终将进入社会，成为社会的主人。在日新月异的现代社会，幼儿需要具备独立思考、判断、解决问题的能力，否则难以适应社会，因此，培养幼儿的独立性尤为重要。

《纲要》中指出：提供自由活动的机会，支持幼儿自主地选择、计划活动，鼓励他们通过多方面的努力解决问题。角色游戏是幼儿喜爱的活动之一，也是促进幼儿社会交往能力发展的有效途径。游戏中，幼儿通过角色扮演、模仿和想象，学习怎样与同伴相处、如何解决生活中遇到的问题。小班幼儿经过一学期的适应期，随着与同伴交往的深入，以自我为中心的表现有所减少，部分幼儿已经有了初步解决问题的能力，在与同伴发生冲突时，肯动脑筋尝试独立自主地解决问题。对于幼儿来说无疑是一个良好的发展趋势。

孩子们最喜欢的区域活动开始了，今天的娃娃家格外热闹，因为添加了新成员——芭比娃娃。几名女孩子爱不释手，游游抱着芭比娃娃一会儿喂饭，一会儿换衣服……玩得不亦乐乎，旁边的几位同伴看得聚精会神。正当游游要给芭比娃娃换衣服的时候，在一旁看了许久的豆丁说："我也想照顾宝宝。"游游看了一眼豆丁，置之不理，继续玩芭比娃娃。豆丁上前一步，试图从游游的手里夺过芭比娃娃，游游大声说："这是我的，不给你玩。"两个人你争我抢，互不谦让，游游看到我，带着哭腔说："老师，豆丁抢我的玩具，这个芭比娃娃是我先拿到的。"看到这个局面，我想制止并直接告诉她们解决办法，可转念一想，问题出现了，为什么不抓住教育契机，尝试引导她们自己解决问题呢？于是，我提出了问题："玩具只有一个，都想玩，那该怎么办呀？你们东拉西扯，要是玩具弄坏了，两个人都有可能玩不了了，而且，刚刚在你们争抢玩具的时候，芭比娃娃悄悄告诉我，两个小朋友抢来抢去，都把她弄疼了……”话音刚落，游游看着芭比娃娃，轻轻地松手了，思考了一会儿对豆丁说：“豆丁，我可以让你先玩儿一会儿，你玩完以后给我，我们轮流玩，可以吗？”豆丁连连点头：“可以，要不然芭比娃娃就该受伤了。”我连忙给孩子们竖起了大拇指：“这个办法很不错哦！”就这样，争抢玩具的问题解决了，两个小朋友愉快地达成了共识，并互相交换着游戏。区域活动结束后，我邀请两位小朋友将区域活动中发生的事情以及解决问题的办法与同伴进行分享。渐渐地，孩子们处理同伴之间矛盾的方法越来越多，交往能力越来越高。

心理学家的研究成果表明，幼儿解决问题的能力远比我们想象中的大得多，幼儿能成功解决问题，更多地取决于他的经历而非高智商。大多数家长认为，幼儿年龄小，不具备解决问题的能力，更多的是包办代替，在幼儿不需要帮助的时候擅自帮助幼儿解决问题，甚至以权威者的身份出现，并剥夺幼儿自己解决问题的权利，使其遇到问题和困难只会依赖他人，自己束手无策，缺失了提升解决问题能力的机会。实际上，如果成人用合理的教育方法和技巧去引导幼儿，不过度干预，即使是很小的幼儿，也会运用一些策略和办法解决问题。在提高幼儿自主解决问题能力方面，我个人总结了以下几点经验。

1. 创造机会，适时锻炼

在日常生活中，有意识地创设多种机会，适当地制造一些“小问题”，创造解决问题的生活情境，激发幼儿努力思考的兴趣以及解决问题的欲望。

2. 尊重幼儿，大胆表达

当幼儿出现问题时，多一分耐心，给予幼儿充分的发言权，认真倾听，尊重幼儿，引导幼儿大胆地说出自己的想法。

3. 适度示弱，适当放手

当幼儿出现问题与困难时，成人应该充当“脚手架”，为孩子解决问题提供一个框架，帮助幼儿梳理问题，有效提问，将问题抛给幼儿，适度地“示弱”，让幼儿有更多的机会尝试独立面对问题。

4. 正面鼓励，树立自信

当幼儿尝试自主解决问题时，充分肯定幼儿，及时给予幼儿欣赏的眼神并鼓励其行动，在这些眼神和行动中幼儿会更加自信，更积极地去解决生活中遇到的问题。

孩子在成长，其能力在提高，授人以鱼不如授人以渔，他们终将独立面对未来的社会，独立面对问题，我们能做的，就是学会放手，给予他们解决问题的空间，培养幼儿成为问题的解决者。起跑线很短，一辈子很长，好的教育让孩子成为更好的自己！

给“捣蛋鬼”多一点关爱

空军工程大学航空机务士官学校幼儿园　杨　雪

每个孩子都是独立的个体。有的安静，有的活泼，有的乖巧，有的调皮。在幼儿园中，调皮的孩子总是让我们又爱又恨。爱的是他对你的各种温暖的动作、语言，恨的是他有时会妨碍他人、破坏纪律。怎样管好这些捣蛋鬼，让他们既有良好的教养，又不被过度束缚呢？

我们班的睿睿聪明又活泼，是班里有名的捣蛋鬼，经常有小朋友告他的状。一会儿把小朋友打哭了，一会儿抢小朋友的玩具，总会有令人意想不到的新的捣蛋方法。为此，我们班的三位老师想了各种办法，但一直没找到好的办法让他改变。

有一次，我的手不小心被门夹伤了。因为班级经常有小朋友玩门，所以我就借此机会给班级小朋友上了一节安全课。下课时，大部分孩子跑去玩玩具了，睿睿突然跑过来抱住我，抓起我的手吹啊吹，问我疼不疼，我看到睿睿懂事的一面，真的很感动，想想平时总是批评他，我眼眶红了，在他脸上亲了一下并对他说：“睿睿，你真懂事，老师谢谢你。”

可能平时我很少这样夸他，他还有点不好意思。从那次以后，我发现睿睿有了明显的进步，虽然上课时还是有小动作，但明显比之前有进步。渐渐地，睿睿改掉了许多毛病，连家长也反映他在家表现得越来越好。我也因此看到了表扬在幼儿教育中不可估量的作用，它可以帮助孩子建立自信，形成自我肯定与自我欣赏的良好心态。对于自制力有限的幼儿而言，有缺点、有过失是在所难免的，作为一名幼儿教师，不仅要看到孩子的可爱之处，还要接纳孩子的不足，更要宽容孩子的破坏行为。就像我们班的睿睿，老师不经意的表扬，对孩子来说太珍贵了，也许会改变孩子的一生。

很多时候，孩子都想得到别人的表扬和鼓励，对于那些能力稍弱和比较调皮的孩子更应多加鼓励。如“老师相信你一定可以”。一个微笑，一次抚摸都是鼓励孩子的做法，孩子会因我们的表扬和鼓励而更加自信。美国心理学家威廉·詹姆斯有句名言：“人性最深刻的原则就是希望别人对自己加以赏识。”当你用真心去夸奖孩子时，就如一剂甜甜的良药，能激励孩子不断奋进，帮助孩子找回自信，树立信心。

在这件事当中，我自己也获得了成长，同时学会了面对调皮的孩子时不能一味去责怪他、批评他，有时表扬、鼓励、安抚会比批评有用。我们教师应该花心思去了解孩子，倾听他们的心声。

我相信，每个孩子都是纯洁的、善良的，调皮的孩子也不例外，“一切为了孩子，为了孩子的一切”是每个幼儿园教师的教育宗旨，爱是我们的教育手段，多一点爱心，多一点赏识，肯定会有不一样的收获。

总而言之，表扬在幼儿园的教育中无处不在，无时不有，正确地运用表扬能够使我们的教育更加轻松，更加有效，同时也将更好地发挥它在幼儿德育教育中的重要作用。

打喷嚏

空军工程大学航空机务士官学校幼儿园　曾　珍

在小班的集体教学活动中，幼儿的天性会使他们调皮活泼，对于新鲜事物充满好奇，甚至是一个喷嚏都可能会引起争先恐后的模仿。这个时候，不仅会影响老师的教育思路，还会造成班级的混乱，如果老师能够抓住小朋友们的兴趣点，引导小朋友们朝着正确的方向去做，则可能会事半功倍。

在一次集体教学活动中，星星突然发出了“啊——嚏!”的声音，顿时吸引了全班小朋友的注意，小朋友纷纷朝着星星看了过来，又不约而同地笑起来，并且有些小朋友开始模仿星星打喷嚏，随着越来越多的小朋友开始模仿，场面有些失控。为了照顾到孩子的卫生安全，我尝试用拍手的方式让孩子们安静下来，可孩子们这时候的注意力一直在模仿打喷嚏的快乐当中。看着孩子们饶有兴趣，我也参与到这个事件当中，一边捂着鼻子一边朝着打得最大声的成成说：“成成，你的口水都喷到我的脸上了，我认为很不卫生，也认为你对我很不礼貌!”这时候成成停了下来，我又对孩子们说：“小朋友们，你们知道喷嚏里都有什么吗?”这时候孩子们好奇地睁大眼睛，于是我告诉孩子们：“我们打喷嚏会带出嘴巴里面的口水，如果你对着你身边的小朋友打喷嚏，身边的小朋友可能会吸进你的口水，你喜欢吃其他小朋友的口水吗?”很多小朋友开始做着恶心的动作，注意力慢慢地被我转移了。“我们的口水里面有可能带有病毒，比如有的小朋友感冒了，如果他对着身边的小朋友打喷嚏，很有可能这个小朋友也会感冒，因为喷嚏喷出的口水中有病毒。”这个时候小朋友完全被我的话题吸引了，我趁热打铁说道：“那别人打喷嚏的时候我们应该怎么办呢?”小余第一个说：“把头转过去。”小迪说：“把嘴巴捂上!”我肯定了孩子们的想法后，告诉孩子们：“我们打喷嚏前会知道，如果身边有很多小朋友我们应该把头转到一边，然后用手捂着嘴巴，这样就不会把病毒传播出去了。打完喷嚏会有口水残留在手上，我们不能把口水抹在衣服上，要用香香的肥皂把手洗干净哟!来，小朋友们，跟着老师一起来练习一下吧。”小朋友纷纷模仿起来。

小班幼儿的年龄特征就是喜欢模仿各种他们认为有趣的事。所以，在幼儿集体教学活动中，经常发生孩子的自由发言导致教室里此起彼伏、声浪不断的情景。有的老师赶紧采用自己认为最有效的方式让孩子们安静下来，让他们顺着自己的教学思路，这样的强制手段把孩子们拴在自己的思路里，违背孩子们活泼的天性，也无法满足孩子们的心理需求。如果老师设置的问题能够激发孩子们的好奇心，同时给孩子们足够的机会和时间去表达与思考，就能给孩子们提供广阔的发展空间，老师也会进步，使我们的活动“乱”而有序，以“乱”启“智”。

爱的力量

空军工程大学航空机务士官学校幼儿园　程　婧

幼儿对教师的爱是真诚的、纯洁的，教师对幼儿的爱是奉献的、无私的，但是爱不是盲目的。幼儿之间的个性不同，在不同时期的表现也不同，要想真正做到一把钥匙开一把锁，首先要做到理解、尊重、信任每一位幼儿。每一次听到幼儿说“程老师，我喜欢你”或是家长说“我家孩子特别喜欢程老师”时，我都特别高兴。

言言小朋友是我们班今年刚到的新生，刚来时哭着喊着：“姥姥来接我。”他在班里年龄不算小，可能是对新环境不适应，在班里经常哭闹。一次午睡时，其他小朋友都躺在床上睡觉，他自己一个人在教室里转啊转，走啊走，看起来特别焦虑，几次打开教室的门自己走了出去，被我抱了回来。我想，别的新来的孩子也不像他这样，我当时特别生气，就狠狠地批评了他一顿。午起后，我把这件事告诉了班长张老师，张老师告诉我：“像他这样的孩子都得一对一地带着他，看着他，给他安抚。”我觉得张老师的这些话很对，应该让这个焦虑的孩子在幼儿园里有依靠，获得安慰，建立安全感。

之后我会主动和言言说说话，摸摸他的小脑袋，上课的时候多给他鼓励，平时活动时我会多关注他，并冲他微笑。通过这样的“特别”照顾，他的笑脸也多了起来。一天午睡时他睡不着，我坐在他的床边轻轻地拍着他入睡，第二天早上言言一进班就跑到我身边对我说：“程老师，我爱你！”当时我很激动，脸上洋溢着幸福的笑容对他说：“我也爱你宝贝！”几天后，言言的妈妈来接他时对我说：“我家言言天天在家说特别喜欢程老师，而且中午程老师还一直陪着我，像妈妈一样。”

当一个孩子说老师像妈妈一样时是对老师多么大的褒奖，再多的辛苦都值得。陶行知先生说：爱是一种伟大的力量，没有爱就没有教育。爱源于高尚的责任，爱孩子是老师的天职，老师的爱能打开孩子心灵的窗户，照亮孩子成长的道路，而幼儿教育是更需要用爱心去耕耘的事业。用爱去呵护幼小纯真的孩子吧，引领他们健康快乐地成长！

有趣的电话

空军工程大学航空机务士官学校幼儿园　鄂秋雨

上午集体活动后，孩子们在进行桌面游戏，有的孩子玩雪花片，有的孩子搭积木，嘟嘟用积木块搭了一座城堡后，拿起桌上的一块长方形积木，他先用手指在上面点了几下，然后放在耳边，嘴里说道："喂！我是嘟嘟。"他边说边环顾四周，但孩子们都在专心地游戏，似乎没有人注意到嘟嘟的"接电话需求"。我看到后把手放在耳边做打电话的手势和他对话："你好，是嘟嘟吗？"他听到后转身对我笑了起来，拿着他的电话回应道："是我。"我问他："你在哪儿呀？"他说："我在幼儿园。"我又问："那你现在在干吗？"他说："我在玩玩具呢。"我问："李老师呢？"嘟嘟环视一圈说："整理图书呢。"我接着问："李老师在哪里整理图书呢？"他答道："李老师在教室里的图书角整理图书呢。"说完，他给我也拿了一块长方形积木示意我当作电话，我又和他聊了几句后引导他和其他小朋友进行电话游戏："我要去忙了，嘟嘟，能帮我给萌萌打个电话问问她在干什么吗？"嘟嘟答应后用手指在积木上按了一下"挂"断了电话。接下来他便和萌萌继续进行打电话游戏。

我通过日常观察发现，嘟嘟是一个想象力、创造力很强的小朋友，一块普普通通的积木在他手里变得有趣起来了，但他在语言表达能力方面较弱，和小朋友之间的交流较少。这次他创造了打电话的情景，需要朋友的支持，我便成为他游戏的支持者，及时满足他的需要，鼓励他大胆去表达，并通过游戏中的提问引导他连贯完整地讲述自己的所见所闻。我通过游戏情境巧妙地鼓励他和同伴一起玩这个游戏，促进了嘟嘟与同伴相互学习、交往的能力。

幼儿的语言能力是在交流和运用的过程中发展起来的。作为教师，应为幼儿创设自由宽松的语言交往环境，充分抓住与幼儿在日常生活、游戏中简单交谈的机会，让幼儿体验语言交往的乐趣。鼓励和支持幼儿与同伴一起玩耍、交谈，相互讲述见闻、趣事或看过的图书、动画片等。经常和幼儿一起谈论他们感兴趣的话题，或一起看书、讲故事，询问和听取幼儿对事关自己的意见等，让幼儿想说、敢说、喜欢说并能得到积极的回应。

不愿意离园的妈妈

空军工程大学航空机务士官学校幼儿园 李 轩

早上宁宁来到幼儿园时红着眼睛，我让她和妈妈说再见，她不肯说话。宁宁妈妈对我尴尬地笑了笑，走出了教室。不一会儿，我透过窗户看见了宁宁妈妈的身影，她发现了我投向她的目光，匆忙离开了。过了一会儿，眼尖的小朋友又在窗前发现了她的身影，指着她的方向大声喊："快看，宁宁的妈妈!"我为了避免其他吃饭的孩子受到影响，于是说："我们跟宁宁妈妈说再见吧!"孩子们笑着对宁宁妈妈说再见。宁宁妈妈也冲着孩子们摆了摆手转身离开了。

虽然宁宁妈妈走了，但是她忧心忡忡的眼神明显传递出了担心的信息。所以，我决定弄清楚宁宁妈妈担心的原因。我来到宁宁身边，小声问她："早上来幼儿园之前是不是哭鼻子了?"宁宁点了点头。"宁宁一向最勇敢了，怎么会哭鼻子呢?"我故作震惊地问她。宁宁有点不好意思，低着头说："我早上在家不想吃饭，妈妈很生气，就凶我了。"原来宁宁妈妈之所以久久不愿离去，是担心早上的事情会影响女儿的情绪，不好好吃饭。我认真地对宁宁说："妈妈是想让你好好吃饭，长得高高壮壮的。虽然妈妈冲你发脾气了，但是她还是放心不下你，在门口都不愿意走。你都看见了，对吧?"她点了点头。最后我说："你要在幼儿园好好吃饭，不让妈妈担心你，好吗?"宁宁欣然答应了，大口地吃起饭来。

我把孩子大口吃饭的样子拍成视频，发给宁宁妈妈，不一会儿就收到了她的回复，她很感激，说早上来园时不好意思告诉我，自己一直暗暗担心着。我赶紧回信息进一步开导，并借这个机会告诉宁宁妈妈，孩子有任何问题都可以及时跟老师沟通。

在小班阶段，像宁宁妈妈这样送孩子入园后不愿意离开的家长有很多。老师不仅要帮助幼儿及时适应幼儿园的环境，也要积极引导家长摆脱分离焦虑，帮助他们调整好心态。初入园时，家长把孩子交给一个近乎是陌生人的老师来照顾，他们难免会有种种的不放心。对于家长的这些担心，老师不应有抵触的心理，要学会站在家长的角度看待问题，尽力理解、体谅他们，并且要多方面思考家长不放心的原因，及时主动地与家长交流，多聊聊孩子在幼儿园的状态，多问问孩子在家的情况，多向家长传递“理解他们”的信息，和家长达成“孩子事是大家事的共识”。老师要细致地照顾好孩子的生活、健康与安全，免除家长的后顾之忧。相信随着时间的推移，老师与家长之间会互相深入了解，互相信任，家长也就能放心地把孩子交给老师，我们的班级门口也不会再有“不愿意离园的妈妈”了！

从心开始，读懂孩子的小世界

空军工程大学航空机务士官学校幼儿园　王　莉

小小的人儿，小小的世界，他们的世界五彩缤纷，他们的想象力天马行空。如果你愿意驻足倾听孩子的想法，你会发现几乎每个孩子都是天生的画家、哲学家、科学家……我是孩子王，喜欢走进他们的世界，更喜欢聆听他们内心的想法。

我们班就有这样一个小小的人儿——小宇，一个内向害羞的小男孩，每次绘画活动结束需要展示时，他都悄悄把自己的作品折起来放进口袋里，不愿让大家看到他的作品。

有一天，班级开展主题绘画活动“美丽的大海”，孩子们有的画小鱼画海草，有的画白云画沙滩……我走到小宇旁边，发现他的画上是零零落落的图形和线条，根本看不出画的主题。我有些失望，俯身问小宇画的是什么，他连忙用手盖着他的画，支支吾吾不愿讲。我蹲下来，拍拍他的肩膀小声说：“王老师觉得你的画很特别。”小宇怯怯地说：“真的吗？我画的是大海，海里有很多小鱼。”我看着小宇，又看了看他的画，仿佛真的看见有小鱼在他画的大海里游来游去。“那这是什么呢？”我指指那些杂乱无章的线条，他眼睛一亮说：“是吸管，小鱼躺在海上，用吸管喝饮料。”一股喜悦之情涌上我的心头，原来孩子在他们自己的世界里是那么自由、充满幻想，这不正是我们幼教工作者不懈培养的意义所在吗？

我笑着说：“你的作品好有创意，愿不愿意去和别的小朋友分享你的创作？”他搓着自己的衣角说：“我没有别的小朋友画得好。”我鼓励他：“你画得这么棒，当然要让别人都来学习学习呀！”他缓缓地抬起头，眼里流露出一丝喜悦。“我觉得你的想法很特别，王老师都没想到小鱼会用吸管喝饮料。”他惊喜地看着我说：“真的吗？”我说：“当然啦！我们去把作品展示出来，把你画中的故事讲给大家听好不好？”从此以后，小宇对绘画活动越来越感兴趣，每次介绍作品时，他都滔滔不绝，脸上洋溢着自信的笑容。

世界在孩子眼里充满了未知，他们会用自己的方式去探索奇妙的事物，而方法可能是看、听、闻、触摸……谁都不知道，下一秒他们会用什么“手段”来探索和表达他们对这个世界的认知。面对孩子，我们不能以大人的视角简单地用“像不像”“好不好”来评价他们，要学会领会并尊重他们的想法，否则会扼杀了他们的自信和创造力。作为老师的我们，只有以尊重他们的好奇好问，尊重他们天马行空的想象作为前提，才能走进他们的世界。让我们从心开始，蹲下来，以孩子的视角尊重孩子，打开孩子的心灵之窗，走进孩子的内心世界！

特别对待特别的孩子

空军工程大学航空机务士官学校幼儿园　杨芳品

雯雯是一位比较特别的小女生，刚入园的时候不愿意和小朋友交往，也不愿意和老师交流，更不愿意参加孩子们的各项活动，一接触到老师的眼神马上就会低下头。

一次户外骑小车活动，雯雯不去拿工具，也不和小朋友们玩，只是安安静静地坐在一旁，低头摆弄着衣角。于是我走过去蹲下来跟她说："雯雯，去跟小朋友一起玩吧。"她摇摇头。我继续努力劝说她："你看，小朋友玩得多开心啊，咱们一块儿去玩吧！"我拉着雯雯的手想让她加入活动，可是还没走几步，她就不走了，我蹲下来一看，雯雯眼泪汪汪的，紧接着挣脱了我的手，又默默回到原来的位置坐下了。

当天下了班，我就与雯雯妈妈进行了交流，这才得知雯雯从小是在老家跟着奶奶长大的，到了入园年龄才从老家接了过来，与爸爸妈妈的关系比较生疏，总是吵着要回家，说奶奶的家才是她的家。爸爸妈妈面对这种情况也比较焦虑，尽可能多抽时间陪伴她，希望能拉近亲子关系。了解了这一情况以后，平常我就会多观察她，我发现雯雯经常会偷偷看别的小朋友做游戏，时不时还会瞄一瞄老师，每当这些时候雯雯的眼睛是亮闪闪的，眼神里透露着向往和渴望。"眼睛是心灵的窗口"，我相信，雯雯想和老师、小朋友一起做游戏，一起玩耍。

幼儿阶段是儿童身体发育和机能发展极为迅速的时期，也是形成安全感和乐观态度的重要阶段。爸爸妈妈的缺席造成了雯雯的情感缺失，所以雯雯特别敏感、不自信。从雯雯平常的表现来看，她的内心是渴望和其他小朋友一起玩耍的，但是她对外界充满了警惕，缺乏安全感，所以不敢轻易迈出脚步。

我和雯雯的爸爸妈妈达成了共识，爸爸妈妈首先要给予孩子足够的爱，如多些拥抱，多说我爱你宝贝，多陪孩子做游戏，增进亲子关系。同时在日常生活中我会有意识地多与她交流，经常会拍拍她的小手，抱抱她，摸摸她的头等，让她感受到老师的爱，鼓励小朋友们主动和她交流，邀请她去做游戏，让她感受到交往的乐趣。发现了她的闪光点及时表扬，让她在小朋友面前树立起自信心，经常分配一些她力所能及的小任务，主动创造让她表现的机会。

经过几个月的努力，雯雯发生了很大的变化，在班里和老师、小朋友打成了一片，生活中会主动帮助其他小朋友，还会主动和老师交流自己的想法，俨然是一位大姐姐了。她妈妈时常对我说："雯雯现在的变化真是太大了，和我们的关系也近了，真是太感谢老师们了！"我相信，每一个孩子都是一朵花，每一朵花都有属于自己的花期，我们需要做的就是等待花开！

爱与责任

空军工程大学航空机务士官学校幼儿园　赵　杰

暑假来临之际，我肩负单位领导的信任，着手准备到一个新的班级兼任班主任。那时心里既激动又忐忑，真不知如何才能给孩子们最好的陪伴。我时常会思考：我能给孩子们什么样的爱呢？面对他们，我应该如何去爱？

在我的忐忑与思考中，暑假结束了。新的学期开始了，我对孩子们的了解越来越多。我们班的夏天小朋友，父母工作繁忙，自己常年和姥姥住在一起，上学、放学都是坐校车。入园后很长一段时间都没有说过一句话，最多的沟通方式就是点头或摇头。在一堂语言课上，我请小朋友轮流回答问题，轮到夏天的时候，她依然坐在那里不动也不说话。这时忽然有一个小朋友站起来说："赵老师，夏天不会说话。"我就问道："你们怎么知道夏天不会说话呢？""我们和夏天说话，她从来都不理我们。"然而此刻夏天的表情还是很淡然，就像与己无关一样。从此我就特别关注她，一有机会就会主动找她，耐心和她沟通。刚开始夏天只会自问自答，但是随着时间的推移，夏天渐渐产生了变化。一次早上接车时，我忽然间听到一个十分微小的声音："老师早上好。"当我发现是夏天在问好时，激动地大声说："夏天早上好！刚才是你在和我打招呼吗？"回班后我特意对她提出表扬。渐渐地，夏天也开始和其他老师打招呼了，她有了和人打招呼交流的意愿，在班里也有了两三个好朋友，知道积极回答问题、主动表演才艺。现在我在班里经常请她来做我的小助手，帮我分担班里的简单事务。经过一系列活动，夏天越来越自信，在市里举办的六一儿童节故事比赛中，她获得了一等奖。

看到夏天的进步，大家都很高兴。这既是对我工作的肯定，又是对我教育理念的认同。在今后的工作中，我会一如既往地用爱给孩子撑起一片明亮的天空；用爱去温暖孩子的心灵；用爱去点亮孩子的理想！这就是我能给孩子们最好的礼物。因为爱，我的心胸会变得宽广，爱也会为我提供源源不断的激情和动力。

爱说话的文文

空军工程大学航空机务士官学校幼儿园　赵　宇

文文是个非常活泼的孩子，他的小脑袋里每天都会有很多问题。一天午睡过后，其他小朋友们都起床开始穿衣服了。文文睡在窗边，他坐起来抬起头，看着窗户，然后对我说："老师，今天的风好大啊！呼呼的！"我笑着对他说："是啊，风很大呢，我们起床后要赶快穿衣服，不然要着凉了。"他边穿衣服边对我说："风很大是因为秋天来了吗？"我回答说："对啊。"说完我看着文文的小眼睛还在盯着我，一副意犹未尽的模样，我又问他："那你觉得风从哪里来呢？"他边穿边仰着头对我说："风是从天上来的啊！"我又问："那天上的风从哪里来呢？"他立刻回答说："天上的风是云带过来的！""那云从哪里来呢？"我笑着问他。他想了一下说："云是从另一个国家飘过来的。""那另一个国家的云从哪里来呢？"我又接着问。"嗯，我觉得是从大海里来的！"他歪着头看向我。我夸赞地说："文文竟然知道那么多关于风的知识，真是太棒了！老师太喜欢你认真回答问题的样子了！"文文十分自信地笑着说："小宇老师我也喜欢你，因为你喜欢和我聊天！"

无论教学还是生活中，我们都会遇见很多像文文这样的小朋友，他们有很多有趣的、不一样的问题。有时候我们会觉得他们问题太多了，不知道如何回答，很是头疼。所以很多时候，当幼儿想要表达自己内心的想法、疑问，想从外界获得更多的知识时，家长和老师并没有给幼儿创造良好的语言环境，甚至有时候幼儿刚要表达自己内心的疑问就被制止或打断了，以至于很多幼儿不敢说也不敢问，打击了幼儿求知的积极性，也会对幼儿的语言表达和人际交往能力造成影响。在幼儿有问题时，老师要给幼儿鼓励，要认真思考幼儿提出的问题并加以引导，用解答或者反问的形式让幼儿的问题得到解决，满足幼儿的表达欲和求知欲。老师与家长要创造出一个自由宽松的语言交往环境，支持、鼓励幼儿大胆清楚地表达自己的想法。这样幼儿不但会勇于表达自己的内心想法，也获得了知识，同时还锻炼和发展了语言表达能力和思维能力。

3~6岁是幼儿掌握语言的关键时期，老师和家长要利用好这一时期，为幼儿创造宽松自由的语言环境，让幼儿乐于交流，培养幼儿将自己的想法表达出来的主动意识，提高幼儿的语言表达能力。